근현대 민족주의 민족운동

이 책은 2008년도 한국학중앙연구원의
공동연구과제로 수행된 연구 결과물임

근현대 민족주의 민족운동

유병용·정영순
오영섭·남광규 공 저

景仁文化社

목 차

김규식의 민족운동과 민족주의 연구

유병용(한국학중앙연구원 교수)

I. 서 언

한국근현대사에서 민족통일전선 운동에 주목할 때 김규식은 매우 중요한 인물로 평가된다. 김규식의 민족운동과 민족주의 사상이 중요한 위치를 차지하고 있음에도 불구하고 분단 체제적 현실과 냉전주의적 역사인식으로 말미암아 오랫동안 그에 대한 객관적인 평가가 어려웠다.[1] 김규식은 해방 이전에는 구미위원부 위원장과 민족혁명당 주석, 임시정부 부주석을 지낸바 있는 독립 운동가이며, 해방 후에는 좌우합작을 주도하면서 남조선과도입법의원 의장을 역임하였고 또한 1948년 남북협상을 주도한 인물이었다. 그러나 김규식에 대한 평가는 냉전시기를 지난 후에

---

1) 김규식의 활동은 분단체제적 현실 속에서 1989년에 와서야 건국공로훈장 중장에 추서되면서 비로서 공식적인 인정을 받게 되었다.

야 본격적으로 시도되었고 아직도 미흡한 실정이다.[2]

　일제의 패망은 우리 민족의 기대와는 달리 즉각적이고 완전한 독립을 가져오지 못했다. 우리 민족이 맞이한 해방은 또 다른 외세의 군사적 점령하의 해방이었으며 그것도 각기 이데올로기를 달리하는 미·소가 각각 남북을 분할점령한 분단하의 해방이었다. 말하자면 그 해방은 점령과 분단이라는 이중의 제약성을 갖는 사이비 유사해방이었으며, 따라서 해방 이후 한민족의 역사적 과제는 해방에 따라붙은 사이비성을 제거하고 참다운 해방 곧 자주 독립과 통일을 달성하는 데 있었다. 다시 말해 통일민족주의를 실현하는 것이 목표가 되었다.[3]

　임시정부의 제1진으로 귀국한 김규식은 깊은 신앙심과 철저한 자기

---

2) 김규식의 활동상을 다룬 연구로는, 이정식, 『김규식의 생애』, 신구문화사, 1974; 류근일, 『이성의 한국인 김규식』, 동서문화사, 1981 ; 홍명희, 「어학에 능한 김규식 박사」, 『개벽』 62호, 1925. 8 ; 여운홍, 『몽양 여운형』, 청하각, 1967 ; 송남헌, 「김구·김규식은 왜 38선을 넘었나」, 『신동아』, 1983. 9 ; 강만길, 「김규식과 좌우합작」, 『월간조선』, 1985 ; 송남헌, 「김규식 : 예리한 지성의 온건 중도파」, 『민족지성』, 1986 ; 강만길, 「김구·김규식의 남북협상」, 『신동아』, 1987. 6 ; 김재명, 「김규식에의 새로운 증언들」, 『월간경향』 4월호, 1987 ; 송남헌, 「우사 김규식」, 『한국현대인물론』, 을유문화사, 1987 ; 김기만, 「김규식의 정치노선 : 좌우합작과 남북협상을 중심으로」, 성균관대 석사논문, 1990 ; 정주섭, 「우사 김규식 연구」, 한양대 석사논문, 1990 ; 이명화, 『김규식의 생애와 민족운동』, 독립기념관한국독립운동사연구소, 1992 ; 노경채, 「김규식론」, 『쟁점 한국 근현대사』 4호, 1994 ; 이상훈, 「김규식의 구미위원부 활동」, 한림대 석사논문, 1995 ; 유병용, 「해방정국의 중도파 민족주의 운동」, 『근현대사강좌』 제8호, 한국현대사연구회, 1996 ; 이범기, 「김규식의 민족해방운동과 그 노선」, 한국외국어대 석사논문, 1997 ; 정윤재, 「해방정국과 우사 김규식 - 김규식의 '합리적 리더십'에 대한 재검토 -」, 『한국현대사연구』 창간호, 한국정신문화연구원 현대사연구소, 1998 ; 서중석, 『남북협상 - 김규식의 길, 김구의 길』, 한울, 2000 ; 이유나, 「1946~1948년간 김규식의 통일민족국가 건설운동」, 홍익대 석사논문, 2001 ; 김동선, 「김규식의 민족자주연맹 결성과 운용」, 숭실대 석사논문, 2004 등이 있다.

3) 유병용 외, 『한국현대사와 민족주의』, 집문당, 1996, 13쪽.

희생정신을 생활지표로 삼고 있었으며 언제나 좌우와 남북의 대립을 해소하기 위해 노력했다. 김규식은 무엇보다도 통일전선의 결성이 필요하나 친일분자를 참가시켜서는 안된다는 입장이었고, 좌우가 단결해야만 전국을 통일할 강력한 정권을 민족자결의 원칙하에 우리 민족의 힘으로 건립할 수 있다고 확신하고 있었다. 그리하여 그는 여운형과 함께 좌우합작운동에 나섰는데 이는 미·소의 협력을 끌어내고 좌우합작을 성공시키는 것만이 한반도의 통일을 이룩할 수 있다고 생각했기 때문이었다. 그는 성공의 가능성을 따지기 보다는 꼭 필요한 것이었기 때문에 누군가가 시도해야 한다고 믿고 있었고 자신을 희생시켜서라도 좌우합작을 성공시키려고 노력했다.

그러나 김규식을 비롯한 좌우합작위원들이 정계의 새로운 세력으로 등장하게 되자, 기존의 정파들이 정계재편의 위협을 느껴 이 운동을 맹렬히 반대했다. 결국 좌우합작운동은 소기의 성과를 거두지 못했지만, 김규식의 노력은 민족자주연맹을 결성하면서 남북협상으로 이어졌다. 그로서는 국토의 분단과 민족의 분열을 막기 위해서는 가능한 한 모든 조치를 강구해야 했으며 이를 위해 일차적으로 중간파 세력들을 결속하려 했던 것이다. 그리하여 좌우합작위원회·미소공위대책협의회·민주주의독립전선 및 시국대책협의회 등 4개 단체들이 통일전선의 결성을 전제로 발전적으로 해산하여 김규식을 위원장으로 하는 민족자주연맹 결성준비위원회를 발족시켰다. 좌우의 분열이 더욱 커져가고 있었고 남북이 점점 멀어져 가는 상황에서 그는 중간진영의 단결이 일차적으로 필요하며, 중간진영의 단결을 기반으로 하여 좌우의 합작을 이루고 나아가서 남북의 통일을 도모하려 한 것이다.

김규식의 민족주의는 자주와 평화, 통합이 기본요소였다. 그의 민족주의 사상은 해방 이전부터 해방 후까지 그때 그때 변화된 것이 아니라 일관되게 그의 독립운동과 통일운동에 나타나고 있다. 그는 자주와 평화, 통합을 위하여 좌우의 각 정파와 함께 합작을 하고 그들의 주장을 과감히 수용하는 자세를 보였다. 그러나 그것은 자주와 평화, 통합을 위한 포용의 자세였던 것이지 그가 합작을 함께했던 모든 주의나 사상을 주도적으로 주장한 것은 아니었다. 본고는 김규식의 민족주의를 이해하기 위해 그가 활동한 민족운동의 실상을 파악하고 민족주의 사상의 성격에 대해 재검토해 보고자 한다.

II. 김규식의 성장과 초기활동

1. 성장과 수학

김규식은 1881년 1월 27일 경남 동래에서 태어났다. 그의 아버지 김지성은 청풍김씨로 강원도 홍천에서 출생하였으나 후에 경상도 동래부의 대외관계 일을 담당하던 관리로 있었는데, 일본과의 무역에서 조선이 부당한 피해를 당하고 일본 상인들의 횡포가 심해지자 이를 지적하고 시정을 요구하는 상소를 올렸다가 귀양을 가게 되었다.[4]

김규식이 6세 때에 어머니가 세상을 떠나자 고아가 되어 1885년 미국 북장로교 선교부로부터 한국선교사로 파송되어 온 언더우드(Horace G. Underwood)목사가 세운 고아원에 입소하여 그곳에서 성장하였다. 언더우드의 부인은 자기 남편의 전기를 쓰면서 김규식에 대해,

"이 고아원에는 언더우드 목사가 데려온 꼬마 죤(John)이라고 있었

---

4) 이정식, 앞의 책, 6~10쪽.

는데 그가 바로 김규식이었으며 사람들은 그 아이를 번개비라고 불렀
다. 이 꼬마의 아버지는 고관으로 요직에 있었는데 어떤 정치적 사건으
로 유배당해 갔고 그의 어머니는 사망한 것으로 알려졌다. 그의 숙부들
은 곤경에 빠져 있어서 그 꼬마의 양육을 담당할 수 없어 새로 설립된
고아원에 그 아이를 데리고 왔다. 그러나 네 살 쯤 된 아이를 키우기가
곤란하므로 도로 친척들에게 보내고 말았다. 그러나 얼마 안 되어 그 꼬
마가 중병에 걸려있으며 돌보는 사람이 없어 위독하다는 소식이 들려
왔다. 그래서 언더우드 목사는 불편한 몸을 무릅쓰고 약과 우유를 가지
고 가마를 타고 그 아이를 찾아 갔다. 그 아이는 심한 굶주림에 허덕이
며 먹을 것을 달라고 울면서 애걸하고 있었고 심지어는 벽에 붙은 종이
를 뜯어 먹겠다고 몸부림치고 있었다. 의사들과 다른 선교사들은 그 아
이를 절망적인 것으로 단정하고 그 아이를 데려오는 것을 극력 반대했
다. 그것은 그 아이가 죽는 경우 한국 사람들이 미국 사람들에게 책임을
지울 것이라고 생각하였기 때문이다. 그러나 언더우드 목사는 그 아이
를 데리고 와서 정성껏 간호한 끝에 정상적이고 명랑한 아이로 소생시
켰던 것이다"[5]

라고 기록하고 있다. 이와 같이 언더우드 목사는 김규식의 부모나 다름
없었고 후에 기독교적 감화를 끼친 스승이 되었다. 김규식은 1887년부터
언더우드학당에서 서양의 근대교육과 한문교육을 받았다.[6] 언더우드학
당은 엄격한 규율하에 교육을 받는 신식 교육기관 이었다. 김규식은 영
어를 탁월하게 빨리 배웠고, 가장 충실하고 능률적인 기독교 일꾼이 되
었다. 어려서부터 서구적 분위기 속에서 성장한 김규식은 영어와 한문을
처음부터 동시에 배우고, 체조를 하고, 규칙적인 단체생활 속에서 서양인
의 생활풍습을 눈으로 보고 체험하며 자란 조선왕조의 사대부계층이나
상민과도 다르고, 동학교도나 골수 유학교도도 아닌 전혀 별개의 한국인
으로 성장하였다.[7]

---

5) Lilias H, Underwood, *Underwood of Korea*, (New York: Fleming H, Revell Co.),
   1918, 10쪽.
6) 이정식, 앞의 책, 11~17쪽

언더우드학당을 졸업한 김규식은 독립신문사에 근무하면서 독립협회 회원으로 가입하였다. 독립협회가 지향한 개화사상은 김규식의 민족운동에 많은 영향을 주었다. 독립협회 활동을 통해서 서구 근대문명에 대해 깨우친 김규식은 1897년 미국으로 건너가 버지니아주에 있는 로녹대학(Roanoke College) 예과에 입학하였다. 당시 선각자였던 서재필은 청년들에게 미국유학을 적극적으로 권고하였는데 김규식도 서재필의 영향을 받아 유학을 가게 된 것으로 보인다.

김규식은 로녹대학에서 교내 웅변클럽인 데모스테니언 문학회(Demosthenean Literary Society)에 가입하여 미국 및 세계의 정치문제를 토론하면서 식견을 넓혔으며, 서구의 근대적인 교육과 클럽의 임원 활동을 통해 근대지향적인 사고와 지도력을 키웠다.[8] 김규식은 로녹대학 잡지 1990년에 5월호에 「한국어」라는 제목의 글을 싣기도 하고, 데모스테니언 문학회(Demosthenean Literary Society) 회장을 맡기도 하였다. 그는 특히 연설에 뛰어나 1900년 6월에 있은 강연회에서 1등을 하기도 하였다.[9]

김규식은 1902년 2월호에 게재한 연설문 「동방의 서광」에서 "서양에서는 근대문명이 꽃피고 있는 반면에 동쪽은 암흑의 밤이 깊이 들어 있다. 생각을 고국에 돌릴 때 꽃피는 봄은 이미 지났고 풍성한 여름도 지났으며 겨울의 쓰라림만이 보인다"고 지적하였다. 그리고, "동양의 거목들은 한때 은빛의 이슬로 빛났으나 지금은 겨울의 깊은 눈에 쌓여 지탱을 하지 못하고 쓰러지고 있다"고 하였다. 그러나 그는 "깊은 밤은 곧 지나갈 것이고 한국에도 서광이 비칠 것"이라고 하며, "지금까지 여러 가지 혁명들은 실패로 돌아갔으나 그 나라를 암흑의 감옥으로 묶어 두었던 쇠

---

7) 이정식, 위의 책, 14~15쪽.
8) 이정식, 위의 책, 20~23쪽.
9) *Roanoke Collegian* 1900년 6월호에서는 이에 대해, "외국사람이 영어를 배우는 것만도 힘든 일인데 상까지 탔으니 더욱 훌륭한 일이다"라고 격찬하였다.

사슬은 곧 끊어지고야 말 것이며, 거리에는 다시 서광이 비치고 도둑들은 물러갈 것이고, 나라의 부를 약탈하는 무리는 없어질 것이며, 전국민은 빛을 보게 되고 필경 한국은 외국의 횡포에서 벗어나게 될 것"이라고 조국의 장래를 내다보았다.[10]

김규식은 1903년 5월「러시아와 조선문제」라는 글에서 한반도의 주변정세를 "종래 동아시아의 맹주였으나 지금은 열강들의 각축장이 되어버린 중국, 영토확장에 혈안이 되어 남하정책을 펼치는 러시아, 비교적 빠른 기간 안에 근대화를 이룩한 일본 등이 조선을 두고 서로 대치하고 있는 형국"이라고 파악하였다.[11] 결국 조선은 러시아와 일본 가운데서 전승국에 먹혀 버릴 것이라고 하면서 일본이 승리할 것으로 예측하였다. 김규식은 70여년 전만해도 반 미개했던 러시아가 알렉산더 Ⅲ세와 니콜라스 Ⅱ세의 통치하에 비약적인 발전을 이룩하여 발틱해, 흑해, 태평양에서 그의 세력팽창에 전력을 다하였고, 중국, 한국을 비롯한 아시아 전체에 대하여 야욕을 갖고 있으며, 몇 천년의 전통적 역사를 갖고 있는 한국은 보수주의를 현재까지 고수하고 있으며, 중국, 러시아와 비교할 때 너무 좁은 땅과 저질적이고 무모하고 부적합한 정부의 절대통치하에서 1,500여만의 국민이 신음하고 있다고 보았다. 또한, "일본은 최근세기의 강대국들 중에서 비약적으로 발전하여 군사적 강국이 되어 러시아의 야욕을 저지할 태세를 갖추고 있으며, 결국 러·일의 갈등은 불원간 양국간의 전쟁으로 발전하고, 한국은 러·일 두 나라중의 전승국에 먹혀 버릴 것"이라고 내다보았다.[12] 그러나 전쟁이 시작되면 일본은 전쟁 결과에 생사가 달려있기 때문에 일본이 승리할 것 같다고 보았으며, 그런 경우

10) 김규식, "The Dawn in the East", *The Roanoke Collegian*, Vol. 28 no. 2, 1902.
11) 김규식, "Russia and Korean Question", *The Roanoke Collegian*, Vol. 29 no. 7, 1903. 5.
12) 김규식, "Russia and Korean Question", *The Roanoke Collegian*, Vol. 29 no. 7, 1903.

에는 극동지역을 위해서 일본의 승리가 나을 것 같다고 보았다. 한국이 종국에 가서 두 나라 중 한 나라에 속하게 되는 경우에 만일 러시아가 이긴다면 한민족은 러시아의 탐욕을 채워주기 위해 죽도록 일을 해야 할 것이고, 일본이 승리한다면 한민족은 그들의 모든 재산과 권리를 빼앗기 겠지만 최소한 먹고 입고 배우기는 할 것이며, 섬나라 일본제국의 시민이 되도록 강요당할 것이라고 하였다. 이처럼 한국의 딱한 처지를 논하면서, "아! 지금이라도 불운한 한국이 깨어나기만 하더라도 양국의 임박한 야욕으로부터 벗어날 수 있을텐데"[13] 라며 개탄하였다.

김규식은 근대 자유주의적 사상을 익히고 조국의 몰락에 분노와 안타까움을 느껴 1903년 6월 「극동에서의 러시아」라는 제목의 졸업식 연설에서, 러시아의 남하정책으로 러일전쟁이 발발할 것을 예견하고, 전쟁의 성격을 백인과 황색인종의 싸움으로 규정하였다.[14]

당시 김규식의 정세인식은 자강론자들의 사회진화론에 바탕을 두고 있었다. 김규식은 러시아의 흉악성, 야만성 및 침략성을 지적하고, "러시아는 유럽에서 다른 민족들을 짓밟고 자기세력을 팽창시킨 것 같이 극동에서도 바야흐로 한국을 삼키려고 호시탐탐하고 있으며, 한국을 삼킨 후에는 중국에 손을 뻗쳐 5억의 황색인종을 자신의 수중에 넣고 억압하려 한다"고 하였다. 그리고 김규식은, "러·일 양국은 불원간 전쟁을 하게 될 것이며 러시아는 패배할 것"이라고 지적하였다.[15] 김규식은 미국에서의 유학생활을 통해 선각자적인 지식인으로 성장하였던 것이다.[16]

---

13) 새문안교회역사편찬위원회 편, 『새문안교회 문헌사료집』 제1집, 1987, 426~428 쪽.
14) 김규식, "Russia and Korean Question", *The Roanoke Collegian*, Vol. 29 no. 7, 1903.
15) 김규식, 위의 글.
16) 한 연구는 김규식에 대해, "그는 근대화의 모델로 일본을 상정하면서도 제국주의의 실체를 제대로 파악하지 못하였다. 그가 제국주의에 대해 철저한 인식을 하지 못한 점은 일찍이 미국인 선교사의 영향을 받았던 점, 미국유학을 통해 서구문명의

김규식은 1903년 6월에 대학을 졸업한 뒤 1년간 미국에서 머물다가 1904년 봄에 귀국했다. 그의 예견대로 러일전쟁이 일어났는데, 일본이 여순을 함락시킨 후 미국 루우즈벨트 대통령의 중재로 포오츠머드에서 강화회의가 개최되었다. 일제는 강화조약이 체결된지 2달 후인 11월 17일 한국과 제2차 한일신협약을 강제로 체결함으로써 대한제국은 일제의 보호국으로 전락하였다.

귀국한 김규식은 새문안교회를 중심으로 선교활동을 하는 한편, 경신학교·YMCA·배제학교에서 교육과 계몽활동을 하였다.[17] 일제는 비밀결사인 신민회를 제거하고자 '105인 사건'을 조작하였다.[18] 일제는 이 사건을 조작하여 조선의 식민통치를 더욱 굳히게 되었고, 이후 신민회와 여타 국내 민족운동 조직은 해산의 위기를 맞이했다. 그 결과 3·1운동이 일어나기 전까지 국내에서는 조직적인 항일운동이 제대로 전개되지 못했으며, 김규식도 일제의 회유와 감시가 심해지면서 민족해방운동을 위해 해외로의 망명을 결심하게 되었다.

2. 교육과 선교활동

김규식은 1913년 중국으로 망명하여 중국북방의 장가구, 몽고, 천진 등을 전전하며 상업도 하고 직장생활을 하면서 망명생활 초기를 보냈다.[19] 활동 무대를 중국으로 옮긴 그는 중국에서 교원생활을 하기도 하

우월성을 인정한 데서 나온 것으로 보인다. 이러한 인식은 그가 제국주의 열강을 상대로 외교 중심적 활동을 전개한 배경으로 작용했을 것이다"라고 보았다. 이범기, 앞의 논문, 6쪽.

17) 이정식, 앞의 책, 35쪽.

18) 윤경로, 『105인사건과 신민회 연구』, 일지사, 1990, 166~177쪽.

19) 류근일, 앞의 책, 58쪽.

였다. 그가 주로 강의하던 과목은 영문학으로 국내에서의 교직생활과 중국에서의 교직생활을 합하면 거의 20년이 된다.[20] 그러나 김규식은 일경의 추적으로 신변에 위험을 느껴 교수직을 물러나지 않으면 안 되었다. 그 당시 일경에 쫓겼던 상황을 귀국 직후인 1945년 11월 25일 새문안교회의 인사말에서 김규식은, "혁명운동을 하는 사람은 하루에도 몇 번씩 변성명을 했던 것입니다. 그래서 자기 이름을 잊은 때도 많았습니다. 나도 일본인에게 쫓겨 다닐 때 중국인 노릇도 했고 성명도 김중문, 여일민, 왕개석 등 여러 가지로 바꾸고 다녔습니다. 따라서 혁명운동에 종사하는 신교신자들은 예배도 못 보고 성경책도 가질 수 없었습니다. 그리고 집안일 돌 볼 틈도 없었습니다"[21]라고 회고하였다.

김규식은 1927년부터 4년간 천진의 북양대학에서 영문학 교원으로 재직하며 학문활동을 하는 한편 중국을 위해 외교활동도 하였다. 즉, 1931년 9월 18일 만주사변 이후 만주문제에 대한 국제임시총회를 앞두고 중국 측에서는 세계의 여론을 자신에게 유리하게 불러일으키려고 국민정부 외교부와 민간측이 연합하여 국제적으로 유세 선전 등 온갖 수단을 강구하려 하였다. 이에 따라 구미에 민간외교 사절을 파견하기로 결정하고, 각 대학의 저명한 교수를 미국으로 보내어 우호적인 여론을 일으키려고 전국적으로 적임자를 선택한 결과 미국사정에 능통한 북양대학 교원으로 있는 조선인 김규식 박사를 수석 전권으로 선정하였다. 당시 『동아일보』는, "김규식 박사를 따라 중국에 일류로 이름있는 구미 외교통 20여명이 수행하게 되었는데 중국 각지 각 단체에서 자원하여 수백만원

---

20) 한 연구는 김규식의 생애 중에 정치활동 보다는 교편생활의 시기가 훨씬 길어 그를 전형적인 정치인으로 보기 보다는 정치면에 많은 관심을 가지고 주도적인 역할을 한 바 있는 교수였다고 평하는 것이 정확할 것 같다고 주장한다. 정주섭, 앞의 논문, 18쪽.
21) 정주섭, 위의 논문, 20쪽.

의 활동비를 보조하였다"[22]라고 보도하였다. 그 후 김규식은 잠시 남경의 중앙정치학원에서 교편을 잡았고, 다시 사천성의 성도에 있는 사천대학에서 영문학을 가르치며 특히 셰익스피어 전문가로 활동하였다.[23]

기독교는 한국사회에서 개화운동을 북돋우는데 큰 역할을 하였고 많은 사람들은 기독교와 개화를 동일시하였다. 국가와 민족이 존속하고 발전하기 위해서는 민족의 개화가 필수조건이라고 느낀 일부 지도층에서는 개화운동을 정치운동의 지상명령으로 여겼고 따라서 기독교의 선교 교육사업과 정치운동도 역시 같은 일로 간주하였다.[24]

일본 제국주의는 강점 후 제일 먼저 기독교를 박해하기 시작하였고, 또 끝까지 박해를 계속한 것은 기독교도들의 종교적 신앙심 밑에 잠재적 또는 노골적으로 깔려있는 정치 및 사회적 심리와 동기를 그들이 간파한 까닭이었다. 따라서 이런 상황하에서 김규식은 선교사업에 종사하게 된 것이다.[25]

개화기 이후 우리나라 지도층을 살펴 볼 때 일부 천도교 신자들을 제외한다면 대부분이 기독교인이었다는 것도 마찬가지 이유에서이다. 즉, 서재필, 안창호, 이승만, 김구, 여운형, 등 많은 지도자들이 젊은 시절부터 기독교에 감화된 것에서 그 예를 찾을 수 있으며 이점을 연유해 볼 때 청년 김규식이 선교사업에 헌신하게 된 동기를 능히 이해할 수 있다.[26]

언더우드 목사의 비서로 일한 것은 곧 계몽주의적인 자유민권 운동의

---

22) 『동아일보』 1932년 11월 5일자.
23) 김규식은 1940년에 『엘리자베스시대의 연극입문』(Introduction to Elizabeth Drama), 1944년에 『실용 영문작법』(Hints on English Composition Writing)과 1945년에는 『실용영문』(Practical English)이란 책을 출판하였다.
24) 이정식, 앞의 책, 33~34쪽.
25) 정주섭, 앞의 논문, 23쪽.
26) 정주섭, 위의 논문, 25쪽.

일환으로서 교회활동과 신식학교 경영 및 청년운동에서의 참가를 의미하는 것이었다. 그리고 그러한 활동은 구체적으로 새문안교회 활동, YMCA. 활동, 주일학교 교사활동, 경신학교 경영 등으로 전개된다. 김규식은 1910년 12월에 새문안교회의 두번째 장로가 되었고, 1911년 12월에는 경기, 충청노회의 노회서기로 선임되기도 하였다.

32년간의 망명생활을 마치고 고국에 돌아온 김규식은 도착한 2일 후인 1945년 11월 25일 첫 일요일에 김규식은 자신이 정열을 쏟았던 새문안교회에 김구와 함께 나가서 인사말을 통해 정계와 교회의 통일과 신교신자들의 혁명운동에 앞장서야 함을 역설하기도 하였다.[27]

III. 국권회복운동

1. 파리강화회의와 구미위원부 활동

김규식이 국권회복운동에 직접적으로 관여하게 된 것은 1919년 파리강화회의가 열렸을 때의 일이다. 1차 세계대전 초기에 중립을 내세웠던 미국이 독일 잠수함의 무차별 공격으로 1917년 4월 연합국측에 가담하면서 전세는 돌변하여 1918년 11월 3일 독일이 항복하였고, 대전의 종결에 앞서 미국 윌슨대통령은 강화조건으로 14개조를 발표하였다. 그 중 제5항은 "주권회복을 포함한 식민지의 모든 요구에 대한 공평한 조정과 처리"를 규정하여 식민지 문제를 처리함에 있어 통치하는 정부의 주장과 통치를 당하는 국민들의 이익이 동등하게 취급되어야 한다고 선언하였다.

---

27) 송남헌, 「우사 김규식」, 88쪽.

1919년 1월 18일 전승국 27개국 대표들이 파리에 모여 강화회의를 열고 전후대책을 강구하였다. 민족자결주의 원칙과 파리강화회의 개최는 해외망명 독립지사들에게 큰 기대감을 갖게 하여 미국의 대한인국민회는 1918년 12월에 이승만과 정한경을 대표로 선발하여 평화회의에 참가하도록 하였으나 여권을 획득하지 못하여 참석할 수 없었다.[28]

미국은 대통령 특사인 크레인(Chales R. Crane)을 중국에 파견하여 전후의 강화회의에 대한 미국의 입장을 설명하게 하였는데 크레인이 상해에 오자 그를 환영하는 자리에 신한청년당 대표 여운형이 참석하였다.[29] 크레인은 연설 중에 "파리강화회의는 전후의 식민지문제가 민족자결주의 원칙에 의하여 피압박민족의 의사가 존중되어 처리될 것"이라고 설명하고, 상해의 한국인 망명객들에게 "한국인들이 일본의 지배에 불복하고 있다는 사실을 널리 입증해 보이는 것이 필요하다"고 전하였다.[30] 이에 여운형은 크레인을 면담하여 한국의 독립의사를 설명하고 파리강화회의에 한국민족대표를 파견할 수 있도록 협조해 줄 것을 부탁하였다. 크레인은 개인 의견으로는 회의참석이 가능하다고 보며 협조하도록 노력하겠다고 응답하였다.[31] 이에 신한청년당은 파리강화회의에 파견할 한국민족대표로 김규식을 선정하였는데, 그 이유는 그가 영어 등 외국어에 능통하고 역사의식과 국제정치, 법률지식도 겸비하였기 때문이라고 하였다.[32]

---

28) 미국무성은 그들이 일본의 종속국민이기 때문에 일본 당국으로부터 여권을 발급받아야 한다고 설명했다. 이정식, 『한국민족주의의 정치학』, 한밭출판사, 1982, 142쪽.
29) 신용하, 「3·1 독립운동발발의 경위」, 윤병석 외, 『한국근대론』Ⅱ, 지식산업사, 1979, 49쪽.
30) 류근일, 앞의 책, 68쪽.
31) 여운홍, 『몽양 여운형』, 청하각, 1967, 26~26쪽.
32) 신용하, 「3·1 독립운동발발의 경위」 윤병석외 2인, 『한국근대사론Ⅱ』, 지식산업사, 1979, 51쪽.

김규식은 신한청년당으로부터 12개 항목의 임무를 수행하도록 지시
받고[33] 1919년 2월 1일 선편으로 상해를 출발하여 3월 13일에 파리에
도착하였다. 김규식은 "나는 가서 일제의 학정을 폭로하고 선전하겠다.
그러나 나 혼자의 말만을 가지고는 세계의 신용을 얻기가 힘들다. 그러
니까 신한청년당에서 서울에 사람을 보내어 독립을 선언해야 되겠다. 가
는 그 사람은 희생을 당하겠지만 국내에서 무슨 움직임이 있어야 내가
맡은 사명이 잘 수행될 것이고, 우리나라의 독립에 보탬이 될 것이다"[34]
라고 그의 부인 김순애에게 말했다.

김순애는 국내에 잠입하여 대구지방에서 북경대학 졸업생이며 계성
학교 교사인 백남수와 접촉하였다.[35] 파리강화회의의 한국대표로 김규

---

33) 12개 항목은, 1. 강화회의에 출석한 각국 대표들을 면접하고 한국에 대한 동정과
   지지를 얻을 것. 2. 파리에 비공식적으로 가 있는 유력한 인사들과 면접할 것. 3.
   일본 무단통치하의 한국의 정치·경제·교육 및 종교적 여러 가지 사정을 알릴 것.
   4. 일본의 한국과 한국인에 대한 야욕을 폭로할 것. 5. 일본의 몽고·시베리아·산
   동·양자강 지역 복건·태국·필립핀·남해 및 인도에 대한 야욕을 폭로할 것. 6. 한
   국은 극동문제를 해결하는 데 있어서 열쇠와 같은 중요한 위치에 있다는 것을 역
   사적·지리적 및 전략적 이유를 들어 설명할 것. 7. 미국·영국·프랑스 및 이탈리아
   의 유력하고 책임성있는 신문기자들의 동정적인 협력을 얻어 한국독립에 대한 세
   계적인 여론을 조성할 것. 8. 미국·영국·프랑스·이탈리아·중국의 유력지를 통하
   여 전 세계에 한국사정을 알리고 세계의 정치가들, 외교지도자들 그리고 전 세계
   사람들간에 한국에 동정적인 여론을 조성할 것. 9. 파리·런던·샌프란시스코·상해
   등지에 홍보국을 설치하고 또 모든 다른 방법을 통하여 직접 간접으로 활약할 것.
   세계의 정치가들과 외교지도자들, 그리고 각국 국민들간의 여론이 어떻게 돌고 있
   는지를 극동에 알릴 것. 10. 선전물, 선전작품, 그림이 든 전단등을 작성, 분포할
   것. 11. 왜 한국이 독립하여야 하는가 하는 데 대한 이유를 설명하며 한국사람이
   자치할 능력이 있다는 것을 과시할 것. 12. 강화회의에서 대표로서 인정받을 것을
   정식으로 요구하고, 한국해방에 대한 정식 청원서를 제출할 것. 이 청원서는 자세
   하고 포괄적일 것. 신용하, 앞의 책, 53~54쪽 참조.
34) 이정식, 앞의 책, 53~54쪽.
35) 이재인, 「상해서 잠입한 김순애 여사」, 『신동아』 1965년 3월호, 101쪽.

식이 2월 1일 상해로 출발하였다는 사실은 3·1운동의 발발에도 영향을 미쳤다. 이 사실은 본국과 재일 유학생에게 밀사를 통해 통보되어 국내에는 이미 3·1운동을 일으킬 모의가 진행중에 있었고 김규식이 파리에 도착한 3월 13일경엔 3·1운동의 물결이 전국을 휩쓴 후 그 여세가 계승되어 민족의 정치적 대변기구를 수립하려는 움직임으로 나타나고 있었다.36)

파리에 도착한 김규식은 한국민대표부를 설치하고 한국의 항일투쟁 소식과 한국의 주장을 선전하기 위하여 한국통신국을 설치하였다. 김규식은 한국과 인연이 깊은 헐버트(Hulbert)의 도움을 받고 당시 스위스에 유학중이던 이관용에게 대표관 사무를 맡겼다.

1919년 4월 대한민국 임시정부가 수립되자 임시정부는 김규식을 외무총장으로 임명하고 평화회의 대한민국 위원 겸 주파리위원으로 임명하여 이로부터 김규식은 명실공히 대한민국의 공식적인 대표로서 활동하게 되었다. 한국대표부는 1919년 4월 10일에 통신국 홍보(Circulaire) 제1호를 출간하여 한국의 독립이 세계평화와 직결된다고 역설하고 3·1운동에 관한 기사를 보도하였다.37)

김규식은 1919년 5월 12일 "한국민족의 해방과 독립회복을 위한 청원서"와 "한민족의 요구서"를 강화회의에 제출하였다.38) 김규식은 청원

---

36) 정주섭, 앞의 논문, 45쪽.
37) 국사편찬위원회, 『한국사론』, 민족문화사, 1986, 308쪽.
38) 청원서 내용은, 1. 한국민족은 아시아의 유서깊은 국가들 중의 한 국가로 4200년 동안이나 한 민족으로 존립하여 민족적 독립을 향유하였다. 2. 한국이 한 독립된 국가로서 주권을 향유해 왔다고 하는 사실은 일본, 미국, 영국 및 기타의 해외 열강과 한국 사이에 각기 체결된 수호통상조약에서 인정된 바 있다. 3. 한국의 주권은 이러한 조약으로 인정된 것 뿐만이 아니라 국제적 교의와 제재의 원칙에 입각하여 어떤 한 나라가 단독으로 처리할 수가 없다. 4. 1910년 8월 22일 일본정부가 기만과 폭력의 방법으로써 한일합방조약을 체결하고 한국의 독립을 침범하였다.

서에서 한국이 반만년의 역사 민족임을 천명하고, 주권국가임을 주장하면서 일제 침략의 악랄성과 가혹성, 부당성을 지적하였으며, 3·1운동의 위대성 필연성을 강조하고, 임시정부의 수립을 알렸으며, 한일합병이 무효임을 주장하였다. "한민족의 요구서"는 청원서의 조항들을 더욱 세밀하게 역사적 및 통계자료를 제시하며, 왜 한국독립이 인도적인 또는 법적인 견지에서 타당하며 일본의 팽창정책과 침략정책이 구미 각국에게 불리한 것인가 하는 것을 세세히 지적하고 있다.[39]

이 문서는 첫째로 한국이 본래 유구한 역사를 자랑하는 독립주권국가였으며 이 주권에 대해서는 일본과 기타 열국이 국제법상으로 승인한 바가 있었다는 사실을 상기하고 있다. 둘째로 일본은 그와같은 사실을 무력에 의해 말살하고 한국의 주권을 강탈하여 한국을 정치, 경제, 사회,

---

5. 이러한 주권말살에 대하여 한국과 그 국민들은 꾸준히 항변한 바 있으며 또 하고 있다. 6. 일본이 한국을 통치하는 동안에 채택된 방법의 악랄성 때문에 이러한 항변은 날이 갈수록 새로워지며 격렬해지고 있다. 7. 한국의 교육과 사상은 일본이 통제하며 억압하고 있다. 8. 한국인의 재산은(부호) 일본이 철저하게 통제하며 억압하고 있다. 9. 한국에서의 기독교를 일본정부가 박해하고 있다. 10. 한국에서는 지금 '개혁'이 이루어지고 있다고 일본은 주장하고 있으나 이것은 형무소 내에서의 개혁이나 마찬가지이며 일본을 위한 것이다. 11. 일본인들은 모리적인 국가의 방법과 정신에 따라서 한국을 지배 통치하고 있다. 12. 한국민족의 이익은 물론 영국, 미국, 프랑스의 극동에서의 이익을 위해서도 한국이 일본의 병탐을 벗어나서 해방될 필요가 있다. 13. 일본은 한국에 있는 서구의 무역업자와 상인들을 점차로 제거하여 무역통상을 배제하고 있다. 14. 일본은 극동대륙에 팽창 침략하여 영·미·불 각국과 대항할 것이다. 15. 일본의 대륙팽창의 증거 6가지 (청일·러일 전쟁, 한국병탐 등). 16. 한국민의 일본통치에 대한 반항은 3·1운동으로 실증되었다. 17. 한국대표는 한국 내에서의 혁명과 거국적 움직임을 보고하고 있다. 18. 한국임시정부가 조직되었다. 19. 3·1 운동의 전국적인 파급에 있어서 일본정부는 폭행으로 보복 또는 진압하고 있다. 20. 1910년 8월 22일의 한·일 병합 조약은 무효이다. 그에 대한 6가지를 제시하고 있다. 신복룡 역, 『한국독립운동의 진상』, 평민사, 1986, 66~77쪽.

39) 류근일, 앞의 책, 85쪽.

문화의 모든 영역에서 수탈하고 있다고 폭로하고 있다. 셋째로, 이 문서는 일본의 그와 같은 강탈행위가 종국적으로는 아시아 대륙과 태평양 지역 및 미주와 유럽제국들을 침탈하기 위한 발판임을 주지시키면서 열국 자체의 이익을 위해서라도 국제정의와 만국공법에 의거해 한국의 국권회복을 도와주어야 한다고 설파하고 있다.

김규식은 당시의 한국의 민족문제를 "세계의 문제"로 파악했으며, 한국의 비운은 한국 민족만의 불행이 아니라 전세계에 불이익을 초래하는 보편적 사건이라고 보았다. 그는 한국의 비운을 이처럼 세계 보편의 문제와 상호 연관된 사건으로 파악함으로서 20세기초 한국 민족문제의 세계사적 성격을 정확하게 규명해 놓았다.[40]

김규식의 "한 약소민족의 식민지적 고통과 참상을 방치하는 것은 곧 자유주의 진영 자체의 불이익"이라는 주장은 식민주의에 대한 민족운동 진영의 자기천명이며, 국제 권력정치에 대한 국제 평등주의 이상의 제시인 동시에, 임박한 파시즘의 위협에 대한 자유민주 진영의 세계사적 사명을 설파한 것이었다.

이러한 논리적 구성에 의해 한국의 민족문제는 비로소 세계사적 성격이 부여되었고, 한국의 국권회복운동은 전세계 피압박민족의 독립운동과 반파시즘 운동의 일부로 편입된다는 점이 국제적으로 선포되었다. 그러나 그의 그러한 기대에도 불구하고 영국·미국·프랑스 등 자유민주 국가들은 파시스트국가들의 팽창주의를 저지할 만한 충분한 능력도 부족했고 관심도 부족했기 때문에 좌절되고 말았다.

김규식은 1919년 5월 2일자로 청원서와 요구서를 미국 윌슨 대통령, 영국 로이드 죠지 수상, 클레망소 강화회의 의장 등에게 보내면서 내용의 중점에 대해 따로 서신을 보내어 한국독립의 당위성을 알렸다. 이어

---

40) 류근일, 위의 책, 90쪽.

그는 『한국의 독립과 평화』라는 소책자에서 한국이 개항 후에 구미각국 및 일본, 중국 등과 체결한 조약들을 분석하여 각국이 한국에 주었던 약속을 환기시키며, 일제의 침략과 학정의 부당함을 논박하고 주권국가로서의 한국의 사정을 알렸다.[41] 김규식은 1919년 8월 6일 외신기자크럽에서 80명의 각국 유력인사가 초청된 가운데 한국독립의 타당성과 일제침략의 흉계를 폭로하여 경계심을 갖게 하고 각국 대표들의 지대한 동정을 얻기도 하였다.[42]

그러나 파리강화회의는 전승 제국주의 열강들의 이권도모에 열중하였고, 기타 약소국의 의견은 전면적으로 받아들여지지 않았다. 비록 이 열강들이 한국의 입장을 동정한다 할지라도 폴란드나 체코슬로바키아와 같이 전국민이 독일을 비롯한 동맹군과 싸우지 않았기 때문에 기회를 얻기란 불가능하였다. 그리하여 온 민족이 열망하던 파리강화회의는 한국문제에 관하여는 한마디 토론도 없이 끝났다.[43]

파리강화회의에서는 한국문제에 관해 독립을 쟁취해 낼 수는 없었지만, 당시 세계 열강이 한국문제에 대하여 무관심하던 상태에서 3·1운동과 더불어 일본의 팽창에 대한 경각심을 갖게 하고, 한국에 우호적인 여론 조성에 많은 도움을 준 것은 사실이다. 4개월 동안에 걸친 김규식의 활동은 국제무대에 한국문제를 알리고 많은 동조자들을 얻어내는데 큰 도움을 주었고, 한국의 위치를 국제사회에 최초로 알리는 중요한 계기가 되었다. 또 그의 외교활동은 국제사회와 한국을 연대하게 하여 세계와 근대한국이 서로 만나게 된 역사적인 만남의 장이 되었다.[44]

파리에서의 활동을 마치고 김규식은 미국으로 건너가 1919년 8월에

---

41) 이정식, 앞의 책, 62쪽.
42) 국사편찬위원회, 『한국사론』, 민족문화사, 1986, 309쪽.
43) 위의 책.
44) 류근일, 앞의 책, 74쪽.

설치한 구미위원부 위원장으로 임명되었다.[45] 구미위원부는 한국통신국
과 주파리위원부를 흡수시켜 유럽과 미주에서의 외교업무를 주관하게
되었다.[46] 김규식은 미국에 대한 여론환기 활동과 독립운동 자금의 모금
활동으로 50만불의 공채를 발행하기 위해 구미위원부에 선전부와 공채
부를 조직하였다. 선전부는 로비활동 및 순회강연, 각종 간행물 발행, 지
지그룹 확보 등 선전·홍보 활동에 주력하였다.

구미위원부의 선전활동에 적극 협조한 인터내셔널 뉴스 서비스
(International New Service) 기자 제이 윌리엄스는 주한 미국인 선교사들
이 제공한 3·1운동 당시 일제의 만행을 촬영한 사진을 자료로 하여 기사
를 작성하고 각 언론기관에 배부함으로써 미국인의 감정을 친한적 경향
으로 이끌었다.

처음 구미위원부가 결성될 당시 미국무성 관리들은 비협조적인 태도
를 보여 위원부의 활동에 많은 지장을 주었으나, 구미위원부의 꾸준한
활동으로 점차 바뀌어 1919년 3월부터 1920년 9월 1일까지 18개월 동안
미국신문에 약 9,000회에 걸쳐 한국문제가 게재되었는데 이중 8,950건
정도가 한국에 대하여 깊은 동정과 지지를 표시하였다.[47]

구미위원부는 미국 각지에서 강연회를 열어 한국의 억울한 입장을 알
리고 미국 국민의 동정을 구하며 또 각 기관에 서한을 보내어 일본의 침
략정책과 야만적인 압제를 알렸고, 한국문제의 미국의회 상정이라는 큰

---

45) 이정식, 『한국민족주의의 정치학』, 한밭출판사, 1982, 191쪽.
46) 당시 한국독립을 위한 선전활동에 전념하면서 상해임시정부와 관계를 맺고 있던
    주요 재미 한국단체는 대한인국민회의 결의로서 1919년 3월 필라델피아에서 서재
    필이 설치한 「한국통신국」과 이승만이 한성정부의 집정관 총재의 자격으로 1919
    년 8월 워싱턴에 설치한 「한국위원회」가 있었으나 9월에 임정이 상해를 중심으로
    단일 통합된 뒤 한국위원회는 「구미위원부」로 개편되었다. 국사편찬위원회편, 『한
    국독립운동사』 3, 247쪽; 정주섭, 앞의 논문, 51쪽.
47) 『독립신문』 1921년 9월 15일자.

성과를 가져오게 되었다. 즉 상원에 3회, 하원에 1회 한국문제가 의회에 상정되어 상원의원 18명, 하원위원 3명이 발언하여 미국 국회의사록에 64면에 걸쳐 이들의 발언이 수록되었다.[48]

구미위원부가 후원한 출판물 중에는 맥켄지(Frederick A. Mckenzie)의 『자유를 위한 투쟁(Korea's Fight for Freedom)』[49]과 구미위원부 부위원장 겸 위원인 정한경의 『한국의 실정(The Case of Korea)』[50]이 있다. 맥켄지의 책은 영국에서 널리 배포되어 많은 신문들로부터 호의적인 서평을 받았다.[51]

김규식은 1920년 9월에 영국 런던에 가서 맥켄지와 "대영제국 한국친우회"(The League of British Friends of Korea)를 조직하여 국회의원 6명, 목사 등 종교인 5명을 비롯해 다수 저명인사들이 가입했다.[52]

김규식은 「극동정세」(Far Easten Situation)라는 글에서, "극동에서 일본의 팽창을 막아야 한다. 일본의 팽창이 그대로 허용된다면 영국과 미국이 극동에서 제거될 뿐더러 앞으로 15년 후에 일본은 중국, 시베리아 및 한국의 인적자원을 이용하여 영·미 각국에 대항할 수도 있을 것"이라고 하였다. 그리고 "서구의 강대국들은 편의주의에 치우쳐 일본이 한국 같은 약소국가를 희생시키는데 별로 관심을 두지 않으나 영미 자체의 이익을 위하여도 이것은 극히 위험한 일"이라고 경고하고, "미국을 비롯한 서구 열강들의 대일본정책이 잘못된 것"이라고 주장하였다.[53]

공채부의 활동은 신한민국 북미중앙총회에 위임하여 지방단위로 판매케 하였는데 공채 4만6천여 달러가 판매되었다.[54] 이처럼 거금을 모금

---

48) 『독립신문』 1921년 1월 5일자.
49) 신복룡 역, 『한국의 독립운동』, 평민사, 1986 참조.
50) 정한경은 이 책을 바탕으로 American University에서 철학박사 학위를 받았다.
51) 이정식, 『한국민족주의의 정치학』, 192쪽.
52) 류근일, 앞의 책, 88쪽.
53) 김규식, "Far Easten Situation", *Korea Review*, 1920년 11월호.

하는데 있어서 위원장인 김규식의 역할이 상당하였을 것으로 생각되며, 특히 구미위원들 중에는 중국에 거주하고 있었던 인사들이 없었으므로 중국인 외손금 모금에 김규식의 역할이 컸을 것이다.[55]

미국에서의 김규식의 활동은 파리에서의 그의 활동의 연장으로 한국에 대한 국제여론이 상당히 환기되었고 한국민족의 독립에 대한 염원을 전 세계에 전파하였음을 높이 평가해야 할 것이나 미국의 정책 입안자들에게 큰 영향을 주지는 못하였다. 그것은 미국이 이 당시에 한국 사태에 개입하기에는 너무나도 정치적, 경제적 또는 군사적 관련이 희박하였기 때문이다.[56]

1919년 5월에 김규식은 태평양회의 개최에 즈음하여 6개항으로 된 선언서를 발표하였다. 그는 서두에서 파리강화회의가 유야무야로 끝났음을 개탄하면서 자신의 시국관에 입각한 국제정세를 분석하였다. 이 선언문은 한·중 두 아시아 민족의 공동인식에 바탕을 두고 있는데, 이때 벌써 제2차 세계대전의 불가피성을 예견하고 있다. 또한 일본의 한국병합은 일본의 대륙침략이라고 하는 보다 큰 목표를 달성하기 위한 하나의 전초전에 불과하다고 주장하고, 중국대륙을 잠식한 일본의 침략주의는 앞으로 구미 열강의 세계전략과 불가피하게 충돌할 것임이 명약관화하고, 구미 열강은 목전의 안일만을 꾀하여 일본과 더불어 약소민족의 이익을 외면하는 현상동결에만 급급하고 있어서 이것이야말로 어리석은 단견이라고 지적하면서, 워싱턴회의에 대해 11개 항목의 조건을 제시하였다. 그 중 5개항은 일본뿐만 아니라 구미열강의 아시아 진출까지도 일괄 비난한 것이었다.[57]

---

54) 류근일, 앞의 책, 87쪽.
55) 이정식, 『한국민족주의의 정치학』, 68쪽.
56) 정주섭, 앞의 논문 59쪽.
57) 위의 책, 103~105쪽.

서구 열강에 대한 외교활동이 실패로 돌아간 후, 김규식은 1922년 1월 21일 모스크바에서 개최된 극동인민대표회의에 참석하였다.[58] 김규식은 서구 열강의 자유주의와 인도주의에 실망을 느끼고 사상적으로는 공산주의를 받아들이지 않으면서도 독립운동에 조금이라도 도움이 된다면 소련과도 손을 잡으려 하였다. 이 대회에서 결의권을 가진 각국 대표 148명 가운데 조선 대표는 52명이 되었다.[59]

김규식은 모스크바에서 「아시아의 혁명운동과 제국주의」라는[60] 글을 발표하였다. 그는 극동인민대표자회의의 개최배경이 제국주의 침략과 끝없이 강화되는 자본주의 억압과 착취 및 워싱턴회의에 대항하는 데 있다고 언급하였다. 그는,

> "우리는 종종 극동의 혁명적 세력들과의 통일전선과 연합행동의 필요성을 말해 왔다. 최근 우리는 이전보다 그것을 잘 알고 있는데 이는 서유럽과 미국 자본주의세력들이 전 동아시아를 착취하기 위해 그들이 어떻게 협력했는지를 알기 때문이다. 이타적인 체하고 세계적 민주주의의 원칙에 관해 그렇게 야단법석을 떤 미국조차도 워싱턴회의에서 가면을 벗어 던지고 3개의 악명높은 흡혈귀 국가 - 영국, 프랑스와 일본-와 추악한 4자동맹을 맺었다"[61]

라고 하였다. 김규식은 이론적인 측면에서 뿐만 아니라 현실적인 측면에서도 통일전선의 형성이 필요하다고 주장하고,

---

58) 이 대회는 극동민족대회·극동근로자대회·제1회 극동 공산주의 및 혁명단체 대회 등으로 불렸다. 임경석, 「고려공산당연구」, 성균관대 박사논문, 1993, 364~365쪽 참조.

59) コミンテルン編 (高室定國·迅野功 譯), 『極東勞力自大會』, 東京: 合同出版, 1974, 1~4쪽.

60) 김규식, "The Asattic Revolutionary Movement and Imperialism", *Communist Review*, Vol, Ⅲ, no. 3, 1922. p.7.

61) 김규식, 위의 글 91쪽.

"통일전선이 이론적으로 논의되어야 할 뿐만 아니라 가장 빨리 가
능한 방법과 최선의 이용 가능한 수단으로 실제적 현실로써 이루어져
야 하는 것이다. 우리의 운명은 아주 밀접하게 연결되어 있고 우리가 자
본주의 착취와 제국주의 침략의 연합 공격에 똑같이 처해 있을 때, 우리
는 이미 서로 떨어져 존재하거나 추상적 회합으로 완전한 노예화, 파괴,
궁극적인 우리 구성원들의 합병을 무력하게 지켜 볼 수 없다"[62]

고 논하였다. 김규식은 "조선은 외부원조·동맹 및 국제정세의 변화가 없
으면 독립할 수 없다. 이런 이유로 조선은 궁극적으로 무장투쟁을 위해 준
비하고 미국·중국·러시아와 일본의 충돌이나 일본이 스스로 노동대중의
혁명적 봉기에 직면했을 때 기회를 잡도록 해야 한다"[63]라고 하여 독립을
이루기 위해서는 외국의 지원과 협조는 물론 정세변화에 따라 전쟁이 발
발할 경우에 대비하여 무장투쟁을 위한 준비가 필요함을 역설하였다.

김규식은 약소 민족의 해방을 내세우는 소련의 주장에 기대를 걸었으
나, 조선 민족해방운동을 계속 지원한다는 원칙적인 입장 이외에 한민족
이 기대했던 구체적인 지원방안을 제시하지 못하자, 이 대회 이후 민족
해방운동가들의 역량을 집중하기 위한 민족통일전선 문제에 더욱 더 적
극적인 관심을 갖게 되었다.

민족해방운동전선에서는 국민대표회 소집운동이 다시 추진되었다. 그
리하여 1923년 1월 31일 각 지역 민족해방운동단체 대표들이 참석한 가
운데 국민대표회 본회의가 개막되기에 이르렀다. 순조롭게 진행되던 국
민대표회의는 임시정부 문제와 관련하여 창조파와 개조파로 나뉘었다.
창조파는 임시정부 대신에 민족해방운동을 이끌 새로운 지도기관을 조
직하자는 입장이었고 개조파는 '정부'라는 명분을 중시하면서 임정을 명
실상부한 민족해방운동의 지도기관으로 개조하자는 입장이었다.[64] 창조

---

62) 김규식, 위의 글 91~92쪽.
63) 김규식, 위의 글, 103쪽.

파에 속한 김규식은

> "우리들은 말로 하던 시기는 이미 지나갔고 실제 실행할 때가 되었
> 다고 생각한다. 혁명세력의 연합은 조직과 단결의 현실적인 단계에 의
> 해 이루어져야지 중앙으로부터 만들어지고 승인되는 연합은 반대한
> 다"65)

라고 하여 임시정부로의 통일을 반대하고 민족해방운동세력가들의 통일
전선에 의한 새로운 조직을 건설할 것을 주장하였다. 국민대표회의는 창
조·개조 논의로 결국 개조파가 탈퇴하였다. 1923년 6월 7일 창조파만이
참석한 국민대표회의는 헌법을 통과시킨 뒤 국민위원회를 조직하고 국
민위원 33인, 국무위원 5인 중 4인, 고문 30인을 선출하고 폐막되었다.
이때 김규식은 외무 담당 국무위원으로 선임되었다.66)

코민테른은 국민대표회의에 참가한 연해주·간도 대표 70명에게 입국
비자를 허가하였고 "조선에서 민족혁명당의 선전과 민족위원회의 조직
형태를 협의하기 위해 민족주의자들 가운데서 영향력을 가진 김규식을
블라디보스톡으로 초청한다"고 하였다.67) 김규식이 참여한 국민위원회
는 1924년 2월 19일부터 23일 까지 블라디보스토크에서 제1회 회의를
열어 한국독립당조직안을 의결하고 임시헌법을 고쳤다.68) 한국독립당조

---

64) 노경채, 「국외 민족운동의 노선과 이념의 변화과정 - 1920년대 중국지역을 중심으
　　로 - 」『3·1 민족해방운동연구』, 청년사, 1989, 502~503쪽.
65) 조철행, 「국민대표회연구 - 개조파·창조파의 민족해방운동론을 중심으로 - 」, 『사
　　총』 제44집, 1995.12, 162쪽.
66) 국민대표회의, 『선포문·헌법·기관조직·부결의안』, 1923.6.7, 46쪽.
67) 이 회의의 결의사항은 ① 국제 공산당으로부터 종래 고려공산당이 해산을 명령받
　　은 것을 일반 조선인들에게 주지시킬 것, ② 금후 상해파·니코리스크파의 분규는
　　절대로 논하지 말것, ③ 완전한 공산주의적 기초의 기관설립에는 노령거주 조선인
　　공산당원을 중심으로 설립하는데 전력할 것 등이다. 김준엽·김창순, 「정재달·이재
　　복조서」, 『한국공산주의운동사』 자료편 I, 고려대학교출판부, 1979, 102~121쪽.

직안은 국민위원회의 정부적 성격을 배제하고 당적 조직으로 성격이 바뀐 것을 의미한다.

국민위원회 활동 이후 김규식은 다시 중국 관내에서 민족해방운동을 전개하였다. 그는 북양대학 등에서 강의를 하는 한편, 1927년 2월에는 류자명 등의 조선인, 중국인, 인도인 등이 조직한 동방피압박민족연합회의 회장으로 추대되었다.[69]

김규식은 1920년대 전반기에 주로 임시정부를 대표하여 외교활동에 주력했던 데 비해, 1920년대 후반기부터는 사회주의세력과 민족주의세력을 연합시키기 위한 통일전선운동에 주력하였다. 그는 1926년에 작성한 「조선혁명운동의 민족당 결성을 위한 선언」에서

"조선의 혁명운동이 더 이상 저명한 지도자들이나 강력한 집단과 파벌에 의해서 진행되어서는 안되며, 그것은 이제 하나의 공통된 목적을 가지고 투쟁하는 모든 일반대중의 결합되고 통일된 노력으로 대체되어야 한다."[70]

고 하여 민족해방을 위해 단일당의 결성을 촉구하였다. 민족해방운동전선에서 파벌 극복과 전선통일을 위한 민족유일당 운동이 일어난 것은 1925년 하반기부터였다. 전민족적 대당 결성에 대한 첫 조직적 움직임은 1926년 5월에 상해에서 조직된 독립운동촉성회의 성립이었다. 이 촉성회는 "한국민족해방을 촉성하기 위해 철저한 독립운동자의 조직적 대단결의 실현을 기성하려고 노력한다"[71]는 강령하에 선언서를 발표했다.

---

68) 대한민국국회도서관 편, 앞의 책, 511~518쪽.
69) 이정식, 『김규식의 생애』, 97쪽.
70) 이균영, 『신간회 연구』, 역사비평사, 1993, 56쪽. 水野直樹는 이 문건의 작성자를 여운형으로 추정하고 있다. 「민족협동전선 연구의 신기원」, 『역사비평』 계간 24호, 1994 봄호, 347쪽.
71) 대한민국국회도서관 편, 앞의 책, 598쪽.

민족유일당 운동이 추진되는 과정에서 사회주의자들과 민족주의자들은 유일당의 성격이나 목적에 대해 서로 다른 입장을 드러내면서 분열의 조짐을 보이기 시작했다. 사회주의 세력은 자신들이 주도권을 갖는 혁명 정당으로의 발전을 전망한 반면, 민족주의 세력은 전선통일과 이당치국의 원리로 임시정부를 강화하는데 목적을 두었다. 결국 민족유일당 운동은 지도노선 수립의 실패, 12월테제의 영향, 중국의 제1차 국공합작 등의 요인으로 실패하고 말았다[72]

2. 민족혁명당 활동

김규식은 민족운동전선의 통일방안을 모색하던 중에 상해에 와서 한국독립당의 이유필과 전선통일 문제를 논의하였다. 김규식은 "한국의 독립 완성 및 중국의 실지 회복을 위해 각지에 설치해 있는 한교회를 연합하여 상해에 한교연합회를 조직하여 중국측 화교연합회와 연합하여 중한연합회를 조직하자"는 입장을 제시한 반면, 이유필은 "한교연합회를 새로 설치하는 것보다도 각지에 있는 기성단체를 통일하여 중한연합회를 도모하는 것이 가하다"라는 의견을 피력했다.[73] 두 사람이 협의한 결과 이유필의 의견에 합의하였다.

1932년 10월 12일 김규식은 한국독립당, 조선혁명당, 한국혁명당, 의열단 대표들과 한국광복동지회 대표와 함께 연합주비위원회를 결성하고 김두봉·박건웅·신익희·최동오를 주비위원으로 선출되었다. 그리고 단체 연합의 성격, 각단체 대표의 인원 및 자격에 관한 규정을 주비위원들에게 위임하였다.[74] 주비위원회에서는 연합체의 명칭을 한국대일전선통일

72) 김희곤,『중국관내 한국독립운동단체연구』, 지식산업사, 1995, 263~266쪽.
73) 대한민국국회도서관 편, 앞의 책, 774~776쪽.

동맹으로 할 것과, 연합체의 성격은 협의기관으로 할 것과, 대표의 수는 9명으로 하고 그 자격은 각 해당단체의 전권신임장 혹은 위임장을 교환할 것 등을 결정하였다. 각 단체대표대회 제3차 회의에서는 기초위원들이 제출한 규약과 선언문을 통과시키고 이를 발표하였다.[75] 한국대일전선통일동맹은 창립선언문에서 모든 파벌을 넘어서서 중국지역은 물론 국내외 전체 민족운동전선으로 확대되는 연합전선을 목표로 결성되었음을 천명하였다.

한국대일전선통일동맹의 통일전선운동은 이후 점점 확대되었다. 김규식은 1932년 11월 5일에 소집된 제1회 집행위원회에서 상무위원이 되었다. 이듬해에는 재미대한독립당·대한인민총회·재뉴욕대한인교민당·재하와이대한인국민회·하와이대한인동재회·재미대한인국민회총회 등이 가맹하였는데[76] 미국에 있는 단체들의 가맹에는 김규식의 활약이 컸다. 김규식은 1933년 통일동맹의 자금모집을 위해 미국으로 가서 활동자금을 모금하였고 미국지역의 단체들 대부분을 가맹시켰다. 그러나 한국대일전선통일동맹은 만주지역에서 활동하던 사회주의 계열의 단체들이 가맹하지 않았고 완전한 전선통일을 이루지는 못하였다.[77]

김규식 등 12명의 각 단체 대표가 참석하여 1934년 3월 1일 남경에서 개최된 한국대일전선통일동맹 제2차 대표대회는 대동단결체 조성 방침안에 관해 논의하였다.[78] 분산된 전선의 통일에 나서게 된 김규식은 1932년에 통일동맹을 결성함으로써 전선의 일차적 통일에 성공했으나 한국대일전선통일동맹이 일종의 연락기관적 역할 밖에 못하는데 한계를 느꼈

---

74) 강만길, 『조선민족혁명당과 통일전선』, 화평사, 1991, 46쪽.
75) 김정명 편, 『조선독립운동』Ⅱ, 동경 : 원서방, 1967, 513~514쪽.
76) 김정명 편, 앞의 책, 514쪽.
77) 강만길, 앞의 책, 48~49쪽.
78) 대한민국국회도서관 편, 앞의 책, 855~858쪽.

다. 그는 1934년 3월 한국대일전선통일동맹 제2차 대표대회를 계기로 한국대일전선통일동맹을 해체하고 통일전선 정당으로서의 강력한 결속력과 통제력을 가지는 신당을 조직하기로 결정하는데 주도적 역할을 담당하였다. 같은 해 4월 12일 통일동맹 중앙집행위원회 상무위원 김규식·김두봉·최동오 등은 각 민족해방운동단체에 대동단결체 조직에 관한 방안과 조직체의 성격을 나타낼 강령·정책의 초안 제출을 요구하는 통고문을 발송하였다. 통고문의 내용에 따르면 새로 발족할 전선통일을 위한 단체는 기존의 어느 단체도 모체로 하지 않은 새로운 단체를 조직하려는 의도가 담긴 것이었다.[79]

결국 한국대일전선통일동맹 소속단체 대표들은 1935년 6월 20일 열린 각 혁명단체대표대회에서 기존의 민족해방운동 정당·단체를 해소하여 단일당을 조직하고 그 명칭은 민족혁명당으로 할 것으로 결의하였다. 통일전선 정당으로 성립된 민족혁명당의[80] 중앙집행위원은 김규식을 비롯하여 김원봉·김두봉·이청천·신익희 등이었고, 김규식은 국민부 부장을 맡기도 하였다.[81]

그러나 민족혁명당 발족에 한국독립당의 일부와 김구 중심의 이른바 임시정부 고수파가 참여하지 않음으로써 이 당이 본래 지향했던 중국지역 민족운동전선의 완전한 통일전선은 이루지 못하였다. 하지만 민족혁명당은 김원봉 등 진보세력과 함께 김규식을 비롯한 양기탁·이청천·신익희 등의 민족주의자들이 참여한데서 알 수 있듯이 통일전선적 성격을 지니는 것이었다.

---

79) 조선총독부 경무국 보안과, 『고등경찰보』 제5호, 79~80쪽.
80) 민족혁명당은 편의에 따라 당명 앞에 '한국'·'조선'·'고려'의 명칭을 붙여 사용하기로 했으나 조선혁명당계의 이청천 등이 탈락한 1937년부터 당명을 조선민족혁명당으로 확정했다. 이범기, 앞의 논문, 21쪽.
81) 독립운동사편찬위원회 편, 『독립운동사』 제4권, 1972, 744쪽.

김구를 중심으로 하는 민족운동세력의 일부가 통일전선 정당을 표방한 민족혁명당에 참가하지 않은 이유는 김원봉을 중심으로 하는 일부 민족운동세력을 공산주의자로 간주하여 그들과의 통일전선을 반대했다는 점 등이 크게 작용하였다.[82] 김규식이 주도적으로 참여한 민족혁명당의 성립은 일제 강점하 민족해방운동사에서 중요한 의미를 갖는다. 그것은, 첫째, 임시정부 고수파의 불참과 창당 직후 일부 세력의 이탈이 있었지만 민족혁명당의 성립이 대륙침략에 대응한 민족운동전선 통일의 계기가 되었다는 점이다. 둘째, 1921년의 국민대표회운동, 1920년대 후반기의 민족유일당운동 등도 통일전선운동으로 볼 수 있지만, 민족혁명당의 성립은 본격적인 통일전선운동의 출발점이 된 것이라는 점이다.

민족혁명당은 창당 직후 한국독립당계 일부 세력이 이탈하였고, 1937년에는 조선혁명당계의 이청천·최동오 등이 이탈함으로써 통일전선 정당으로서의 성격이 약화되었다. 그러나 민족혁명당은 기본노선으로서 통일전선운동을 끊임없이 추구하여, 1937년 11월에 민족혁명당을 중심으로 조선민족해방운동자동맹·조선혁명자연맹·조선청년전위동맹 등과 함께 조선민족전선연맹을 결성하였다.[83]

중국관내 민족해방운동세력이 임정을 중심으로 통일전선을 모색하자 민족혁명당도 1941년 1월에 개최된 제6회 전당대표대회에서 임시정부에 참가할 것을 결의하였다.[84] 1942년 10월에 열린 임시의정원 회의에서는 6명의 민족혁명당원이 의원으로 선출되었으며,[85] 조선민족전선연맹 산하 군사조직인 조선의용대도 같은 해 7월 한국광복군 제1지대로 편입되었다.[86]

---

82) 대한민국국회도서관 편, 앞의 책, 869~870쪽.
83) 염인호, 『김원봉 연구』, 창작과 비평사, 1991, 210~211쪽.
84) 독립운동사편찬위원회 편, 「조선혁명기」, 『독립운동사자료집』 제7집, 1973, 208쪽.
85) 독립운동사편찬위원회 편, 『독립운동사』 제4권, 1972, 963~964쪽.

1943년 8월 민족혁명당 주석 김규식은[87] 중국 국제방송국을 통한 「재미동포에게 보내는 소식」에서 미주에 있는 총지부를 관할하기 위해 당 중앙집행위원회 특별결의안을 통고하였다.[88] 그후 민족혁명당은 임시정부에 참여한 후에서 조직 확산에 노력하였고, 특히 미주지역의 지부조직에도 힘썼다.

1943년 10월에 대한민국임시정부 국무위원의 임기가 만료되자 그 개선을 위한 임시의정원회의가 소집되었다. 제36회 임시의정원회의는 부주석직을 신설하가로 하고 국무위원의 수를 14명으로 늘릴 것을 의결하였으며, 새로 마련된 부주석에는 김규식을 선임하였으며, 이로써 임시정부는 통일전선 내각을 구성하기에 이르렀다.[89]

1944년에 와서야 민족혁명당 등이 임시의정원과 임시정부에 참가하여 통일전선내각을 구성함으로써 제한된 조건에서나마 민족혁명당의 창당 목적이던 중국지역 우리 민족운동전선의 통일을 이루게 되었다. 그러나 전체 민족해방운동세력의 통합은 이를 이루기 전에 일제가 패망함으로써 뜻을 이루지 못했다.

김규식은 만주사변 이후 민족해방운동전선에서 전개된 통일전선운동을 이끈 중심인물의 한 사람이었다. 그는 한국대일전선통일동맹 결성에도 주도적 역할을 하였고, 통일전선 정당으로서의 민족혁명당 발족에도 큰 역할을 담당하였다. 김규식은 1930년대 중반기부터 8·15를 맞이할 때까지 민족혁명당을 통해 민족해방운동을 전개했으며 통일전선운동에 전력하였다.[90]

---

86) 한시준, 『한국광복군연구』, 일조각, 1993, 162~166쪽.
87) 이정식, 『김규식의 생애』, 「연보」에 따르면 민족혁명당 창당 당시부터 김규식이 주석을 맡은 것으로 되어 있으나 명확하지 않다.
88) 김규식, 「조선은 반듯이 독립국이 되어야 한다」, 『독립』 1943년 10월 6일자.
89) 신기언, 「민혁과 한독이 타협하기까지」, 『독립』 1944년 6월 28일자.
90) 김규식은 1946년 2월 18일 "한국이 완전독립을 찾고 신 국가를 건설하려는 이때

IV. 해방 후 통일운동

1. 좌우합작운동과 민족자주연맹

중국으로 망명한 후 32년 만에 조국에 돌아온 김규식은 모스크바 삼상회의의 내용이 알려지면서 부터 본격적인 정치활동에 들어가게 되었다. 좌와 우의 합작은 우익과 좌익이 엄연히 존재하는 정치적 실체였을 뿐만 아니라, 두 세력이 한국을 점령한 미국과 소련에 연결되어 있었기 때문에 절실하게 요청되었다. 김규식은 좌·우, 남·북의 합작과 통합을 중시하였기 때문에, 반미친소도 친미반소도 반대하고, 또 일국에 편중하여 타국을 배척함과 동시에 연합국간의 대립을 통해 정치적 이득을 취하려는 태도를 비판하고, 합작에 의한 전민족의 역량으로 미묘하고 복잡한 국제관계의 틈을 헤쳐나갈 것을 주장하였다. 그리고 그 때문에 어느 한 나라에도 치우지지 않은 친미·친소의 관계를 유지하고자 하였다. 그것을 김규식은 친소 친미 친중 진영의 평행적 정책의 수립으로 설명하였다.[91]

김규식은 1947년 신년사에서 친소반미와 친미반소에 대하여, "이 두 노선은 우리 민족의 자주적 입장을 망각한 것이며, 민족적 통일단결을 파괴하는 것이며, 좌우 양익의 협조에 의한 민주주의 임시정부의 수립을 지지하는 것이며, 미·소 양국의 조선에 관한 진정한 협조를 방해하는 것"[92] 이라고 하여 자주적 입장과 민족적 통일단결을 강조하였다. 김규

에 더욱 우리의 요구하는 바 자주 독립적 과도정권을 수립하려는 단계에 있어서는 개인이나 당파적 이해를 위하여 활동할 시기가 아니다" 라는 이유로 탈당할 때까지 조선민족혁명당의 주석직을 맡고 있었다. 국사편찬위원회, 『자료 대한민국사』 2, 1969, 95쪽.
91) 서중석, 앞의 책, 14쪽.

식은 해방 후 한국이 처해 있는 현실을 직시할 때, 자신의 노선만이 민족문제를 해결할 수 있다고 판단하였기 때문에 자신들은 결코 세칭 중간파가 아니고 중도파이며 어느 한 쪽에도 치우지지 않은 길을 걷고 있다고 확고히 믿었다. 그들은 극좌와 극우의 맹렬한 공격에도 조금도 굽힘이 없이 평생을 초지일관하였다. 중도의 길을 걷다보니 기회주의적이라느니 팔방미인이라느니 나약하다느니 하는 비판을 수없이 들었지만 김규식만큼 불굴의 의지를 가진 독립투사, 정치가를 찾는다는 것은 쉽지 않을 것이다.

미군정은 김규식이 사심이 없고 공정하며 청렴결백하고, 고귀한 애국심을 가진 보기 드문 인물로, 특히 이기주의자와 편집증세로 가득 찬 인물들과 대비된다고 판단하였다. 그래서 1946년 3월 미소공동위원회가 열릴 무렵부터 김규식을 지원하였다. 그런데 김규식은 미군 CIC 인터뷰에서 미국의 한국 점령은 오로지 독재일 뿐, 자신은 미국에 더 이상 바라는 것이 없다고 미국을 비난하였다.[93]

김규식은 한국에 통일임시정부를 조직하기 위하여 열린 미소공동위원회가 성사되도록 분투하면서 우익과 좌익의 공동전선 형성을 모색하였다. 김규식 등 중도파 민족주의자들은 한국에 민족국가를 건설하기 위해서는 미소공위가 성공하여야 한다고 판단하고, 미소공위의 활동을 적극 지지하고 지원하였던 것이다.

김규식은 김구의 미소공위 배척과 자주성 강조가 중경 임시정부 추대와 밀접히 연관되어 있다고 보았다. 그런데 중경 임시정부 추대의 주장은 강한 대중조직을 가지고 있는 남한의 좌익, 그리고 북의 공산주의자들에 의하여 절대로 받아들여 질 수 없는 논리였고, 점령군으로 한반도

---

92) 『조선일보』 1947년 1월 4일자.

93) HQ USAFIK G-2 Periodic Report, 1949년 8월 27일, 한림대학교 아시아문화연구소 영인자료총서 4, 1989, 551쪽.

에 들어와 있는 미국과 소련이 일고의 가치도 없는 것으로 단정하고 있
어서, 실질적으로 통일민족국가 건설에 방해물로 작용하고 있었다. 따라
서 그것은 단정으로 귀결될 수 밖에 없었고, 김규식의 표현을 빌리면 단
정 수립, 곧 분단국가의 수립은 강대국의 위성으로 전락될 수 밖에 없는
것이었다. 그것은 남이나 북이나 자주성과는 거리가 먼 상태가 될 수밖
에 없었기 때문에 중도파 민족주의자들은 중경 임정 추대운동은 주관적
인 의도와는 관계없이 단정으로의 길을 닦게 되어 있다는 점에서 자주적
독립국가의 건설을 어렵게 하는 것으로 인식하였다.[94]

김규식은 여운형이 서거한 뒤 미소공위가 계속 어려움이 봉착하자
1947년 8월 7일 미소공위의 난관타개를 위하여 담화를 발표하였다. 그는

> "만일에 금번 공위가 성공을 한다면 차라리 한인이 갈망하는 독립
> 만이라도 승인하고 정부는 한인의 손으로 수립케 하였어야 할 것이며,
> 한국을 원조한다면 연합국이 적당한 협조 하에 얼마든지 원조할 수 있
> 지 않겠는가. 그러나 어떤 사전을 보더라도 탁치가 곧 원조나 협력이라
> 는 정의는 없으니만치, 유독 한국에 대하여만 한인이 증오하는 탁치란
> 명사를 쓸 필요는 무엇이었는가"[95]

라고 말하였다. 반탁투쟁과 미소공동위원회와의 협의대상 문제는 미소공
위가 난관에 봉착한 원인이 된 것처럼 보였다. 그래서 김규식은 김구과
이승만에게 미소공위에서 임시정부를 수립하기 전에는 반탁투쟁을 벌이
지 말 것을 바랐고, 협의대상에 대해서도 모든 신청 정당·단체를 다 상대
할 것이 아니라, 우익과 좌익, 중도계에서 각각 대표를 뽑아 보내도록 하
는 것이 좋겠다는 제안을 미소공위에 하였다. 또 신탁이라는 말을 사용
하지 않았으면 좋겠다고 말한 것은 연합국이 "신탁통치는 한국의 독립을

---

94) 서중석, 앞의 책, 20쪽.
95) 『동아일보』 1947년 8월 8일.

저해하려는 것이 아니라 독립의 내실을 기하게 도와주려는 것"이라는 주장에 대한 비판임과 동시에, 김구와 이승만의 신탁통치에 대한 감정을 누그러뜨리고자 하였기 때문이었다.

초기 반탁투쟁이 일어났을 때에는 신탁통치에 반대하던 김규식이 찬탁, 반탁을 운위하지 말라고 한 것은 1945년 12월 28일 워싱턴, 런던, 모스크바에서 동시에 발표된 모스크바 삼상결의 내용에서 신탁통치 혹은 후견의 방안이 결정된 것이 아니었다는 점 때문이었다. 그것은 미소공위가 조선 임시정부와 협의하여 작성하게 되어 있었다. 모스크바 3상회의의 한국문제 결정사항과 당시 이 내용이 워싱턴 합동통신을 통해 1945년 12월 29일자 동아일보에 게재된 것을 비교해 보면 상당한 차이가 있었다. 그러나 이러한 차이를 자세히 살펴볼 겨를도 없이 무조건 저항을 불러일으키기에 충분한 것이 해방직후의 분위기였다. 탁치반대 국민총동원위원회의 선두에 나선 것은 임정 요인들이었고, 공산당을 포함한 좌익은 처음에 탁치반대를 분명히 했으나 1946년 1월 3일을 기해 모스크바 결정의 지지로 입장을 바꾸었다. 이로 인해 반탁과 찬탁은 좌우익이 완전히 갈리는 분수령이 되었다.

김규식은 모든 일이 잘 진행된다면 열강들의 한국에 대한 결정에 있어 임시정부가 상당한 영향력을 발휘할 수 있을 것으로 믿었다. 즉 한국민족의 뜻대로 될 수도 있다고 판단하였다. 신탁문제를 둘러싼 극한투쟁은 자칫하면 한국민족과 미소 양국을 대립적인 관계로 만들고, 그 경우임시정부의 수립은 그만큼 지연될 수 밖에 없다는 것이 김규식의 생각이었다.

삼상회의의 결정에 따라 3월 20일부터 미소공동위원회를 덕수궁에서 개최하기로 하자, 하루 전날인 3월 19일 김규식은 민주의원의 의장대리를 맡게 되었다. 이승만을 후퇴시키고 김규식이 등장한 것은 미소공동위를 앞두고 공산당 및 소련과의 관계가 극도로 악화되었기 때문이었다. 김규식은 3월 20일 "미소공동위가 반드시 성공해야 한다"는 요지의 성명을 발표했다.[96]

1946년 5월초 미소공위가 무기휴회로 들어갔을 때, 미군정은 좌우합작을 모색하였다. 소련과의 경쟁에서 우위를 차지하기 위해서는 개혁적 친미세력을 육성 지원하여 한국인의 지지를 얻을 필요가 있다고 판단하였던 것이다. 처음에 김규식은 미군정의 합작운동 종용에 소극적이었지만, 독립정부를 세우기 위해서 자신이 희생되어야 한다면 그것을 감수하겠다고 각오하고 좌우합작운동이라는 험난한 길로 들어섰다.

1947년 원단 신년사에서 김규식은 "미소공동위원회의 속개 및 그의 협조에 의하여 전국적 통일적 임시정부를 수립하는 데 이바지 하고자 합니다"라고 천명하였다. 김규식은 "우리는 좌와 우, 남과 북이 일치단결하여 천재일우의 이 호기회를 놓치지 말고 삼천만 겨레가 한가지로 결심하고 노력할 것"을 호소하였다.[97] 김규식은 딘 소장이 군정장관에 취임하는 것을 환영하는 연설에서, "세계 역사상 특히 동아 역사에서 중국의 손일선 박사를 제일 위대한 혁명가로 치는데, 그는 글을 잘하거나 말을 잘한 것도 아니고, 자기의 전문인 의학에서도 특별히 위대하지는 못하였다고 한다" 고 말하고, "그가 혁명가로서 특별히 위대한 것은 중국의 악정을 철폐시키고 혁정을 한 것인데, 무엇 때문에 그런 대업을 성취하였느냐 하면, 양편 귀를 잘 썼기 때문이다. 귀하도 양편 귀가 잘 생겼는데 그 양편 귀를 잘 활용하여 양편의 말을 잘 듣고 일편에만 기울이지 말기를 바란다"고 말하여 좌우 양편의 말을 잘 듣고 한편에만 기울지 말 것을 부탁하였다.[98]

---

96) 김기만, 앞의 논문, 6쪽.
97) 한때 이승만은 임시정부의 수반은 김규식, 부수상은 여운형과 김두봉이 될 것으로 예측하였다. HQ USAFIK G-2 Periodic Report 4, 1947년 6월 16일, 261쪽.

미소공위가 순조롭지 않고 한민족의 분열이 심화되자 미군정은 남한에서 좌우합작을 추진하기 시작했다. 이때 하지 중장의 정치고문 이었던 버치 중위는[99] 민주의원시절부터 주목해온 김규식을 한국정계의 제1인자로 인정하고 접근했다. 버치는 주로 김규식의 식견, 성품, 미국에서의 교육, 어학실력, 온건노선 등을 높이 평가했다. 당시의 상황에서 버치 중위 등이 배후지원을 하고 있었지만 김규식이 좌우합작을 실현시킬 수 있는 가능성은 희박했다. 김규식이 그런 상황에서 좌우합작에 뛰어든 것은 기본적으로 대의를 위해 끝까지 최선을 다하는 그의 성품과 통합을 이루고 분단을 막아야겠다는 그의 신념 때문이었다.

김규식과 당시 좌익 통합단체인 민주주의민족전선의 의장이던 여운형 인민당 당수가 첫 회담을 가진 것은 미소공동위가 결렬된 3주일 후인 1946년 5월 25일이었다. 여운형이 1946년 7월 8일 기자회견에서 "신탁문제보다 먼저 우리 정부수립을 조속히 한 뒤 신탁문제를 토의해야 한다"고 말한 것을 보면 김규식의 노선과 흡사한 점이 있었다. 좌우합작에서 좌익측 민족전선은 합작 5원칙을,[100] 우익측은 합작 8원칙을[101] 주장

---

98) 『서울신문』 1947년 11월 4일.

99) 버치는 하버드대학 대학원 출신으로 기억력과 문필능력이 뛰어났다고 한다. 이정식, 『김규식의 생애』, 138쪽.

100) 좌익측 민족전선의 합작 5원칙은, "1. 조선의 민주독립을 보장하는 삼상회의결정을 전면적으로 지지함으로써 미·소 공동위원회 속개, 촉진운동을 전개하여 남북통일의 민주주의 임시정부수립을 매진하되, 북조선 민주주의 민족전선과 직접 회담하여 전국적 행동통일을 기할 것. 2. 토지개혁(무상몰수, 무상분여) 및 중요산업의 국유화, 민주주의적 노동법령 내지 정치적 자유를 위시한 제기본과업완수에 매진할 것. 3. 친일파, 민족반역자, 친파쇼, 반동거두들을 완전히 배제하고 테러를 철저히 박멸하여 검거투옥된 민주주의 애국지사의 즉시 석방을 실현하여 민주주의적 정치 운동을 활발히 전개할 것, 4. 남조선에 있어서도 정권을 군정응로부터 인민의 자치기관인 인민 위원회에 즉히 이양토록 기도할 것. 5. 군정 고문기관 혹은 입법기관 창설에 반대할 것" 이었다. 『서울신문』 1946년 7월 31일.

101) 우익측 민주의원의 합작 8원칙은, "1. 남북을 통한 좌우합작으로 민주주의 임시

하였다. 남로당의 전국적인 파업이 진행되는 속에서 김규식과 여운형은
10월 4일 합작 7원칙에 합의했다.[102]

합작 7원칙에서 가장 문제가 된 것은 신탁문제와 새로 제기된 토지개
혁 문제였다. 공산당과 한민당은 모두 이 7원칙에 반대, 결국 한민당 내
에 자중지란이 일어나 한민당 중앙위원 16명이 탈당함으로써 우익진영
에도 분열이 왔다.[103] 좌우합작으로 김규식의 위치도 크게 상처를 받았

정부수립에 노력할 것. 2. 미·소 공동위원회 재개를 요청하는 공동성명을 발표할
것. 3. 소위 신탁문제는 임정수립 후 동 정부가 미·소 공위와 자주독립정신에 기
하여 해결할 것. 4. 임정수립후 6개월 이내에 보선에 의한 전국 국민대표회의를
소집할 것. 5. 국민대표회의 설립 후 3개월 이내에 정식 정부를 수립할 것. 6. 보
선을 완전히 실시하기 위하여 전국적으로 언론, 집회, 결사, 출판, 교통, 투표 등
자유를 절대 보장할 것.7. 정치, 경제 교육의 모든 제도법령은 균등사회건설을 목
표로 하여 국민대표회의에서 의정할 것. 8. 친일파, 민족반역자를 정치하되 임시
정부수립 후 즉시 특별법정을 구성하여 처리케 할 것"이었다. 『동아일보』 1946
년 7월 31일.
102) 합작 7원칙은, "1. 조선의 민주독립을 보장한 삼상회의결정에 의하여 남북을 통
한 좌우합작으로 민주주의 임시정부를 수립할 것. 2 미·소 공동위원회 속개를 요
청하는 공동성명을 발할 것. 3. 토지개혁에 있어 몰수, 체감매상 등으로 토지를
농민에게 무상으로 분여하며 시가지의 기지 및 대건물을 적정처리하며, 중요사업
을 국유화하며 사회노동법 및 정치적 자유를 기본으로 지방자치제의 확립을 속히
실시하며, 통화 및 민생문제 등을 급속히 처리하여 민주주의 건국과업완수에 매
진 할 것. 4. 친일파, 민족반역자를 처리할 조례를 본 합작위원회에서 입법기구에
제안하여 합법기구로 하여금 심리, 결정하여 실시케 할 것. 5. 남북을 통하여 현
정권하에 검거된 정치운동자의 석방에 노력하고 아울러 남·북·좌·우의 테러적
행동을 일체 즉시로 제지토록 노력할 것. 6. 입법기구에 있어서는 일체 그 권능과
구성방법, 운영 등에 관한 대안을 본 합작위원회에서 작성하여 적극적으로 실행
을 기도할 것. 7. 전국적으로 언론, 집회, 결사, 출판, 교통, 투표 등 자유가 절대
보장되도록 노력할 것"이었다. 『동아일보』 1946년 10월 8일, 『대한민국사 II』,
468쪽, 이 7원칙에는 당시의 최대현안이었던 신탁통치문제, 토지 및 중요산업 처
리문제, 친일파 처벌문제 등에 대한 합작파들의 방침이 잘 나타나 있다.
103) 한민당은 표면상 「7원칙에 신탁문제에 관한 언급이 없음」을 내걸었으나 실제로
는 토지의 무상분여에 반발한 것임. 이에 따라 한민당의 대표로 합작에 참여해

으나, 좌우합작의 과정에서 김규식의 정치적 성향이 뚜렷이 나타났다. 그는 원칙을 존중했다. 그는 정권획득을 위해 수단방법을 가리지 않은 인물은 아니었다. 또, 순리를 존중하는 합리적인 인간형이었다.[104]

김규식은 입법의원 의장취임사에서 "입법의원은 결코 미군정의 자문기관이 아니며 미군정을 연장시키기 위한 것도 아니다. 오히려 미군정의 존재를 단축시키려는 것이다. 우리의 일은 우리의 손으로 하며 우리에 대한 법령제정도 우리의 손으로 하고 우리의 운명을 우리로서 자족하는데 매진할 것이다."라고 역설했다.[105] 입법의원은 1946년 12월부터 1948년 5월 20일까지 219회의 회합을 가지고 반탁결의안을 통과시키고 공창폐지를 제정했으며 5.10 선거의 기본이 된 선거법을 제정하였다.

김규식의 합작운동에 대한 극좌와 극우의 공격은 한층 심해졌다. 1947년 1월 16일 우익의 35개 정당 단체대표들은 협의회를 열고 "하등 배경과 근거와 실력이 없이 민족을 분열과 의혹으로 오도하는 소위 좌우합작위원회를 단호히 부인한다"고 발표하였다.[106] 미군정 정보보고서는 김규식은 반탁투쟁을 임시정부 수립 후에 하여야 한다고 주장하고 있지만, 그가 반탁투쟁에 가담하지 않으면 그를 공산주의자, 민족반역자, 친외세로 낙인찍을 것 같다고 내다보았다.[107]

온 원세훈과 송남헌 등 16명의 중앙위원, 중견당원 270명이 한민당을 탈당했다.
104) 한 연구는 김규식을, "스스로가 능동적으로 일을 기획, 추진한다기 보다는 주변에서 능력이나 조건을 참작해 그를 추대하거나 등용했을 때 그 일에 최선을 다하는 성격이었다"고 평가하고, "우사의 의장취임은 또 하나의 희생에 지나지 않았다. 처음부터 의아심을 가진 상태에서도 주변의 추대와 종용에 못이겨 일을 맡게 되는 그의 성격은 좌우합작은 물론 입법의원에서도 똑같이 좌절을 겪게 되었다. 또 이같은 어정쩡하고 불분명한 처신으로 인해 그는 비난과 질시 및 모략중상과 심지어는 조소의 대상이 되기도 했다"고 평하기도 하였다. 김기만, 앞의 논문, 27쪽 참조.
105) 『동아일보』 1946년 10월 10일, 같은 책, 507쪽.
106) 『독립신보』 1947년 1월 18일.

여운형의 타계는 김규식에게 큰 충격을 주었다. 김규식은 여운형 인민장위원장단의 한사람이었는데, 그가 여운형 서거 후 다음과 같이 발표하였다.

"우리가 한 위대한 혁명투사를 잃었을 뿐만 아니라, 우리가 유일 목표인 신국가 건설을 위하여 전민족이 합작으로부터 완전 통일에까지 나아감으로 최후 목적을 달하기를 제창하여 이에 최종까지 노력하던 지도자를 상실하였다. 그러므로 나는 몽양 동지의 영별에 대하여 정실상 감촉보다도 우리 민족의 자유를 획득하려는 공동진영의 일 용장을 상실하였다고 본다. 곧 민족 전체의 손실이다."108)

여운형의 죽음은 한국민족주의가 기로에 서 있는 것을 의미하였고, 김규식의 죽음을 재촉하는 것으로 받아들일 수 있었다.109)

김규식은 1946년 12월 원세훈, 김약수 등이 민중동맹을 설립하고 자신을 영수로 추대했으나 이를 거절했다. 나라가 독립되기 전에 정당은 필요 없다는 것이 당시 그의 생각이었다. 또 김성수를 중심으로 한 한민당에서도 그를 당수로 추대코자 여러차례 노력했으나 이것도 거절했다. 그러나 김규식은 1947년 10월 민족자주연맹을 설립하여 이를 주도해 나가기 시작했다. 이에 기능을 상실하고 있던 좌우합작위원회와 일부 중도파 등을 영입한 이 연맹은 이른바 우파, 중도파, 좌파 세력의 통합세력이었다. 이 연맹은 정당은 아니었으며, 일부 정당과 사회단체 및 일부 지사들의 협의체에 해당하는 조직이었다.

민족자주연맹은 1947년 12월 중순에 들어 김규식의 발언 때문에 한때 위기를 맞았다. 1947년 11월 26일의 민족자주연맹 준비위원회 제3차

---

107) HQ USAFIK G-2 Periodic Report 3, 1947년 1월 24일, 441쪽.
108) 『한성일보』 1947년 7월 22일.
109) 서중석, 앞의 책, 20쪽.

회의에서만 해도 결성대회는 1948년 1월 17, 18일에 열기로 하였는데, 내외정세가 급박하게 움직이는 것에 대응하여 유엔 한국위원단이 오기 전에 결성을 완료하는 것이 유리하다고 판단하여 12월 20일경까지는 결성대회가 개최될 것으로 12월 초순에 보도되었고,[110] 12월 10일에 있었던 민족자주연맹 준비위원회에서는 12월 20, 21일에 결성대회를 개최하기로 결정하였다.[111]

1947년 12월 13일, 김규식이 작성한 기자들의 서면질문에 대한 답변에는 중요한 제안이 들어 있었다. 그중 세번째 답변이 문제가 되었는데, 그것도 문면으로 검토해볼 때 하등 문제가 되기 어렵다고 볼 수 있다. 과거 역사에 무수한 예가 있고, 남과 북의 실제 역사가 그러하였지만, 북에 세워질 정권도 어쨌든 중앙정부로 호칭할 것이기 때문이다. 그러나 김규식의 발언은 예민한 시기에 발표되었고, 그의 논리가 당시의 분위기에서는 이승만의 단독정부 수립 주장을 합리화시켜주는 것처럼 느껴질 수 있었다.

김규식의 발언에 대하여 일부에서는 단정 수립을 노골적으로 표현한

---

110) 『조선일보』 1947년 12월 7일.
111) 김규식은 기자들의 서면질문에 대한 답변에서, 소련이 보이콧하더라도 북한 당국이 남·북 통일 총선거에 협의하여 남북통일정부 수립에 공동노력하기를 바란다는 제의는 이미 북의 공산주의자들이 소련과 함께 미국·유엔의 분단정부 수립에 대응하여 민주기론에 입각하여 북에 정권을 세우기 위한 헌법초안 작성에 들어 갔기 때문에 받아들여질 수 없었지만, 그러나 그러한 제안은 이승만의 남한 총선거론과는 질적으로 다른 내용을 포함하고 있었다. 김규식의 두번째 제안은 북과 소련이 얼만큼 유연성이 있었다면 검토할 여지가 있었다. 다른 부분은 몰라도 남과 북이 각각 선거구역을 별도로 하거나 별종의 방법으로 해보자는 방안은 인구 비례에 의하여 입법의원을 선출하자는 미국측의 주장과 차이가 있었고, 유엔 감시하의 남·북 총선거와도 뉘앙스가 다른 것이어서, 남과 북에서 각각 어떠한 비례로 입법의원을 선출할 것인가만 합의를 볼 수 있다면, 논의의 여지가 있었고, 적어도 선전적 공세를 할 수 있는 성격의 것이었다. 서중석, 앞의 책, 93쪽.

것이라고 비난하였다.[112] 민족자주연맹에 참가하기로 되어 있던 몇몇 정당과 단체에서는 김규식의 발언은 자신들의 노선과 거리가 있다고 하여 민족자주연맹 참가에 의견들이 구구한 것으로 보도되었다.[113] 이렇게 파문이 일자 김규식은 12월 19일에,

> "나의 말은 남·북 총선거가 실시되지 못하고, 유엔 감시하에 남조선에만 정부가 수립된다면 어떻게 생각하느냐 하는 자의 질문에 대하여, 만일 그러한 조치가 된다면 그때에는 남조선 단독정부라고 하지 않을 것이며, 제주도 일부에서 수립되더라도 전조선을 대표하는 중앙정부라고 하고 단독정부라고 하는 명칭을 쓰지 않을 것이라고 객관적으로 예언한 데 불과한 것이요, 내가 어떻게 하겠다는 것을 성명한 것이 아님은 분명한 견해를 가진 사람이라면 누구나 다 이해할 수 있을 것이다. 그런데 세간에는 내가 마치 통일정부를 반대하고 반쪽 조선의 단독정부를 수립하려고 준비하고 있는 것처럼 논의되고 있는 것은 심히 유감으로 생각한다."

고 해명하였다. 김규식의 문제의 발언은 민족자주연맹 결성 전날인 12월 19일에 김규식 자신이 해명함으로써 일단락되었다. 민족자주연맹은 1947년 12월 20일 전국대의원 1,800여명과 브라운 소장, 딘 군정장관, 헬믹 소장, 조병옥 경무부장, 장택상 수도경찰청장 등이 참석한 가운데 결성대회를 가졌다. 임시집행부 선거에서는 의장에 김규식, 부의장에 김봉준, 홍명희, 원세훈, 이극로, 김성규 등 5명을 선출하였다. 내빈축사에서 하지 사령관 축사를 브라운 소장이 대독하였고, 브라운 소장, 딘 소장, 헬믹 소장, 장건상, 조병옥, 장택상 등의 축사가 있었는데, 이러한 축사행렬은 미군정 당국의 김규식에 대한 호의를 보여준 것이었다. 민족자주연맹의 방향은 미국의 대한정책과 상충될 수밖에 없었는데, 미군정 당국에서는

---

112) 『독립신보』 1947년 12월 17일.
113) 『독립신보』 1947년 12월 19일.

김규식을 지지하는 모순이 결성대회에서도 드러났다.

민족자주연맹은 15개 정당과 25개 사회단체 및 개인 등의 참여로 이루어졌다. 그러나 민주독립당 등 몇몇을 제외하고는 군소단체에 불과하였다.[114] 민족자주연맹 간부들은 남한의 진보정치 운동에 상당수가 참여하였을 뿐만 아니라, 북의 정권에도 적지 않은 사람이 들어갔다. 홍명희는 내각 부수상이었고, 이극로는 무임소상을, 이용은 도시계획상 등을 지냈다.[115] 북의 정권이 중도파 민족주의자들을 포용하였다는 것을 과시하기 위한 조치였지만, 이들 중 상당수는 명목상으로는 민족자주연맹에 속했더라도 실제로는 오히려 민족자주연맹과 갈등관계에 있었거나 소외되었던 사람들이었다.

민족자주연맹은 민족 자주적으로 민족국가를 건설하기 위하여 만들어진 단체였다. 그 점을 김규식은 민족자주연맹 결성대회 개회사에서 이렇게 말했다.

"우리가 통일 단결의 목적을 달성하려면 다만 상층의 정치운동만으로는 불가능하다. 반드시 민중을 위하여 노력하며 민중 자신의 노력을 통하여 그들을 결합시키며 우리 자신이 그들의 진실한 대변인이 되도록 노력하여야 할 것이다."[116]

김규식은 통일단결을 이루는 데 민중과 연결되어야 한다고 강조하였는데, 그것은 그때까지 합작운동은 지도자 또는 간부 중심으로 전개되어 왔기 때문이다. 민족자주연맹이 세우려는 국가상은 "독점자본주의 사회도 무산계급 독재 사회도 건립될 수 없고, 오직 조선의 현실이 지시하는 조선적인 민주주의 사회의 건립만이 가능하다"고 밝히고, 다시 "우리는

---

114) 서울특별시 경찰국 사찰과, 『사찰요람』, 1955, 7~8쪽.
115) 위의 책, 14~16쪽.
116) 국사편찬위원회 편, 앞의 책 5, 876~877쪽.

조선을 민주주의할 뿐만 아니라, 또한 민주주의를 조선화하여야 할 것이다”라고 부언하여 강조하였다.

민족자주연맹의 선언은 우리나라에서 독점자본주의와 무산계급 독재를 모두다 배격하고 제3의 길을 자신의 노선으로 제시하였다는 데에 큰 의의가 있다. 이러한 제3의 길을 주요 정치세력이 명시한 것은 이것이 최초이다. 문제는 ‘조선적인 민주주의사회’, ‘민주주의의 조선화’가 무엇을 의미하느냐에 있다. ‘조선적’이란 독점자본주의 사회도 무산계급 독재 사회도 건립될 수 없다는 말에 함축되어 있다. 당시는 극좌에서 극우에 이르기까지 모두다 민주주의를 내세우고 있었다. 그런데 중도파 민족주의자들은 독점자본주의 사회의 ‘민주주의’도 프롤레타리아 독재하의 ‘민주주의’도 외래의 것으로서 조선적인 현실에 맞지 않을 뿐만 아니라 둘다 중도파가 판단하기에는 민주주의가 아니라는 것이었다.

조선적 민주주의는 구체적으로 구세력과의 투쟁 곧 반봉건적 투쟁과 반파시즘 투쟁이라는 이중의 싸움을 하여야 했다. 그런데 중도파 민족주의자들이 강조하는 조선적 민주주의는 계급이 조화를 이루고 협조하는 상태를 가리키기도 하였다. 이 점에서도 타계급이 지주·부르조아에 종속되기를 요구하면서 계급협조론을 주장하는 독점자본주의나 프롤레타리아 독재를 주장하는 공산주의와 대립되었다.

다음으로, 민족자주연맹은 전민족이 투쟁이 아닌 평화적 방법으로 정치·경제·사회·문화적으로 평등한 권리를 가져야 하며, 모든 애국적 각계각층의 이해관계를 민주주의적 방법으로 조화 통일하여 그 공통된 요소를 강력히 실천에 옮기자고 주장하여, 각 계급의 동등성과 계급간의 타협을 강조하였다. 좌우합작 7원칙에서 가장 논란이 되었던 지주로부터의 체감의 방식에 의한 유상매상과 농민에 대한 무상분배안은 이러한 동등성과 타협이 구체적으로 표출된 대표적 예로 볼 수 있다.[117)]

　　중도파 민족주의자들이 '조선적인 민주주의 사회', '민주주의의 조선화', '조선적 노선' 등을 강조한 가장 중요한 이유는 극우와 극좌가 조선의 문제를 해결하기 위하여 조선의 현실을 직시하지 않고 있다는 인식에 있었다. 한국은 민족국가 건설이 최대의 절대적 명제인데, 미국과 소련이 남과 북을 점령하고 있는 상태에서 또 남의 좌와 우의 형세, 남과 북의 형세를 볼 때 그러한 절대적 명제를 성사시키려면 좌우합작에 의한 민족 대단결이 반드시 요청된다는 것이다.

　　중도파 민족주의자들은 새 국가에 요청되는 신문화 곧 근대사회로 발전하는 데 시급히 요청되는 근대적 문화의 대중적 향상 발전, 고유문화 등 전통문화나 민족문화의 발휘에 의한 민족문화의 창달을 중시하였다. 신문화와 고유문화의 적절한 발전을 강조하는 등 문화에 큰 관심을 기울인 것도 중도파의 특징이었다. 그것은 일제에 의하여 고유문화는 말할 나위도 없고, 근대문화도 오염되고 왜곡된 상태에 있는 것을 정상적으로 발전시켜 문화의 융성을 가져와야 한다고 보았기 때문이다.

　　민족자주연맹을 김규식이 결성하게 된 동기는 좌우합작운동의 실패와 남조선과도입법의원의 장악실패 그리고 한국문제의 유엔 이관으로 발생한 정치적 위기를 돌파하기 위해서였다. 김규식은 좌우합작과 과도입법의원을 통해서 좌와 우, 남과 북의 통합을 이루려 했기 때문에 중간파만의 정당이나 단체를 생각하지는 않았다. 당시 민족자주연맹은 다양한 정당과 단체로 이루어져 있었으며 이들 사이에 통일된 노선이 존재하

---

117) 좌우합작 7원칙의 토지개혁방안은 송남헌의 증언에 의하면 경제학자 최호진)과 일본 도쿄대 농업경제연구실에서 농업경제를 연구하였고, 조봉암 농림부장관 밑에서 차관을 지내며 농민적 토지개혁을 추진하였던 강정택, 교토대에서 경제학을 전공하고 정부 수립 후 산업은행 총재를 역임한 김영휘 등 세 학자가 충분한 연구, 검토 끝에 작성한 것이라고 한다. 김재명, 「송남헌이 겪은 해방 3년」, 『정경문화』 1985년 12월호, 397쪽.

는 것이 아니었기 때문에 구심점을 가지기가 어려웠다. 김규식의 민족자
주연맹 조직과 운용 등의 과정을 살펴보면 김규식은 변해가는 정치적 상
황에 맞춰 상황을 이성적으로 판단하고, 최선의 선택을 해 나간 정치인
이라고 생각된다. 또한 민족자주연맹 역시 강력한 중간파 결성체는 아니
더라도 김규식의 정치적 기반으로서 기능하고 있었으며, 당시 중도파의
변화과정을 보여주는 좋은 사례라고 생각 된다.[118]

2. 남북협상

1947년 11월 14일 유엔 총회는 한국 전역에서 국회의원 선거를 실시
할 것과 선거를 감독하기 위해 9개국으로 구성되는 유엔 한국위원회를
설치할 것을 골자로 한 미국의 제안을 채택했다. 1948년 1월 한국에 도
착한 유엔 한국위원회는 38선 이북지역에 입경을 시도했으나 소련점령
군 사령부의 거부로 실패했다. 이렇게 되자 유엔은 미국의 주도 아래 소
총회를 소집하여 가능한 지역에서의 선거를 실시할 것을 유엔 한국위원
회에 지시했다.

남한만의 단독선거에 직면하여 김규식은 단독정부 수립은 독립이 아
나라 미국에의 예속을 의미한다고 생각했다. 그는 단정반대운동은 독립
운동의 연장이라는 신념을 갖었고, 남북협상 역시 정치협상이라기 보다
독립운동으로서의 통일민족 국가수립운동의 연장으로 인식하였다.[119]

김규식은 1948년 1월 27일에 유엔 한국위원회 잭슨(S.H.jackson)과의
협의 후에 기자들에게 발표하기를, "만약 북한방문이 불가능할 경우에
는, 세계 어느 나라든지 중앙정부는 있으나, 단정이 정부를 행사하는 일

---

118) 김동선, 앞의 논문, 43쪽.
119) 강만길, 「김구·김규식의 남북협상」, 『신동아』 6월호, 1987, 647쪽.

은 없다. 38선은 미소 양국간에서 만든 것이니 한인이 만든 것은 아니다. 그러므로 이 38선 경계선은 결자해지로 만든 자가 제거시켜야 할 것이다. 그러나 지금은 유엔 총회에서 한국독립문제나 자유획득문제를 책임지고 있으므로 이 38선 제거도 유엔 총회에 요구하여야 할 것이다"라 하고, "단정문제에 대하여는, 유엔 위원단이 여하간 이것을 주장한다면, 그 결과는 한국의 북반을 영원히 타국의 위성국이나 연방으로 만들게 되고, 이 결과가 다시 남한까지 위성국화 내지 연방화 될 것이니, 제공들이 이런 결과를 재래시켜서는 안될 것이다. 한인이 이런 것을 주장한다면 역사적으로 책임을 주장한 한인이 져야 할 것이다"라 하였으며, "남북 요인회담 알선에 대하여, 북한이나 남한 선거 감시 여부를 불문하고 소련의 주장이 한인 문제는 남·북 한인이 모여 자율적으로 결정하자 하였으니, 이에 근거하여 남북 요인 회담을 알선할 수 있을 것이다. 이 회담을 남한에서 하는 것이 좋을 줄 안다."[120] 고 발표하였다.

김규식은 1948년 1월 26일 김구의 방문을 받고 유엔 한국위원회에 진술할 내용에 대하여 회담하였다. 이 회동에서 남북 정치요인의 협상과 남북통일 총선거를 주장할 것 등 제 문제에 대하여 의견의 일치를 보았다. 이로써 김구는 이승만의 정치노선 지지입장에서 갈라서고, 김규식과 김구가 합심하여 자주적인 통일민족국가건설을 위해 남북협상을 추진하는 시발점이 되었다.

1948년 2월 4일 민족자주연맹의 정치위원과 상무집행위원들의 연석회의에서 남북통일문제를 토의하기 위한 남북요인 회담의 개최를 요망하는 서한을 김규식과 김구의 연서로서 김일성과 김두봉에게 사신형식으로 발송할 것을 결의하였다.[121] 김두봉에게 보낸 글의 주요 내용은 김

---

120) 국사편찬위원회, 『자료대한민국사』 6, 1972, 163~164쪽.
121) 김일성에게 보낸 서한의 요지는 다음과 같다. 1. 우리 민족의 영원 분열과 완전통일을 판가름하는 최후의 순간에 민족국가를 위하여 4~50년간 분주치력한 애국

일성에게 보낸 글과 유사하지만,[122] 과거 지역과 파벌의 차이를 버리고 조국독립을 위해 투쟁하던 정신을 되살려 자주통일 의식으로 남북 지도자회담을 실현하자고 제안하였다.[123] 김일성과 김두봉에게 보낸 두 서한은 김규식의 자주, 독립, 통일을 향한 그의 민족애 또는 민족주의를 잘 보여주고 있다.

1948년 2월 26일, 유엔 소총회는 미국의 제안, 즉 메논이 제안한 제1 방안이었던 남한만으로 국한된 선거를 실시하여 남한에 한국의 국민정부로서 승인될 정부를 수립할 것이라는 안을 결정하였다. 당시 메논 의장은 유엔 임시총회에 한국문제 해결을 위한 4개 방안을 제출하였다. 그 제3안으로 "남북조선의 지도자 회담과 같은 조선의 민족적 독립을 확립할 다른 가능성을 탐구하며, 또 최소한도로 그것을 주시한다."라는 방안도 제시하였다.[124] 이것은 김규식의 남북지도자회담 주장을 반영한 것이

적 양심은 속수방관을 허락하지 않는다. 2. 아무리 외세의 제약을 받고 있는 우리의 현실일지라도 우리의 일은 우리가 하여야 할 것이다. 3. 남북 정치지도자간의 정치협상을 통하여 통일정부수립과 새로운 민주국가의 건설에 관한 방안을 토의하자. 4. 북쪽 여러 지도자께서도 동일한 의향을 가지실 줄 믿는 데서 우선 남쪽에 있어서 남북 정치협상을 찬성하는 애국정당 대표회의를 소집하여 대표를 선출하려 한다

122) 한편 김두봉에게 보낸 서한의 요지는 다음과 같다. 1. 우리에게 해방을 준 미소 양국의 은혜는 감사하나 아직도 독립이 되지 못하여 우리는 암담하다. 2. 과거 중경과 연안간에서 민족의 이익을 위하여 성견을 버리고 지역의 남북과 파벌의 이동을 불문하고 조국의 독립을 위하여 분투하자는 전함의 내용을 중제하여서 피차의 통일공작을 추진한다. 3. 자체가 지리멸렬하면 우방의 호의도 접수하지 못한다. 4. 우리 문제는 우리 자신만이 해결할 수 있다는 것을 확신하고 남북 지도자 회담을 실현하도록 노력하자.

123) 김규식과 김구는 2월 6일 유엔 한국위원회 위원장 메논의 오찬에 초대되었다. 이 자리에서 캐나다 대표로 하여금 주한 영국대사관을 통해 영국과 소련을 거쳐서 북한으로 연계되는 외교루트를 통해 이 서한을 전달하기로 하고, 메논 의장도 유엔 소총회에 남북요인 회담을 상정할 것을 약속하였다. 이유나, 앞의 논문, 38쪽.

124) 국사편찬위원회, 앞의 책 6, 346쪽.

며, 남북지도자회담을 통해서 통일 정부 수립의 가능성이 없지 않았다는 것을 의미한다. 그러나 한국문제가 유엔에 상정되면서 소련과의 협상을 포기한 미국정부는 남한만에서라도 선거를 실시하여 단독정부를 수립하려 하였다.[125]

김규식은 1948년 3·1절을 즈음하여 담화문에서, "계급이나 지방이나 종교나 사상이나 이념의 분별없이 동심협력할 것"을 역설하였다.[126] 1948년 3월 12일에는 김규식 등이 이른바 '7거두 성명'을 발표하여 단독선거 반대의 기치를 들었다. 성명에서는 "자주적인 통일독립의 길밖에 없건만 미소 양군이 한반도를 분할 점령하고 미소의 냉전이 격화됨에 따라 남북이 분열각집할 계획을 떠들게 되고 현하 정세는 매우 위기에 처해있고 미소의 정책으로만 우리의 운명을 좌우하는 데는 추종할 수 없는 것."이라고[127] 천명하였다.

김규식은 이미 1946년 12월 2일, 과도입법의원이 개원하던 날 남북협상안을 처음 제기한 바 있었다. 김규식은 임시정부를 산출하는데 있어 남북통일이 안 돼 가지고는 할 수 없으므로 수일 내 좌우 합작위원으로서 대표 한 두 사람을 북에 파견하자고 제안하였고, 남북통일을 조선사람 자신의 손으로 해결하기 위하여 남북요인들이 회견하였으면 어떠냐는 기자의 질문에 대해 "본인으로서는 미소공위가 처음으로 모일 때부터 주장하였던 바이고, 남북 지도자간의 회담이 곧 이루어지는 것은 반드시 당연하다고 본다"고 답변하였다.[128]

1948년 3월 27일 김일성과 김두봉의 "4월 14일 남북 조선 정당 사회단체 연석회의를 평양에서 개최할 것"이라는 서한이 김규식에게 전달되

---

125) 송남헌, 앞의 책, 147~148쪽.
126) 『조선일보』1948.2.29.
127) 『새한민보』48년 4월 상순.
128) 『새한민보』47년 10월 하순.

었다.[129] 그런데 김규식과 김구가 2월 16일 북한에 보낸 서한에 대해서는 아무런 언급도 없었고, 통고문 형식으로 참석대상도 일방적으로 정해 놓은 것이었다. 서한 내용으로 미루어 볼 때, 남과 북이 서로 연합하여 통일 민족국가를 건설해 보려는 깊은 의도가 담겨있다고 보기는 어려운 것이었다. 김규식과 김구는 북한의 회합 제의에 대해, 북측이 일방적으로 이미 계획하여 놓은 회담에 참가만 하라는 것 같은 느낌이 들지만, 남북회담에 대한 요구를 한 것은 우리측이므로 가는 것이 옳다고 판단하였다.[130] 김규식은 남북협상에 대해 민족 통합을 위해서는 반드시 달성시켜야 할 필연적인 것으로 보았던 것이다.

김규식은 4월 2일 개최된 민족자주연맹 회의에서 "남북통일 자주독립은 현하 조선의 위기를 극복하는 확일한 열쇠임에 비추어 이를 적극 추진하자"는 추진결의서의 작성을 통과시키면서, "우리에게 자주 독립의 길이 오직 남북협상에만 있다는 것을 깨닫게 하고 있는데, 이 마당에 있어서 우리는 우리의 손으로 우리의 독립을 쟁취하기 위해 십차백차를 거듭하는 일이 있다 하더라도 협상성공에 전력을 다하지 않으면 안 될 것"[131] 이라고 다짐하고 있다.

김규식은 국제사회의 냉정한 현실논리를 잘 이해하고 있었다. 그는 우리 민족의 독립과 통일은 미·소나 그 밖의 다른 외세의 힘에 의해 획득될 수 있는 것이 아니라는 것을 터득하였기 때문에 한반도의 통일문제는 민족자결원칙하에 좌와 우, 그리고 남과 북이 서로 화해하고 협력해 나가는 방향으로 나갈 때만이 진정한 민족통일이 실현될 수 있다고 생각하였다. 4월 3일에 개최된 통일독립운동자협의회 결성대회 축사에서도 김규식은 조국의 위기를 통탄하며, "최후를 각오하고 남북협상의 성공에

---

129) 『새한민보』 1948년 4월 하순.
130) 『조선일보』 1948년 4월 1일.
131) 『조선일보』 1948년 4월 1일.

매진할 뿐"이라고 그의 소신을 밝혔다.[132]

4월 8일에 김규식과 김구는 특사를 북한에 파견하여 북측의 정확한 진의를 파악하려 하였다. 김일성은 "우리가 통일을 위해 만나서 이야기 하는 데에는 아무런 조건이 필요 없다. 두 분께서 무조건 오셔서 이야기 하는 데에는 아무런 조건이 필요 없다. 두 분께서 무조건 오셔서 우리와 상의하시면 모든 문제는 해결될 것이다."라고[133] 전언을 보내왔다. 특사 의 보고를 받은 김규식과 김구는 이를 두고 다시 논의를 거듭했다. 김구 는 일단 북행을 해야 된다는 의견이었지만, 김규식은 좀 더 신중한 입장 에서 6개항의 전제조건을 제시했다. 그리하여 북행준비에 나선 김구와 달리 김규식은 자신의 조건을 다시 한번 협의토록 특사를 다시 평양으로 파견할 준비를 하였다.[134]

김규식의 이러한 자세는 민족적 입장에서 남북이 통일할 수 있는 방 도를 좀 더 신중하게 강구하기 위해서 였다.[135] 김구는 4월 19일 단독으 로 북행하였고, 김규식은 민족자주연맹의 긴급 간부회의를 소집하고 자 신은 김일성에게 5개항의 조건을 제시하여 그 수락을 전제로 북행하겠다 는 입장을 밝혔다.

"남북협상은 민족통일과 자주독립의 방안을 결정할 것이오. 여하한 형태의 방식이라도 분립정부를 수립하여서는 안 될 것이다. 남북협상은 연합국 특히 미소양국의 협상 위에서 통일민족국가를 수립할 방안을 작성할 것이오. 여기에 나는 이하의 5원칙을 주장하였다. 우선 안으로는 민족의 통일을 성취시키고 밖으로는 연합국의 협조를 통하여 우리의 자주독립을 쟁취하기 위하여 다음과 같은 원칙을 제시한다."[136]

---

132) 국사편찬위원회, 앞의 책 6, 714~715쪽.
133) 송남헌, 「비사-내가 겪은 1948년의 남북협상, 김구·김규식은 왜 38선을 넘었 나」, 『신동아』 1983년 9월호.
134) 『매일신문』 1995년 2월 16일.
135) 국사편찬위원회, 앞의 책 6, 769~770쪽.

김규식의 이러한 견해는 의회민주주의 신봉자로서의 김규식의 입장
을 표명하고 있으며, 사유재산제도를 승인함으로써 통일 국가는 공산국
가가 되어서는 안 된다는 점을 분명히 하였고, 미·소 양국이 한반도에서
물러나 줄 것을 원칙으로 내세움으로써 자주적 입장을 천명하였다. 북측
에서 5개항의 조건을 수락함에 따라 김규식은 4월 22일 민족자주 연맹
대표단 16명과 함께 평양으로 떠났다. 부인 김순애는 기자에게, "같은 민
족 같은 겨레가 한 자리에 모여 이야기하여 보는 것이 마땅하다고 보고
북행에 찬성한 것이오. 바라건대 먼 길 평안히 다녀오기를 빌 뿐이오"
라고 말했다.[137]

북한에 간 김규식은 북한의 전략에 이용당하지 않기 위해 남북의 제
정당·사회단체대표자 연석회의에는 참석하지 않았고, 남북요인 회담의
조속한 개최를 요구하였다. 김일성과 김규식의 4월 28일 회담에서 김규
식은, "북한에서 남북연합기구를 창설하면 단선에 동참한 정당들도 우리
쪽으로 편입될 것이므로 남북연합기구를 창설하자"고 제의하였다. 그리
고 "이 회의가 단선반대투쟁 뿐만 아니라 통일 조선을 창조하는 미래 조
선의 초석이 되어야 할 것"이라고 말하였다.[138]

남북지도자협의회는 '4김 회담' 또는 '15인 회담' 등 수 차례에 걸쳐
4월 27일부터 4월 30일 사이에 개최되었다. 김규식이 제시했던 5원칙의
제5항, "미·소 양군의 철퇴는 양군 당국이 조건·방법·기일을 협정하여
공포할 것"은 양군이 무조건 철수하면, 그 동안 무력을 갖춘 북한군이

---

136) 5개항은, 1. 여하한 형태의 독재정치도 이를 배격할 것. 2. 사유재산 제도를 승인
하는 국가를 건립할 것. 3. 전국적 총선거를 통하여 통일 중앙정부를 수립할 것.
4. 여하한 외국의 군사기지도 이를 제공하지 말 것. 5. 미·소 양군의 철퇴는 미소
양군 당국이 조건·방법, 기일을 협정하여 공포할 것 등이다. 『조선일보』 1948년
4월 22일.
137) 『독립신보』 1948년 4월 22일.
138) 『부산일보』 1995년 3월 21일.

남쪽으로 밀고 내려올 수 있다고 보는 김규식의 우려를 잘 반영한 것으로, 김규식의 양군철수 후 내란방지의 원칙은 요인회담 중에 집중 논의되어 공동성명서의 제 2항으로 구체화되었다.[139]

남북 통일정부 수립방안은 공동성명으로 발표되었다.[140] 그 내용은 1947년 이후 남한 민족주의자들이 주장한 내용과 거의 같은 것이었다. 공동성명서의 채택 과정에서 남한측 민족주의자들은 적극적인 역할을 하였다. 따라서 공동성명서에는 남북 양측의 입장이 많이 반영되어 있었다.

남북요인 공동성명서의 1항은 한반도에서 외국군대의 동시철수 조항으로, 한국문제가 외세의 간섭없이 자주적으로 해결할 역량이 있다는 민족적 자존심을 천명한 것이었다. 2항은 외국군대가 철퇴한 후 내전이 발생해서는 안됨을 남북지도자간에 약속하였는데, 이는 외군 철수 후 북의

---

139) 4김회담은 각 대변인을 통하여 주로 양 김씨가 제의한 5대원칙을 중심으로 상호간 합의 타협점을 발견하려는 진지한 토의가 계속되었고, 그 결과 4김씨를 위주로한 요인들이 우선 합의·결정한 본안을 30일 제 정당사회단체 대표자들도 참석한 가운데 다시 결의함으로써 전체적 합의의 형식을 갖추었다. 『서울신문』1948년 5월 4일자 참조.

140) 1. 소련이 제의한 바와 같이 우리 강토에서 외국군대가 즉시 동시에 철거하는 것은 조선문제를 해결하는 가장 정당하고 유일한 방법이다. 2. 남북정당, 사회단체 지도자들은 우리 강토에서 외국군대가 철퇴한 후에 내전이 발생할 수 없다는 것을 확인하며, 또 그들은 통일에 대한 조선인민의 지망에 배치하는 여하한 무질서의 발생도 용서하지 않을 것이다. 남북정당, 사회단체들간에 전취할 약속은 우리 조국의 완전한 질서를 확보하는 튼튼한 담보이다. 3. 외국군대가 철퇴한 이후 하기 제 정당, 사회단체들은 공동명의로써 전조선 정치회의를 소집하여 조선인민의 각계 각층을 대표하는 민주주의 임시정부가 즉시 수립될 것이며, 국가의 일체 정권은 정치, 경제, 문화 생활의 일체 책임을 가지게 될 것이다. 이 정부는 그 첫 과업으로 일반적, 직접적, 평등적 비밀투표로서 통일적 조선입법기관을 선거할 것이며, 선거된 입법기관은 조선헌법을 제정하여 통일적 민주정부를 수립해야 할 것이다. 4. 상기 사실에 의거하여 본 성명서에 서명한 제 정당, 사회단체들은 남조선 단독선거의 결과를 결코 승인하지 않을 것이다. 인민위원회 선전국 편, 『전조선정당사회단체 대표자 연석회의 보고문 급 결정서』, 1948, 54~55쪽.

남침을 우려하여 김규식이 제안한 주장이 반영된 것이다. 3항은 통일적 민주정부 수립방안과 절차를 구체적으로 밝힌 것인데, 미·소 양군의 철수 후 전조선 정치회의를 소집하고 통일적인 입법기관을 설치하여 헌법을 제정하고, 통일적 민주정부를 수립해야 한다고 하였다. 4항에서는 남조선의 단독선거의 결과에 대해 불인정한다는 점을 명확히 하고 있다.

김규식과 김구의 남북협상 추진 목적은 남북요인회담을 통해 통일민족국가를 건설하는 것이었기 때문에, 공동성명서에서 가장 중요한 것은 3항이라고 볼 수 있다. 그런데 북측에서는 통일정부수립을 위해 남북협상에 참석한 것이 아니라, 자신들이 노선을 합리화 또는 합법화 하고자 하는 것이 그들의 목적이었다.[141]

그러나 남북협상에서 공동성명서가 채택되었음에도 불구하고, 남한에서는 5월 10일에 유엔감시하에 남한만의 단독선거가 강행되었고, 북한에서도 9월 9일 조선민주주의 인민공화국의 수립이 선포되어 통일민족국가 건설운동은 좌절되고 말았다. 민족통합의 당위성에도 불구하고 이 운동이 실패로 끝날 수밖에 없었던 원인은, 미소냉전의 영향과 이에 편승한 단정세력의 책동에 있었고, 미국의 정치적 지원을 획득한 단정세력에 비해 김규식을 비롯한 중도세력이 상대적으로 정치적으로 기반이 미약했기 때문이었다.

V. 결어: 김규식의 민족주의와 그 성격

김규식은 일제 강점하에 국권회복운동을 끊임없이 전개하였고 해방공간에서도 폭넓은 정치활동을 펼쳤지만 그의 민족주의 사상을 구체적

---

141) 이유나, 앞의 논문, 55쪽.

으로 보여주는 자료는 매우 드물다.[142] 그러나 자료가 부족하다고 하여
김규식의 민족주의 사상을 그가 속해있던 조직의 이념이나 노선과 지나
치게 동일시하는 것은 무리가 있다. 또한 김규식의 사상과 활동이 좌우
와 남북을 포용하는 통합에 있었으므로 자칫 그의 민족주의 사상과 활동
이 민족해방운동의 전개과정과 함께 계속 변화된 것으로 보는 경우도 있
다. 즉, 그의 민족주의 이념은 임시정부 초기의 부르주아민주주의 이념에
서 1920년대 후기에는 진보적 민족주의로의 발전 가능성을 내포하고 있
었고, 민족혁명당 시기부터 진보적 민족주의 내지 사회민주주의를 지향
하여 계속 변화한 것으로 파악한 것이다. 그러나 민족혁명당의 경우 이
념과 노선을 달리하는 다양한 세력이 참가한 통일전선적 성격을 갖는 단
체였기 때문에 민족혁명당의 당의·정강의 내용과 김규식의 이념을 모두
일치하는 것으로 파악할 수는 없다.

　김규식의 운동노선도 그가 임시정부 초기의 외교지상론에서 국민대
표회를 계기로 무장투쟁론으로 바뀌었다고 보는 견해가 있다. 그러나 김
규식이 임시정부 초기에 외교활동을 담당하였다 하여 그를 외교지상론
자로 보는 것은 잘못이다. 김규식은 민족해방을 쟁취하기 위해서는 무엇
보다 무장독립군의 조직과 투쟁, 그리고 민족통일전선을 형성하는 것이
시급한 과제라고 생각하였다. 그는 조선의 독립을 위해 우리들이 더 많
은 피를 흘려야 할 것과 한층 굳건한 단합을 이루어야 한다고 역설하고,
우리는 국내·국외에 있는 우리의 군대를 더욱 잘 조직하고 연합하고 또
는 강하게 함으로서 우리의 큰 목적 즉 우리나라의 완전 독립을 위해 우
리 자신을 희생시켜야 한다고 주장하였다.[143]

---

142) 민족해방운동 과정에서 그가 쓴 글로는 「아시아 혁명운동과 제국주의」(1992), 「조
　선혁명운동의 민족당 결성을 위한 선언」(1926), 「원동정세」(1933), 「한국민족혁
　명당의 전후계획」(1944) 등이 있다.
143) 김규식, 「조선은 반듯이 독립국이 되어야 한다」, 『독립』 1943년 10월 6일자.

　　김규식은 독립협회 활동을 통해 개화사상으로 부터 많은 영향을 받았
다. 독립협회의 활동은 근대화문제에 있어서 중요한 역할을 수행하였다.
근대화과정과 민족국가의 수립과정은 구분하여 이해할 수 없다. 김규식
은 근대화의 필요성을 절감하였고 자주성의 문제에 대해서도 철저하였
다. 그는 근대화를 통해 조선이 열강들 속에서 살아남을 수 있다는 자강
론적 입장에서 교육과 선교, 민족운동을 전개하였다.

　　국권회복기와 해방정국에서 김규식의 활동은 자주적인 통일민족국가
의 수립에 그 문제의식을 두었다는 점에서 그의 활동과 사상은 한국민족
주의의 흐름 속에서 중요한 위치를 차지하는 것이었다. 해방 후 각 정치
세력들은 양극화되면서 갈등과 대결의 모습을 보여주었는데, 이러한 상
황 속에서 김규식은 모든 정치세력의 통합을 지향함으로써 중요한 역할
을 담당한 것이다. 이러한 통합의 자세는 각 정치세력을 통합하여 외세
를 배제했을 때 통일민족국가 건설이 가능하다고 하는 현실인식에 기초
하고 있다는 점에서 정치적 현실주의에 가깝다고 볼 수 있다.

　　김규식은 외세의존을 배격하고 투철한 자주를 내세웠다. 남북협상시
평양에서의 연설에서 그가 "우리 장단에 맞춰 우리끼리 춤을 추어보자"
고 말한 것이나, 입법의원 개원시의 의장 취임사에서, "우리의 일은 우리
의 손으로 하며, 우리에게 대한 법령제정도 우리의 손으로 하고, 우리의
운명을 우리로서 자정하는데 매진할 것"[144] 이라 하여 자주를 강조하였
다. 즉, 그가 원하는 바는 입법의원을 통한 민족의 자주 독립을 이루고자
한 것이었다. 김규식은 군정장관으로 임명된 딘 소장의 환영사에서도,
"우리는 제1대 군정장관 아놀드 장군 때와 2대 러치 장관 때에 성공하지
못한 자주 독립을 제3대 군정장관 딘 장군을 맞이함으로써 이 소망을 달
성할 것을 확신하는 바"[145] 라 하여 자주 독립을 강조하였다.

---

144) 과도입법의원, 『속기록』 1946년 12월 12일.

김규식은 또한 평화를 내세웠다. 김규식은 내란과 전쟁을 방지하기 위해 힘써야 함을 강조하여 남북회담중 남북요인의 공동성명 2항은 외국 군대가 철수한 후 내전이 발생해서는 안됨을 남북지도자간에 약속한 것이었다. 이는 외군철수 후 북의 남침을 우려하여 김규식이 제안한 주장이 반영된 것이다. 이와같이 김규식이 남북협상에 참여하게 된 동기 중의 하나는 남북지도자 간의 대화를 통해 남과 북의 극단적인 충돌을 해소하고 동족간의 전쟁을 방지하여 평화를 이끌어 내기 위한 것이었다. 김규식은 단독정부 수립 후의 통일론이 평화통일론이 아닌 미·소간의 대결에 의한 무력통일로 치닫게 될 것을 예견하고, 남북회담에 의한 평화통일론을 주장하였다.

김규식은 좌와우, 남과 북의 통합을 지향하였다. 김규식은 「아시아의 혁명운동과 제국주의」라는 글에서 통합의 실천방법을 말하면서 한국의 독립에는 소련과 중국의 협조가 있어야 하며 일본 근로대중의 협조도 필요하다고 주장하였다. 그는 공산주의자가 아니었지만 독립운동에 필요하다면 그 방법에 대해서는 유연하였다. 그의 주된 관심은 독립과 민족 통합의 성공에 있었으며 일정한 방법론에 얽매이지 않는 유연성을 가지고 있었다. 독립운동과정에서 김규식의 이러한 자세는 중국지역 독립운동전선에서의 전선연합과정에서 잘 나타나고 있다.

일본의 만주침략으로 만주에서의 무장독립운동이 큰 타격을 받게 되었을 때, 김규식은 중국지방 독립운동전선에서 전선의 통일을 위하여 한국대일전선통일동맹을 결성하였다. 독립운동권의 광범위한 연합을 목적으로한 이 동맹의 결성에 노선의 차이가 있던 김원봉 세력이 참가하여 전선연합에 큰 진전을 보였다. 이후 이 동맹이 모체가 되어 민족혁명당을 결성시키고, 민족혁명당을 중심으로 한 조선민족전선연맹과 한국광복

---

145) 『조선일보』 1947년 11월 4일.

운동단체연합회가 연합하여 전국연합진선협회를 만들었다. 김규식은 이 와같이 독립운동전선의 통합을 위해서는 개인적인 입장을 고집하지 않 았고 언제나 전선연합에서 핵심적인 역할을 담당하였다.

해방 후 김규식은 우익정치세력의 지도자로 부각되어 민주의원에 참 여하였고, 신탁통치 문제에 있어서도 처음에는 임시정부의 노선에 따라 반대하였다. 그러나 모스크바 3상회의 결정에서 신탁통치만을 중요시하 여 극한적인 반대투쟁을 벌이는 것보다 먼저 남북한을 통한 임시정부 수 립에 주력하고 신탁통치문제는 임시정부 수립 후 민족자결주의에 의해 해결하는 것이 민족분단을 막고 통일민족국가를 수립하는 길이라 판단 한 후에는 좌우합작운동에 앞장서게 된다. 김규식은 좌우합작과 남북협 상에 이르기까지 좌우와 남북의 통합을 위해 일관된 자세로 활동하였다. 남북 지도자간의 회담이 있어야 한다는 남북협상안은 이미 과도입법의 원 개원식에서 김규식이 제기한 것이었다.

김규식은 남북협상을 추진할 때에는 북측에 정치적으로 이용당하지 않기 위해 연석회의에는 참여하지 않았고, 통일정부 수립방안 마련을 위 한 요인회담을 요구하였다. 김규식은 북행 이전부터 준비한 5원칙을 강 력히 주장하였고 그의 주장은 남북요인 공동성명에 반영되었다. 남북요 인 공동성명이 효력을 발휘하지 못하고 남북이 분단되게 되었지만, 김규 식은 북측의 정치적 전술에 이용당했거나, 강대국의 현실논리를 이해하 지 못했던 것이 아니라, 민족의 통합이야말로 그 무엇보다도 중요한 지 상과제라고 생각했기 때문에 "한번 해서 안되면 열번이고 백번이고 계속 하여 생명 있을 때까지 성공할 때까지 하고야 말 것"이라는[146] 신념으로 성공가능성을 계산하지 않고 민족 통합운동에 임했던 것이다.

이와같이 김규식은 중도우파 민족주의자로서 그의 일생동안 자주와

---

146) 국사편찬위원회, 앞의 책 6, 714~715쪽.

평화, 통합을 위해 일관되게 활동하였다. 그의 민족주의 사상은 해방 이전부터 해방 후까지 그때그때 변화한 것이 아니라 일관되게 독립운동과 통일운동에 나타나고 있으며, 그는 자주와 평화를 바탕으로 좌와 우, 그리고 남과 북을 통합하려고 헌신적으로 노력했던 것이다. 김규식이 보여준 정치활동과 민족주의 사상은 오늘날에도 우리에게도 계속적인 질문을 던져주고 있다. 김규식은 분단이 진행되어 가는 상황 속에서도 변함없이 자주적인 통합 민족국가 건설을 지향하고 있는데, 이러한 점에서 정치적 현실주의로 출발한 김규식은 또한 정치적 이상주의로 비쳐질 수도 있었다고 보인다.

참고문헌

1. 자료

『경향신문』, 『국민보』, 『독립신보』, 『동아일보』, 『매일신문』, 『민중일보』, 『부산일보』, 『새한민보』, 『서울신문』, 『신민일보』, 『신한민보』, 『조선일보』, 『중앙일보』, 『한성일보』

국사편찬위원회, 『자료대한민국사』 5~7, 1972~1974.
김남식·이정식·한홍구, 『한국현대사자료총서』 1~15, 돌베개, 1986.
남조선과도입법의원, 『남조선과도입법의원 속기록』 1~5, 여강출판사, 1984.
레베데프, 「레베데프비망록」, 『매일신문』, 1995 연재.
서울시 인민위원회 문화선전국 편, 『정당사회단체등록철』, 1950.
서울특별시 경찰국 사찰과, 『사찰요람』, 1955.
인민위원회 선전국 편, 『전조선정당사회단체대표자 연석회의 보고문 及 결정서』, 1948.
Headquarter USAFIK, G-2 Periodic Report, 한림대 아세아문제연구소, 1988~1989.
Headquarter USAFIK, G-2 Weekly Summary, 한림대 아세아문제연구소, 1989.

2. 단행본

강만길 외, 『통일지향 우리민족해방운동사』, 역사비평사, 2000.
강만길·심지연 외, 『우사 김규식; 생애와 사상』 1~3, 한울, 2000.
김광운, 『통일독립의 현대사』, 지성사, 1995.
김우전, 『김구 주석의 남북협상과 통일론』, 고구려, 1999.
도진순, 『한국민족주의와 남북관계』, 서울대출판부, 1997.
로버트 F. 올리버(박일영역), 『이승만비록』, 한국문화출판사, 1982.
류근일, 『이성의 한국인 김규식』, 동서문화사, 1981.

서중석, 『남북협상 - 김규식의 길, 김구의 길』, 한울, 2000.

여운홍, 『몽양 여운형』, 청하각, 1967.

유병용 외, 『한국근대사와 민족주의』, 집문당, 1997

유병용 외, 『한국현대사와 민족주의』, 집문당, 1996

이명화, 『김규식의 생애와 민족운동』, 독립기념관 한국독립운동사연구소, 1992.

이정식, 『김규식의 생애』, 신구문화사, 1974.

이태호, 『압록강변의 겨울 - 남북요인들의 삶과 통일의 한』, 다섯수레, 1991.

한홍수·홍순호·유병용·정영국·박광주·박찬표, 『한국현대사의 재인식 2 - 정부
　　　　수립과 제헌국회』, 오름, 1998.

3. 논문

강만길, 「김구·김규식의 남북협상」, 『신동아』, 1987. 6.

강만길, 「김규식과 좌우합작」, 『월간조선』, 1985.

김기만, 「김규식의 정치노선 : 좌우합작과 남북협상을 중심으로」, 성균관대 석
　　　　사논문, 1990.

김동선, 「김규식의 민족자주연맹 결성과 운용」, 숭실대 석사논문, 2004.

김영미, 「미군정기 남조선과도입법의원의 성립과 활동」, 서울대 석사논문, 1993.

김영상, 「중간당이 지향하는 곳」『신천지』, 1948년 10월호.

김우전, 「김구 통일론의 연구」, 『백범 연구』, 교문사, 1989.

김재명, 「김규식에의 새로운 증언들」, 『월간경향』 4월호, 1987.

김지원, 「해방전후의 좌우합작운동 연구」, 연세대 석사논문, 1993.

노경채, 「김규식론」, 『쟁점 한국 근현대사』 4호, 1994.

도진순, 「1945-48년 우익의 동향과 민족통일정부 수립 운동」, 서울대 박사논문,
　　　　1993

도진순, 「1948년 남북연석회의와 남한 민족주의 정치세력의 동향」, 『국사관논
　　　　총』 제54집, 국사편찬위원회, 1994

송남헌, 「김구·김규식은 왜 38선을 넘었나」, 『신동아』, 1983. 9.

송남헌, 「김규식 : 예리한 지성의 온건 중도파」, 『민족지성』, 1986.

송남헌, 「우사 김규식」, 『한국현대인물론』, 을유문화사, 1987.

안정애, 「좌우합작운동에 관한 연구 : 1947~47년간의 전개과정과 실패 원인 분석을 중심으로」, 이화여대 석사논문, 1985.

유병용, 「해방정국의 중도파 민족주의 운동」, 『근현대사강좌』 제8호, 한국현대사연구회, 1996.

윤민재, 「분단국가의 형성과 중도파의 민족주의운동」, 『한국학보』 제97집, 1999. 12,

윤원태, 「정치지도자들의 해방정국 인식과 대응에 관한 연구 : 이승만, 김구, 김규식, 여운형, 박헌영을 중심으로」, 경남대 박사논문, 1989.

이범기, 「김규식의 민족해방운동과 그 노선」, 한국외국어대 석사논문, 1997.

이상돈, 「중간파노선을 해부함」 『재건』, 1947. 4·5합본.

이상훈, 「김규식의 구미위원부 활동」, 한림대 석사논문, 1995.

이유나, 「1946~1948년간 김규식의 통일민족국가 건설운동」, 홍익대 석사논문, 2000.

이은정, 「남북협상(1945~48)소고」, 성신여대 석사논문, 1994.

이현주, 「재미한족연합위원회 대표단의 귀국과 정치활동」, 『한국독립운동사 연구』 20, 2003

정경환, 「미군정기하의 좌우합작운동에 관한 소고」, 부산대 석사논문, 1988.

정병준, 「1940년대 재미한인 독립운동의 노선」, 『한국민족운동사연구』, 한국민족운동사학회, 2004

정병준, 「1946~1947년 좌우합작운동일의 전개과정과 성격변화」, 『한국사론』 29집, 서울대 국사학과, 1993

정윤재, 「해방정국과 우사 김규식 - 김규식의 '합리적 리더십'에 대한 재검토 - 」 『한국현대사연구』 창간호, 한국정신문화연구원 현대사연구소, 1998.

정주섭, 「우사 김규식 연구」, 한양대 석사논문, 1990.

조규태, 「1920년대 중반 재북경 창조파의 민족유일당운동」, 『한국민족운동사연구』 37, 한국민족운동사학회, 2003

최성복, 「평양 남북협상의 인상」, 『신천지』 1948영 4월호, 1948.

한상도, 「해방정국기 박건웅의 정치사상과 국가건설론」, 『한국근현대사연구』 제13집, 한국근현대사학회, 2000

한정일, 「분단과 미군정」, 『한국현대정치사』 1, 실천문학사, 1989.

함상훈, 「중간파에 대한 시비」, 『신천지』, 1947. 10.
홍명희, 「어학에 능한 김규식 박사」, 『개벽』 62호, 1925. 8.

김창숙의 민족운동과 민족주의 연구

정영순(한국학중앙연구원 부교수)

I. 머리말

한국 민족주의 연구는 시대적으로 일제시대를 대상으로 하지 않을 수 없다. 이유는 한국사에서 민족주의 형성과정이 일제 식민시대를 경험하면서 구체화되었기 때문이다. 그러므로 일제시대 민족주의운동의 주된 역할을 하였던 인물을 연구하는 것은 한국 근·현대 민족주의 운동 연구의 기본이 될 수 있다. 그러한 가운데 빼놓을 수 없는 인물이 심산 김창숙이다.

김창숙은 근현대 한국민족주의 형성에서의 위치나 그 이론적 사상에 대해서는 학문적인 연구가 다른 민족주의 운동가들에 비해 많이 이루어진 편은 아니다. 그 가운데에서도 심산에 대한 연구는 우선 한국민족주의에서 차지하는 위치를 평가하기 보다는 사상사적 평가가 주로 이루어졌다고 할 수 있겠다.

본고에서는 심산 김창숙의 사상 가운데 민족주의적 성격에 초점을 맞추어 새롭게 조명해보고자 한다. 즉 심산의 민족주의는 그것이 형성되었던 시대적 성격이 외국의 문물이 크게 영향을 미쳤던 시대에서 비롯된 것으로서 특히 제국주의 힘의 정치가 침투되었던 시대라는 점에서 그러한 제국주의의 추진수단의 변화에 따라 대응적 관계에 있었던 한국사회의 시대적 성격을 반영하고 있다.

특히 19세기 말 20세기 초 한국근대사상사는 전통적인 유교사상이 새로 유입되는 서양사상과의 상호 관련 하에서 다양한 형태로 변화하였다. 유교사상에 있어서 서양사상 수용 문제는 20세기 초 국권수호를 위한 근대문명화론의 측면에서 공개적으로 논의되기 시작하였다. 그리하여 당시 지식인들 사이에서는 이른바 '신학(新學)'과 '구학(舊學)'의 논쟁이 전개되었고, 이를 통해 유교에 대한 부정론과 긍정론, 유교개혁론 등 다양한 견해가 제시되었다.[1]

한국근현대 사상사와 민족운동사에서 유교가 다양한 형태로 중요한 관련을 맺고 있었고, 유교가 국가의 지배이데올로기로서의 역할을 상실하고 있던 구한말 이래 근현대사의 전개과정에서 유교지식인이 어떻게 유교를 이해하고 시대변천에 대응해 갔는가를 살펴보는 작업은 매우 필요하고도 유용할 것으로 생각된다. 또한 이러한 시도는 유교지식인의 사상과 행동을 통해 기존의 유교적 전통이 어떻게 재해석되고, 새로운 민족주의운동의 사상적 기반으로 수렴되어 갔는가를 이해할 수 있는 좋은 단서가 될 수 있을 것이다.[2]

---

1) 이광린, 「舊韓末 新學과 舊學과의 論爭」, 『東方學志』 23·24합집, 1980, 1~16쪽.
2) 권기훈, 『심산 김창숙의 민족운동 연구』, 건국대 박사학위논문, 1999, 2~3쪽.

II. 생애 및 활동

김창숙은 1879년 7월 10일(음) 경상북도 성주군 대가면 칠봉동에서 김호림의 아들로 태어났다. 자(字)는 문좌(文佐), 호는 심산(心山)이다. 그는 일제에 체포되어 혹독한 고문을 받아서 앉은뱅이가 되었다. 그는 성품이 너무 곧아서 평생 불의, 부정, 불법과 타협하지 않았고, "일제침략자나 독재자는 절대로 용인할 수 없는 인류의 공적이다"라고 외치며 일제에 대한 독립투쟁과 해방 후에는 민주주의 확립을 위해 치열하게 투쟁하였다. 그는 어려서부터 성리학자로서의 길을 닦았다. 그 후 서구 근대 자본주의가 들어오면서 시작된 개화와 외세로부터 우리를 지키자는 척사가 국민의 정신적 지주로 받들어지게 되자 그는 전통적 유학자로서 나라를 구하고 백성을 지키는 길을 걷게 되었다.[3]

심산은 1962년 5월 10일 서울 중앙의료원에서 84세의 일기로 생을 마쳤다. 그는 일생을 민족의 독립과 통일, 민주주의의 실현을 위해 끊임없는 투쟁을 전개한 대표적인 유학자이다. 그의 생애는 대개 다음의 다섯 시기로 나눌 수 있다.[4]

제1기 (1879-1905)는 김창숙이 성주에서 태어나 이진상(李震相)의 한주학파(寒洲學派)의 여러 학자들에게 유학을 배우고 부친의 훈도를 들으면서, 당시의 유학자 및 현실에 대한 주체의식을 갖추어간 시기라고 할 수 있다.

---

3) 이현희, 『우리나라 근대인물사』, 새문사, 1994, 253~254쪽
4) 심산 김창숙에 관한 연구가 많지는 않지만 권기훈의 박사학위 논문 「심산 김창숙의 민족운동 연구」은 심산에 대해 가장 심층적인 연구를 한 논문이므로 본고에서는 이 논문에서 심산의 일생을 시기별로 고찰한 시기 구분에 따라 심산의 사상을 개괄적으로 살피면서 심산의 민족주의에 대해 새로운 관점에서 서술하고자 한다.

　　제2기 (1905-1919)는 당시 조국이 일제의 식민지로 전락하고 있던 현실을 보면서 본인의 사상을 가다듬는 깊은 자기 성숙의 과정을 거쳤다. 심산이 정치사회 현실에 눈을 뜬 것은 그가 27세가 되던 1905년경이었다. 그는 을사조약 때 스승인 한계(韓溪) 이승희(李承熙)와 함께 상경하여 을사오적(乙巳五賊) 처단에 대한 상소를 하였지만 실현되지 못하였다. 이 사건은 명분론만으로는 정치현실을 바로 잡기 힘들다는 것을 자각하고 보다 적극적인 방향으로의 운동으로 전환하게 되는 계기가 되었다. 그 후 30세 때 국가존망이 위급한 시기임을 깨닫고 대한협회에 가입하여 그 지회를 자기의 군에 설치하고 총무를 역임하면서 비로소 독립운동을 위한 실천의 장에 뛰어들게 되었다. 32세인 1910년은 단연회(斷烟會)의 모금기금이 일진회(一進會)라는 매국역당(賣國逆黨)에 넘겨지는 것을 반대하여 그 기금으로 자기 선조의 사원인 청천서원(晴川書院)에 사립학교인 성명학교(星明學校)를 설립하였다.[5]

　　제3기 (1919~1927년)는 김창숙이 1919년의 3·1운동을 계기로 본격적인 독립운동을 펼쳐나간 시기이다. 김창숙은 3·1운동이 발발하자, 전국 유림을 규합하여 파리강화회의에 제출할 130여명의 연명으로 된 장서(長書)를 가지고 출국하여, 장서의 내용을 세계 각국에 알리는 역할을 담당하였다(제1차 유림단사건). 이후 중국에 머물면서 대한민국임시정부의 수립과 초기 임정 활동에 참여하였다. 또한 그는 유학과 한문학의 교양을 바탕으로 손문(孫文)을 비롯한 중국 국민당 인사들과 활발히 교류하면서, 그들로 하여금 광동(廣東)의 '한국독립후원회(韓國獨立後援會)'와 상해(上海)의 '중한호조회(中韓互助會)'를 만들게 하였다. 그리고 1925~1926년에는 내몽고 중부지방에 새로운 독립운동기지를 건설하기 위한자

---

5) 최창학, 『근대 한국유교의 변화논리와 개혁운동에 관한 연구: 박은식, 이병헌, 김창숙을 중심으로』, 성균관대 석사논문, 1990, 73쪽.

금 모집을 목적으로 국내에 직접 잠입하여 활동하였다(제2차 유림단 사건). 출국 후에는 의열투쟁에 의한 독립운동노선에 공감하여, 1926년 일제 식민지기관인 동척(東拓)과 식산은행(殖產銀行)에 폭탄을 던지고 일본인을 사살한 '나석주의거(羅錫疇義擧)'를 주도하였다. 이 시기는 김창숙이 초기의 대중국 외교활동에서 의열투쟁으로 독립운동의 방략 전환을 모색하던 과정으로 파악된다.

제4기(1927~1945년)는 '제2차 유림단 사건' 혐의로 1927년 상해 공공조계(公共租界)의 영국인 병원에서 일본형사에게 체포되어 본국으로 압송된 후 국내에서 활동한 시기이다. 김창숙은 국내로 압송된 이후 대구 경찰서에서 약 1년 동안 호된 고문을 치르고 14년형을 언도받았으나, 그 사이 그는 일본의 법률 자체를 부정하는 불굴의 옥중투쟁을 전개하였다. 이때 일제의 혹독한 고문으로 두 다리가 마비되었다. 1934년 건강 악화로 인한 형 집행정지로 출옥한 그는 불구의 몸으로 고향 성주로 돌아왔다. 이 기간에도 김창숙은 일제의 창씨개명(創氏改名) 강요를 거부하고, 1943년 겨울에는 차남을 중경 임시정부로 파견하는 등 국내에서의 활동을 재개하였다.

제5기(1945~1962년)는 김창숙이 해방을 맞이하여 고령에도 불구하고 민족의 자주통일과 민주주의 및 민족교육을 위해 활동한 시기이다. 김창숙은 1945년 8월 7일 일제의 예비 검속으로 구속되었다가, 왜관서(倭館署)에서 해방을 맞이하였다. 해방 직후에는 무명회(無名會)에 가입하기도 하였고 미군정의 자문기관인 민주의원(民主議院)의 의원을 역임하기도 하였다. 이 기간 동안에는 일관되게 대한민국임시정부와 김구의 활동을 보조하면서 임시정부 봉대운동에 진력하였다. 남북협상운동이 실패하고 김구가 암살된 이후에는 민족진영강화위원회를 통하여 중도파·한독당 세력과 일시 연합하기도 하였다. 그는 50년대에는 반이승만 활동을 전개하면서 야당세력을 후원하는 입장에 있었다. 1951년 이승만 대통령에게 보낸 '하야 경고문'을 시작으로 1960년의 '이대통령 사퇴 권고'에 이르기까지 그의 반독재 투쟁은 그칠 줄 몰랐다. 한편 같은 시기에 그는 유림을 재조직하고 이를 발판으로 성균관·성균관대학을 설립하여 유교이념에 입각한 근대적 시민교육의 실시에 힘을 기울임으로써, 그의 일관된 구국교육사상을 실천하는 커다란 업적을 남겼다. 그는 1975년 성균관, 성균관대학 운영에서 물러난 이후 집도 없이 궁핍한 생활 속에서 여관과 병원을 신세를 지다가 1962년 온 국민의 애도 속에 세상을 떠났다.[6]

1. 심산의 민족주의사상 형성과정

김창숙은 1879년에 하강(下岡) 김호림의 1남 4녀 중 장남으로 태어났고,[7] 호는 직강(直岡), 심산(心山)이다.[8] 직강(直岡)은 부친인 김호림이 동리 앞산 직준봉을 가리키며 늘 직강불요하기를 가르치며 지어준 호이고, 심산(心山)은 나이 사십이 되면서 맹자의 '사십부동심(四十不動心)'이란 말에 깊이 깨달은 바가 있어 본인이 직접 지은 것이다. 또한 그는 국권을 침탈당한 피지배 민족으로서의 역사적 현실에서 자기 스스로를 자책하여 우(愚)라는 별명을 자칭하였다. 그의 가계(家系)는 경상북도 성주의 명문 사족으로서 명망이 높았다. 그러나 그의 부친 대에 와서는 중소지주의 기반을 겨우 유지하거나 일반 농민과 크게 다름이 없었던 듯하다.[9] 이는 부친 김호림이 1894년 갑오농민전쟁 시기에 농민들의 반봉건투쟁에 어느 정도 참여하거나 계급과 신분제에 대해 비판적인 태도를 보이고

---

6) 권기훈, 앞의 글, 4~7쪽.
7) 허선도, 「김창숙」, 『韓國近代人物百人選』, 『신동아』1970년 1월호 부록, 192쪽.
8) 「벽옹73년회상기 상편」, 『心山遺稿』, 국사편찬위원회, 1973, 300쪽.
9) 『國譯 心山遺稿』, 國譯心山遺稿刊行委員會, 1979, 671~672쪽 참조.

있는 것에서도 엿볼 수 있다.

김창숙이 태어난 성주지방에서는 조선 후기에 농민층의 분화와 함께 봉건적 지배와 수탈에 대한 농민층의 저항이 다른 지역에 비해 극심하여 1862년의 임술항쟁(壬戌抗爭)과 1894년의 갑오농민전쟁(甲午農民戰爭)의 대규모 농민봉기가 일어났다.[10]

김창숙은 이러한 사회변동의 격랑 하에 많은 부분에서 부친의 영향을 받았다. 부친은 학문이나 업적이 뛰어나지는 않았지만 당대의 일반 양반층과 같이 보수적이지 않았으며 시국을 내다보는 데에는 선견지명이 있었다.[11] 이러한 부친의 영향으로 김창숙은 유교에 바탕을 두면서도 신분타파와 새로운 문물습득에 남다른 감각이 있었다. 그의 3남 2녀 중 장남과 차남은 모두 독립운동을 하는 과정에서 희생되었다.[12] 장남 환기(煥基)는 일제의 고문과 병이 겹쳐 사망하였고,[13] 차남 찬기(燦基)는 청년연합의 독립운동을 전개하다가 1939년 '왜관사건'에 대한 혐의로 체포되기도 하여 중경 임시정부로 망명하였다. 그 후 1945년 10월에 대한민국 임시정부에서 활동하다가 환국 전에 사망하였다.[14]

김창숙의 학문적 기반은 한주학파(寒洲學派) 사상의 영향을 많이 받았다. 그의 부친 김호림은 이승희에게 심산을 지도해주기를 부탁하였으나 심산이 경전(經典)과 성리설(性理說)에 관심을 두지 않아 포기할 수밖

---

10) 이윤갑, 「19세기 후반 경상도 성주지방의 농민운동」, 『손보기박사 정년기념 한국사학논총』 1, 지식산업사, 1988, 641~642쪽 참조.
11) 심산김창숙선생추모사업회, 『민족정기 – 애국지사 심산 김창숙선생의 생애』, 1990, 12쪽; 『國譯 心山遺稿』, 682쪽.
12) 김재명, 「强骨의 野人精神 心山 金昌淑」, 『政經文化』 1985년 8월호, 316쪽 ; 『독립운동사공훈록』 9권, 국가보훈처, 1991, 139쪽.
13) 국가보훈처, 『독립유공자공훈록』 9권, 1991, 139쪽 ; 김재명, 「强骨의 野人情神 心山 金昌淑」, 『經濟文化』 8월호, 316쪽 참조.
14) 『독립운동사공훈록』 5권, 국가보훈처, 1985, 530~531쪽.

에 없었다. 그러나 김창숙은 부친이 사망한 후에야 배움에 뜻을 두어 곽
종석, 이승희, 장석영 등의 문하에서 견문을 넓히기 시작하였다.[15]

조선조 말기에 와서는 기존의 주리론(主理論)과 주기론(主氣論)의 갈
래 중에서 주리론이 강해졌다. 그것은 서구문물의 유입에 따라 우리 전
통에 대한 위기의식과 서양문명과의 대결을 위해 자체 이론의 새로운 무
장이 필요하였기 때문에 성리학의 정통성과 근본원리에 대한 재확인 및
고수에 집중할 수밖에 없었다고 설명된다.「심즉리(心卽理)」제창자인 한
주는 주자와 퇴계를 숭상하였는데, 심산은 이의 학풍을 이어받았다. 심산
은 현실사회와 유교규범에 회의적이었으며, 부친상을 당한 후 유교의 규
범을 무시하면서 생활을 하기도 하였다. 즉 객관적 규범에 속하는 유교
의 의식절차보다 마음의 자세가 중요하다고 생각한 심산은 일상생활에
서 마음에 보다 많은 비중을 두었다. 이것은 뒤에 마음의 올바른 자세에
의해서 행위를 결정하는 심산의 행동주의로 연결되었으며, 그가 시의(時
義)에 의한 대의명분으로 무장되어 일관된 불굴의 독립정신과 불의와 맞
서는 투쟁정신을 소유하는데 뒷받침되었다.[16]

유학에서는 천(天, 神)과 인간을 우환의식(憂患意識)의 관계에서 구분
하고 있다. 이 우환의식은 종교에서 말하는 고업의식(苦業意識)과는 달리
인간적인 가치추구이며 그 가치는 인간만이 가지는 도덕의식(道德意識)
을 의미한다. 그리고 유학정신은 도덕사회를 지향한 인간 개인의 신념이
고 행동적 실천으로 보아 유학을 실천도덕학이라고 한다. 그러므로 유학
정신의 존재이유는 현실의 도덕적 구제(救濟)에 있으며 비도덕적 현실사
회에서 불의에 대처하는 투쟁정신으로 요구된다. 그러므로 유학정신은
현실극복의 길로서 끊임없는 현실과의 투쟁 속에서 그 본질이 드러난다

---

15) 권기훈, 『심산 김창숙의 민족운동 연구』, 앞의 글, 16~21쪽.
16) 이우성, 「심산의 유학사상과 행동주의: 심산연구 서설」, 심산사상연구회, 『심산 김
   창숙의 사상과 행동』, 성대 출판부, 1986, 66쪽.

고 볼 수 있다.[17] 심산이 파악한 유학의 의미와 가치도 바로 이러한 실천
유학에 있었다고 볼 수 있다. 즉 그는 일생을 행동적 투쟁정신으로 일관
하였고 그것이 시대적 상황에 따라 독립운동으로, 대한민국 후에는 반독
재투쟁의 행동주의로 나타나 일생을 고통 속에서 험난한 길을 걷다 간
독립투사였다. 다시 말한다면 심산이 생각한 인간관은 현실 속에서 안주
하는 인간이 아니라 현실 속의 불의와 행동으로 싸워 대처하는 인간이었
다.[18] 이렇게 볼 때 심산이 살았던 시기는 일제시대와 해방 후 이승만
정권의 독재체제였고 이러한 시기에 김창숙은 당시 비도덕적 현실 세계
에 투쟁하는 독립정신과 반독재운동으로 일관된 삶을 살아간 진정한 마
지막 실천의지를 지닌 유교 지식인이라고 할 수 있다.

이러한 심산은 남명학파와 13대조인 김우옹(金宇顒)으로부터 내려오
는 성주지방의 학문적 전통과[19] 직계 조상의 학문적 분위기를 접하면서
사상적 영향을 받게 되었다. 즉 사변적 천리(天理)와 인성(人性)에 대한
관념적인 논의보다는 경의사상(敬義思想)을 바탕으로 유학의 '수기치인
(修己治人)' 문제를 중시하였다.[20]

이처럼 심산은 성주지방의 한주학파 영향을 받았고 특히 곽종석, 이
승희에게 직접 학문을 배우면서 성리학의 입장을 명확히 견지하면서도
서양문물과 만국공법(萬國公法)을 수용하는 진취적인 사상을 갖춰나갔
다. 또한 심산은 13대조인 김우옹이 바로 남명 조식의 고제자(高弟子)이
자 외손서(外孫婿)이어서 그의 영향을 많이 받은 인물이었기 때문에 남

---

17) 송항룡, 「심산 김창숙과 유교정신」, 『대동문화연구』 19, 성균관대 대동문화연구
   원, 1985, 328~329쪽.
18) 위의 글, 331~334쪽.
19) 권인호, 「東岡 金宇顒의 學問과 思想 硏究 − 生涯와 經世思想을 중심으로」, 南
   冥學硏究院, 『南冥學硏究論叢』 제2집, 498쪽.
20) 권기훈, 앞의 논문, 37쪽.

명 학풍에도 많은 영향을 받게 되었다. 남명학파는 퇴계학파의 사변적, 관념론적인 학풍에 대립하여 체험과 심득(心得)을 중시하며 경의사상(敬義思想)을 바탕으로 유학 본래의 수기치인(修己治人)을 본위로 삼았다. 남명학파 출신들이 임진왜란 때 상당수가 의병장으로 활동하게 된 것도 이와 무관하지 않다. 남명은 선비들이 관념론적인 경학에만 치우치면서 출세와 이익을 앞세우고 세상을 속이고 자기를 내세우는 행위를 비판하는 한편, 지행합일(知行合一) 철학을 견지하였다. 심산이 실천사상과 생명보다 중하게 여긴 의리철학을 간직한 '행동하는 마지막 유교적 지식인'을 견지한 것은 이러한 전통이 크게 작용하였기 때문이다.[21] 심산이 23세일 때 세도가 이유인이 벼슬자리를 주기위해 사람을 보내자 "이미 일본의 침략과 매국 아첨배들로 나라 정치가 극도로 어지러운 때였으므로 김창숙으로서는 그 부패한 무리들과 더불어 정부에 들어가 일할 생각이 없어"[22] 끝까지 거부하였던 것은 행동하는 지식인의 일면을 잘 보여주는 예라고 할 수 있겠다.

2. 파리장서 활동과 민족주의운동

심산의 항일독립운동은 1905년 을사조약이 체결되자 스승인 이승희와 함께 상경하여 을사5적을 참형해야한다는 상소를 올리는 것으로부터 시작되었다. 이로 인해 성주 경찰서에서 8개월의 옥고를 치르게 되었다. 그는 출옥하자마자 이승희와 함께 시베리아로 망명하려다 노모를 생각하여 중단하고 계속 국내에서 항일구국운동을 전개하였다.[23]

---

21) 김삼웅, 『심산 김창숙 평전』, 시대의 창, 2006, 77~81쪽.
22) 송건호, 「김창숙」, 『한국현대인물사론』, 한길사, 126쪽.
23) 이현희, 앞의 책, 254쪽.

1910년 한일합방으로 나라가 망하자 유림세력은 수신(修身)의 학문으로 명맥을 유지하게 되었다. 당시 유림들은 중국대륙이 만주족의 청조(淸朝)에 의해 중화의 정통이 대륙에서는 단절되고 한반도에만 존속한다고 생각하였다. 또한 일본이 다시 서양 세력 하에 들어가게 되자 조선의 유학만이 지상에 남아있는 선의 마지막 보루라고 파악하였다.[24] 하지만 일제에 의한 국권침탈은 기존의 화이관을 부분적으로 변화시켜 유림들은 국권회복을 위한 새로운 방안을 모색하는 가운데 외교론의 강조가 중요해지자 종래까지 적대시해오던 개화파의 문명개화운동에 참여하게 되었다. 계몽운동을 전개하던 개화파는 지방에서 지지층을 확보하고자 노력하였다. 이에 지방의 보수적인 유생들도 '국권회복' 차원에서 이 운동에 참여하였는데, 그 대표적인 지역이 경상북도 성주와 안동지방이었다.[25]

유림세력들은 일본에 의한 서양의 새로운 문물을 접하면서 새로운 세계를 점차 이해하게 되었고 개화자강의 필요성을 깨닫게 되었다. 즉 서양세력을 금수(禽獸)로 파악하였던 척사사상에서 전환하여 신문명을 배워 서구와 공존해야 한다는 사유를 가지게 되었다. 유림세력으로 대표될 수 있는 김창숙, 신채호 등은 도덕적 주체성을 확보한 기초 위에 개혁을 주장함으로써 외세추종세력에 의해 주도되었던 개화파와는 본질적으로 구별되는 유교적 지식인의 대표자로서 근대민족주의를 형성하는 발판을 마련한 인물이라고 하겠다.[26] 심산이 후에 유림대표들과 연서로 파리강화회의에 일제가 한국을 강압적으로 합병한 사실에 대한 부당함을 고발한 글인 「파리장서」를 보내게 된 데에는 이러한 사상적 배경이 밑바탕에 깔려 있었기에 가능한 일이었다.

---

24) 조동걸, 『한국사의 시련과 반성』, 지식산업사, 1989, 47~49쪽.
25) 김도형, 「한말·일제초기의 변혁운동과 성주지방 지배층의 동향」 계명대 한국학연구소, 『한국학논집』 18, 1991, 66~67쪽 ; 권기훈 앞의 글, 46쪽에서 재인용.
26) 최창학, 앞의 글, 36~41쪽.

　김창숙은 1908년 12월 8일 여러 유림세력과 함께 성주군 향사당(鄕射堂)에서 대한협회(大韓協會) 성주지부를 조직하였다.[27] 이후 심산은 총무로 선임되어 "조국을 구원하고자 한다면 옛 인습을 개혁하는 것부터 시작함이 마땅하다. 옛 인습을 개혁하고자 한다면 계급을 타파하는 것부터 시작함이 마땅하며, 계급을 타파하고자 한다면 우리 회로부터 시작함이 마땅하다"고 천명하면서 성주지부를 실질적으로 주도해 나갔다.[28] 그러나 심산의 이러한 활동이 개화파의 계몽운동 이념과 완전히 일치하는 것은 아니었다. 당시 서울의 대한협회가 친일적 경향으로 변질되는 것을 비판하고 적극적인 국권회복운동을 전개하였다. 즉 1909년 일진회가 한일합방론을 주장하였을 때 '일진회성토건의서'를 작성하여 서명운동을 한 것은 대표적인 예이다. 한편 그는 수구파 유림세력들과도 봉건적인 신분제의 부정과 국권회복운동과정을 겪으면서 의견 차로인해 대립하게 되었다.[29]

　그리고 심산은 1910년 봄에 단연회의 모금처리회에 성주군 대표로 참석하였으나, 일진회 대표인 김상범이 전국에서 모금한 돈을 각 정당의 감독을 통해 처리하고자 하자 단연회를 탈퇴하였다. 그 후 그는 고향에서 김원회, 도갑모, 이항주, 이진석, 배동옥 등과 함께 민중을 계몽하고 일제와 싸우기 위해 성명학교(星明學校)를 청천서원에 설립하였다.[30] 그러나 신교육을 반대하는 향중과 도내의 완고한 유림들이 완강하게 반대하자 심산은 "내가 어찌 조상을 잊고 유림을 저버릴 사람인가. 유림의 뜻만 순종하느라 사방에서 배우러 오는 학생들을 거절하기 보다는 신진영재를 양성해서 새 시대에 통하는 선비가 나오기를 기대하는 것이 옳지

---

27) 『大韓協會會報』 제9호, 69쪽.
28) 『國譯 心山遺稿』, 684쪽 ; 『心山遺稿』, 302쪽.
29) 권기훈, 앞의 글. 46~47쪽.
30) 김삼웅, 앞의 책, 98쪽.

않겠는가"[31]라고 주장하였다. 이는 "천하의 영재들을 모아 주경과의(主敬果義)의 학문을 가르치어 고매한 인격 수양과 함께 의를 위해서는 목숨을 바쳐 행동하는 정신 수양을 시킴으로써 임진왜란과 같은 국난을 당했을 때 포의(布衣)의 선비들이 의연히 일어나 살신성인하여 국난극복의 실효를 거두었다"[32]고 주장하였던 남명 조직의 세계관과도 많은 부분이 일맥상통하고 있다.[33]

한편 김창숙은 1919년 3·1운동이 발발하였을 당시 민족 대표 33인이 독립선언서의 서명에서 유림계가 빠진 것을 통분하였다. 기존의 연구에서는 3·1운동을 주동한 33인이 독립선언서의 서명을 위해 미리 통보하였으나 유림계가 거부하였거나 미온적인 반응을 보였다는 것이 일반적인 통설로 인식되었다.[34] 그러나 이에 대한 반론으로 당시 유림계 대표로 김창숙이 연서하려하였으나 3월 1일까지 상경하지 못하여 누락되었다는 연구들이 새롭게 진행되었다.[35]

김창숙은 1919년 3월 1일 발표된 독립선언서를 읽고 "우리 한국은 유교의 나라이다. 유교가 먼저 망하자 나라도 따라 망한 것이다. 지금 광복운동을 인도하는 데에 오직 세 교파가 주장하고 유교는 한 사람도 참여하지 않았다. 세상에 유교를 꾸짖는 자는 '쓸 데 없는 유사, 썩은 유사는 더불어 일하기에 부족하다'는 것이다. 우리가 이런 나쁜 명목을 덮어 썼으니, 무엇이 이보다 더 부끄럽겠는가"[36]라고 하면서 유림세력이 빠진

---

31) 심산사상연구회, 『金昌淑文存』, 성균관대 대동문화연구원, 1994, 229~232쪽.
32) 사단법인 남명학연구원, 『남명 조식 선생 행장 및 사적』, 1995, 11쪽.
33) 김삼웅, 앞의 책, 103~104쪽.
34) 국사편찬위원회, 『한국독립운동사』 제2권, 1966, 152, 169쪽 ; 조지훈, 『한국민족운동사』, 고려대 민족문화연구소, 1964, 647쪽.
35) 33인과 유림세력과의 사전접촉이 있었다는 연구 성과로는 신용하가 대표적이다. 신용하, 「3·1독립운동 발발 경위」, 『한국근대사론Ⅱ』, 지식산업사, 79~81쪽 ; 권기훈, 『심산 김창숙 연구』, 선인, 2007, 78~79쪽에서 재인용.

것을 보고 통곡하였다. 심산은 이미 33인의 민족대표들이 독립선언문을 발표하여 민심을 환기시켜 국내의 민족독립운동에 커다란 전기를 마련하였다고 보았다. 그러므로 유림계는 국제사회에 한민족의 독립을 호소하고 독립의 국제적 환경 조성을 진행하는 데에 앞장을 서야 한다고 강조하였다. 이것은 그가 국제적인 활동이 실패로 돌아가더라도 한민족의 민족독립에 대한 염원을 세계에 공표하는 계기가 될 것이라 믿었기 때문이었다. 그리고 더 나아가 깊은 수렁에 빠져있는 유림계를 각성시킬 수 있다고 생각하였다. 이러한 의도를 구체적으로 논의하고 운영계획을 세워 실천에 옮긴 것이 '파리장서(巴里長書)'[37]였다.

심산의 독립운동은 초년활동에서부터 이미 기존 유림계의 위정척사(衛正斥邪)에서 벗어나 세계정세와 근대 국제관계의 현실 상황을 고려하여 한민족 독립주권의 회복을 위한 노력을 적극적으로 시도하였다. 1919년의 파리장서는 이러한 국제 활동의 제 1보를 내딛은 것이었다. 즉 심산은 한국 유림 곽종석 등과 함께 파리만국회의에 보내기 위한 파리장서를 작성하는데 적극 가담하였다.[38] 파리장서운동은 1919년 3·1운동 이후 전개된 영남 유림의 지도자인 곽종석과 호서지방의 유림 지도자인 김복한 등 137인의 유림대표가 연서하여,[39] 파리강화회의에서 독립을 청원하

---

36) 심산기념사업준비위원회, 『벽옹일대기-심산김창숙선생투쟁사』, 태을출판사, 1965, 65쪽.

37) 위의 책, 67~69쪽 ; 권기훈, 앞의 글, 56쪽에서 재인용.

38) 이우성, 앞의 글, 66~67쪽.

39) 현존하는 파리장서의 텍스트가 여러 종류의 이본으로 구성되어 있어 그 서명자에 관한 자료도 다양하다. 임경석은 파리장서에 대한 면밀한 사료 검토를 하였으며, 그에 의하면 여러 사료 중 『면우선생년보(俛宇先生年譜)』3(중간본), 1961(『면우집(俛宇集)』4, 아세아문화사, 1983, 762~763쪽)이 가장 신뢰할 수 있는 사료 라고 분석한 바 있는데, 여기에 137명의 서명자가 있다고 확증하고 있다. 임경석, 「파리장서 서명자 연구」, 성균관대 대동문화연구원, 『대동문화연구』38집, 2001, 421~426쪽.

는 유림의 열망을 세계에 알린 운동이라고 할 수 있다. 일반적으로 파리장서 운동은 구한말 이후 유림세력이 주축이었으므로 '제1차 유림단 사건'으로 불리우기도 한다.[40] 파리장서는 본문이 2674자에 이르는 한문체로서 일제강점기에 한국 유림의 최대 항일투쟁으로 인식되고 저항문학으로도 높이 평가받고 있다. 그 한글 번역문의 전문은 다음과 같다.[41]

"한국의 유림 대표 곽종석, 김복한 등 137인은 삼가 파리강화회의 제대위(諸大位)에게 글을 드립니다. 무릇 천지 간에는 만물이 공생하고 있으니 이에서 우리는 햇볕을 같이 쬐고 화육(化育, 하늘과 땅의 자연스런 이치로 모든 물건을 만들어 기름)의 혜택을 함께 누리는 도리를 알 수 있습니다. 그러나 싸우고 빼앗는 데서 강약이 나누어지고 병합(倂合)위 권리를 남용하여, 대소의 차이가 생기면서부터, 남의 생명을 해쳐 그 위세를 부리고 남의 나라를 훔쳐 가로채는 경우가 아! 천하에 어찌 이리도 허다합니까? 이것이 바로 하늘이 제대위로 하여금 천지의 정기를 받들어 햇볕처럼 밝게 하고 교화를 행하여 천하를 하나로 묶어 대동의 세계로 돌아가게 하며, 만물로 하여금 각각 그 본성을 이루게 하는 것입니다 … 아! 우리 한국은 천하 만방의 하나입니다. 영토가 삼천리이고 국민이 이천만이며 사천여 년을 유지·보존하면서도 반도의 문명을 잃지 않았으니, 또한 만방에서 제외될 수 없습니다. 불행히도 근래에 강린(强隣, 일본)이 밖에서 압박하여 맹약을 억지로 맺고 뒤이어 국토를 빼앗으며 왕위를 폐하여 우리 한국을 세계에서 없애버렸습니다 … 이제 세계 유신의 날을 맞이하여, 나라의 유무가 이 일거(一擧, 한가지 일)에 달렸으니, 그 나라 없이 살기보다는, 차라리 나라를 가지고 죽는 것이 낫습니다. 그리고 구석진 데서 고사(枯死)하는 것보다는, 만인이 보고 듣는 자리에서 한 번 그 억울함을 드러내고 그 진퇴를 기다리는 것이 낫지 않겠습니까? … 만약 그렇지 못하면 종석(鍾錫) 등은 차라리 머리를 나란히 하여 죽을지언정, 맹세코 일본의 노예는 되지 않을 것입니다. 이천만 생명이 홀로 천지의 화육을 입지 못하고, 방창(方暢, 화창)한 화기(和氣)를 한탄해서야 되겠습니까? 대제위는 도모(圖謀)하시오. 개국(開國) 528년 3월 일 청원인(請願人) 곽종석 등 137명(곽종석

---

40) 권기훈, 앞의 책, 77~78쪽.
41) 김삼웅, 앞의 책, 115~121쪽.

등 137명의 서명자 명단 생략).

이러한 파리장서의 내용을 요약하면 다음과 같다.

(1) 천지자연의 법칙 속에 모든 인류는 제 나름의 삶의 양식이 있다. 특히 여러 나라 여러 겨레는 제각기 전통과 습속이 있어, 남에게 복종이나 동화를 강요받을 수 없다.

(2) 모든 생물은 제대로의 능력이 있다. 개린(介鱗, 어류와 패류)·곤충(昆蟲)도 제대로 자유로이 활동을 한다. 사람의 사람됨이나 나라의 나라 됨에는 또한 그 사람 자신과 그 나라 자체의 운용의 능력이 있게 마련이다. 남이 대신 관리하거나 통치해 줄 필요가 없다.

(3) 우리 한국은 비록 작은 나라지만 삼천리강토의 이천만 인구로서 사천 년 역사를 지닌 문명의 나라이며, 우리 스스로 정치의 원리와 모든 능력을 갖추고 있다. 일본의 간섭은 전혀 배제되어야 마땅하다.

(4) 그런데 일본은 지난날 강화조약·마관(馬關)조약에서 우리 한국의 자주독립을 되풀이해 말했고, 러시아와의 선전에도 우리 한국의 독립을 공고히 한다고 표명하여 세계만방이 다 아는 바인데도 얼마 안가서 사기와 포학한 수법으로 독립이 보호로 변하고 보호가 병합으로 변했다. 일본의 교활한 술책은 우리 한국 사람이 일본에 붙어살기를 원한다고 허위선전까지 하고 있다.

(5) 우리는 일본의 10년 동안의 포학무도한 통치에 더 이상 참을 수 없다. 이제 거족적으로 독립운동을 벌이고 있다. 우리는 맨주먹으로 일제의 총칼과 싸우고 있다. 만국평화회의가 열린 때에 우리는 희망에 부풀었고, 폴란드 및 그 밖의 나라들이 독립된다는 소식을 들었을 때 우리는 더욱 고무되었다.

(6) 그러나 우리에게는 아직 좋은 소식이 오지 않았다. 필시 중간에 우리 겨레의 의사를 왜곡시켜 다시 허위선전을 하는 자들이 있을 것이므로 우리는 뜻을 모아 천애만리(天涯萬里)에 이글을 보내, 우리의 입장을 밝힌다.

(7) 만국평화 회의는 세계평화를 구현시키기 위한 거룩한 모임이다. 죽음으로 투쟁하는 우리 이천만 생명의 처지를 통찰해 줄 것을 믿는다.42)

---

42) 이우성, 앞의 글, 67쪽.

이 장서는 김창숙이 직접 쓴 것이 아니고, 그의 스승인 곽종석이 작성한 것으로 알려져 있다. 원문이 한문이며 조선 왕조의 군주에 대한 충절의 관념이 밑바탕에 깔려있음을 볼 수 있다. 그렇다고 하더라도 큰 줄기는 민족생존의 기본권 및 주체적 능력을 주장하고 국제정의와 인도정신에 호소하는 가운데 우리 민중의 광범하고도 끈질긴 독립운동과 일제의 잔학한 침탈을 세계에 알려 도움을 구하려 했던 글이었다. 심산은 3·1독립선언이 민심을 움직여 국내적으로 큰 전기를 마련하였으므로 앞으로 필요한 것은 국제적 활동이라고 믿었던 것이다. 즉 고조된 국내 민중운동을 바탕으로 국제사회에 대한 호소를 동시에 해야 한다고 파악하였던 것이다. 손병희 등 종교대표들이 구속되면 남아있는 유림들이 국제 활동의 사명을 맡아야한다고 강조하였다. 그러나 거국적 유림의 단합된 명의로 국제무대로 나아가려 하였던 심산은 일반 보수적 유림들의 지역, 학통, 사고의 차이로 인해 단합을 이루어 내기가 쉽지 않았지만 마지막에 영남과 충청도 유림의 연합으로 결실을 맺게 되었다.[43)]

이상에 나타난 바와 같이 문안 내용에는 외교실무의 유용성이 있고, 정치적, 이념적 지향성에서 화이론적 세계관 대신 만국공법적 국제정세관이 수용되었으며, 왕정복고의 약화와 민주공화제를 대세로 판단하였다는 것이 잘 나타나 있다. 이에 대해서 권기훈은 김창숙이 김복한을 중심으로 한 충청 유림과 합의하여 곽종석의 장서를 채택하였다고 파악하고 있다. 즉 지산 김복한의 문집인 『지산집(志山集)』 제15권(年譜)을 보면 다음의 4가지 내용이 특히 강조되었다는 것을 주목해야 한다는 것이다. 첫째, 일본이 약속을 어기고 조선을 강제 병합한 경위, 둘째, 을미사변 당시 명성황후가 피살되고, 1919년에 고종이 독살된 경위, 셋째, 3·1운동에 참가한 광범한 군중의 울분, 넷째, 한국강토의 복원과 '이씨종사(李氏

---

43) 위의 글, 67~69쪽.

宗社)'의 부흥 등이다. 여기서 4째 조항의 '이씨 종묘와 사직'을 부흥시키는 것은 왕정복고를 꾀하려는 것이나 호서와 영남의 운동을 통합하는 과정에서 김복한의 원본이 폐기되고, 곽종석의 원본이 채택된 배경에는 이념적, 정치적 지향성에 있어서 왕정복고를 약화시키고 민주공화제를 선택하려는 의도가 엿보인다고 파악한 것이다.44) 그리고 곽종석원본을 발송본으로 수정하는 과정에서 김창숙이 능동적으로 개입하였다고 보고 있다.45)

다음에는 파리장서의 내용이 유림의 민족독립 인식을 잘 나타내주고 있음을 알 수 있다. 즉 독립운동의 배경, 독립성취의 방법, 조선망국의 배경, 유림의 대외관, 독립운동의 당위성에 대한 인식이 상당히 깨어있었음을 보여준다. 여기서 중추적 역할을 한 김창숙을 비롯하여 전통 유학적 소양을 갖추며 성장한 박은식, 신채호 등의 유학자들은 제국주의의 침략과 일제의 조선 침략에 충격을 받으면서 기존의 전통적 유교의식을 극복해갔다.46) 파리장서의 내용에서도 알 수 있듯이 세계열강에 호소하는 등 외교적 노력 등을 통해 한민족의 독립을 쟁취하려는 시도는 위정척사사상에 의해 독립을 유지하려는 소극적인 자세에서 벗어나 보다 개방되고 적극적인 독립운동 방식을 취하였다는 것을 보여준다.

그리고 파리장서의 서명자 명단을 통해 그 사회적 구성, 즉 연령, 거주지, 학맥, 민족운동 참가 경력 등에 주안점을 두고 분석한 임경석에 의하면 연령층에서는 40대 이상이 88.6%로 압도적인 다수를 차지하고 있고, 면우 곽종석의 학맥에 속하는 유학자들이 파리장서운동에서 두드러진 역할을 맡았다고 한다. 그 중에서 곽종석의 애제자이면서 한주 이진상의 재전(再傳) 제자인 김창숙이 '목숨을 버리고자 각오'하면서 해외파

---

44) 김복한, 『志山集』 제15, 「年譜」 ; 권기훈, 앞의 글, 63~64쪽.
45) 남부희, 『유림의 독립운동사 연구』, 범조사, 1994, 112쪽.
46) 권기훈, 앞의 글, 67~71쪽.

견자로 나선 것은 다른 유생들의 경의를 유발시켰다고 분석하고 있다. 또한 지역별로는 삼남 일대에 거주하는 유학자 층으로서 그 중에서 경북 지역이고 군 단위에서는 경북의 성주(星州)가 가장 많은 수의 서명자를 배출하였다는 것을 밝혀냄으로써 파리장서운동의 주요 세력은 남인의 전통을 잇는 영남 유림의 학맥을 잇고 있다는 것을 연구하였다.[47] 이러한 파리장서운동에 있어서 김창숙이 선도적 역할을 하였으며, 3·1운동에 있어서도 유림의 역할을 깨닫고 파리장서운동을 통해 유림의 역량을 모으기 위한 활동을 주도하는데 커다란 역할을 하였다는 사실을 보여주고 있다.

심산이 주도하였던 파리장서운동의 의의를 조동걸은 다음과 같이 정리하고 있다.

> 먼저 3·1운동을 거족적인 운동을 거족적인 운동으로 완성시켰다는 점에서 중요하다. 심산이 3·1운동의 민족 대표에 유림대표가 참가하지 못했다는 것을 아쉬워하며 「파리장서」를 추진함으로써 각처의 유림들이 시위운동에 대거 참가하게 되었지만, 나아가「파리장서」가 기획됨으로써 3·1운동을 전 민족운동으로 발전시켰던 것을 간과해서는 안된다.
>
> 3·1운동은 1919년 3월 1일 서울의 운동으로 한정된 것이 아니라 2·8운동에서 시작하여 그해 5월까지 국내외 각처로 확산되면서 각계각층이 참여한 민족독립운동이 되었다. 거기에 유림의 조직적인 참가가 없었다고 한다면, 한국 유교의 역사적 위치가 허무하게 전락할 것은 물론 3·1운동의 평가도 반감되고 말았을 것이다. 그와 같이 김창숙, 임경호 등의 「파리장서」운동은 한국 유학사와 3·1운동사의 존재 가치를 크게 높인 운동이었다.[48]

한편 상해에서 발송한 「파리장서」가 국내의 각 향교에 우편으로 배달

---

47) 임경석, 앞의 글, 426~457쪽.
48) 조동걸, 「심산 김창숙의 독립운동과 유지」, 『한국 근현대사의 이상과 형상』, 푸른역사, 2001, 74쪽.

되자 서명자들에 대한 일제의 검거가 시작되어 수많은 유림세력들이 고
난을 겪게 되었고, 이 사건을 계기로 「3·1독립선언서」에 빠진 유림세력
은 한 동안 망국책임론에서 위축되었던 분위기에서 벗어나 민족독립운
동에 적극적으로 가담하게 되었다고 평가된다.[49]

3. 중국에서의 민족독립운동과 국내 잠입활동

김창숙은 1919년 파리장서운동 이후 중국에 망명하여 국내 유림 세력
과 연대하여 항일독립운동을 전개하였다. 심산이 파리장서를 지니고 상
해에 도착하여 안창호, 김구, 박은식, 이동녕, 이시영, 조성환, 신채호, 신
규식 등 명망있는 독립운동가들을 만날 수 있었다. 심산은 이들과 파리
행을 의논하였으며, 이동녕 등은 "우리 임시기관에서 민족대표로 김규식
을 7·8일 전에 파리로 특파하였"으니, 심산이 직접 파리로 가지 말고 그
청원서를 외국어로 번역하여 파리로 우송하고, 그는 중국에 남아 중국과
의 보다 원활한 교섭을 할 수 있도록 하는 역할을 하는 것이 더 바람직하
다고 권고하였다. 그리하여 김창숙은 파리장서를 우송하고 상해에 남아
향후 독립운동의 구심점이 될 임시정부의 설립과 조직 구성 활동에 참여
하게 되었다.[50]

심산은 임시정부 수립을 위한 의정원을 설립하는데 일정 역할을 수행
하였고, 상해 한인거류민회를 개최하여 각 도의 의원을 선출하였는데, 경
북을 대표하는 의원에 선출되었다.[51] 1919년 4월 30일 심산은 임시의정

---

49) 김삼웅, 앞의 책, 134~135쪽.
50) 국사편찬위원회, 『한국독립운동사』 3, 1968, 17쪽.
51) 이연복, 「대한민국임시정부의 수립」, 『한민족독립운동사』 7, 국사편찬위원회, 1990
　　참조.

원 4차 회의에서 경상도의원에 선임되었고, 7월 7일 5차 회의에서 교통
위원회 위원에 선출되었다가 8월 18일의 6차 회의에서 해임되었다.[52] 당
시 그의 해임 이유는 명확히 밝혀지지 않았지만 신채호와 함께 이승만의
위임통치청원 사실과 관련하여 당시 임정활동에 비판적 입장을 견지하
고, 임시의정원 활동에 소극적이었기 때문으로 판단된다.[53]

  김창숙은 1919년 3월 27일 상해에 도착하여 1925년 8월에 국내로 잠
입할 때까지 상해(上海)·광주(廣州)·북경(北京)에서 적극적으로 민족독립
운동을 추진하였다. 이 당시 심산의 활동상의 특징에 대해 조동걸은 "상
해에 도착하여 유림 대표격으로 활동을 하면서 심산의 위치가 돋보이기
도 하였지만 행동반경을 규제하는 측면도 있었다. 그는 손문을 비롯한
중국국민당(中國國民黨) 인사들과 접촉하면서 임시정부와 한국 독립운동
의 위상을 높이는데도 기여하여 한국독립후원회(韓國獨立後援會)와 중국
호조사(中國互助社)의 결성을 가져왔다. 또한 그는 임시정부 수립에 관여
하면서 공화주의 조국 상을 확고하게 수용하였으며 신세계에 대한 안목
을 넓혀갔다. 박은식과 교우하면서 유교 혁신을 구상할 기회를 가졌고,
임시정부에 대해서는 이승만 독주에 대해 강한 비판을 제기하면서 임시
정부와도 소원해져 갔다. 1920년 11월에 북경으로 가서는 임시정부 반대
계열 독립운동가들인 신채호, 이회영과 친밀한 교류를 가지면서도 이들
과는 달리 임시정부가 현상유지를 해야한다는 생각을 가졌다. 그리고 임
시정부를 비롯한 독립운동이 침체되자 1925년부터 내몽고 지방에 새로
운 독립운동기지를 건설하기위한 자금조달을 위해 8개월 동안 국내에 잠
입하여 모금활동을 펼쳤으나, 그래도 여의치 않자 의열투쟁(義烈鬪爭)으
로 독립운동 방략을 수정하여 '나석주(羅錫疇) 의거'를 주도하였다. 한편

---

52) 대한민국국회도서관 편, 『대한민국임시의정원문서』, 1975, 45·51·59쪽.
53) 권기훈, 앞의 글, 73쪽.

당시 통일전선 민족유일당운동(民族唯一黨運動)에 참여했으나 건강상 깊이 관여하지 못하였다."[54]고 정리하고 있다.

그러면 김창숙의 임시정부에서의 활동에 대해 살펴보겠다. 그는 임시의정원의 위원으로서 헌법 제정에 참여하였는데, 국가체제를 왕정복고가 아닌 민주공화정으로서 선포하여 구체제와는 완전히 다른 체제를 수립하는데 앞장섰다는 것을 주목하여야 한다. 즉 이러한 사실은 민주주의 이념이 시대적인 조류였음을 깨달은 것으로서 당시 구황실에 대한 맹목적인 충성심에 사로잡혀 시대변화를 제대로 읽지 못하는 유림세력과는 인식을 달리한 선구자적 안목이 있었음을 판단할 수 있다.

임시정부 내에서는 1919년 8월 국내외의 세 군데(상해임시정부, 연해주 블라디보스톡에 설립된 임시정부, 서울에서 조직된 '한성 임시정부')에 설립되어 있었던 임정에 대해 통합문제가 논의되기 시작하여 9월경에 다음과 같이 합의하였다. 첫째 상해와 노령의 정부를 해소하고 한성 정부를 계승할 것, 둘째 정부의 위치는 일시적으로 상해에 둘 것, 셋째 상해정부가 실시한 행정은 유효함을 인정할 것, 넷째 정부 명칭은 '대한민국 임시정부'로 할 것, 다섯째 현재의 내각은 총사퇴할 것 등이었다. 1919년 11월 이러한 합의에 의해 대한민국임시정부가 출범되었다. 이때 이승만이 대통령으로 추대되자 김창숙은 신채호, 박은식과 더불어 크게 반발하였다. 그 이유는 이승만이 1919년 2월에 미국 윌슨 대통령에게 한국의 위임통치를 요청했다는 사실 때문이었으며, 이들은 이승만에게 서신을 보내 청원서 취소와 국민에 대한 사과를 요구하였다. 그러나 이승만의 답이 없자 1921년 4월 19일 이들은 54인의 이름으로 '성토문'을 발표하였다.[55] 후에 심산은 당시의 정황을 다음과 같이 회고하였다.

---

54) 조동걸, 앞의 글, 81~83쪽.
55) 『國譯 心山遺稿』, 731쪽.

"내가 해외에서 독립운동을 하던 중 가장 인상적이고 통쾌했던 일은 상해 임시정부 당시 이승만 씨에 대한 대통령 파면 결의안을 내어 이것이 성공했던 일이다. … 하루는 백암 선생과 내가 여관에 있으니까 신채호 선생이 편지 한 장을 들고 들어와 아무 말도 없이 펑펑 울기 시작했다. … 그는 미국 친구가 보내온 서신을 내보였다. …이것이 웬일이냐고 우리 삼 인이 통곡했던 것이다. 여기서 우리 삼 인은 이승만씨를 임정에서 제거하지 않으면 안 되겠다는 결론을 내리고, 그의 제거 공작에 착수했다."[56]

이는 임시정부 내에 이승만을 비호하는 세력과 성토하는 세력 간의 갈등을 초래하였다. 김창숙의 임시정부 활동은 이승만 탄핵을 분기점으로 사실상 중단되었고, 그 이후 그의 독립운동 노선은 신채호를 중심으로 한 북경 지역 한인 세력과 그 노선을 함께하였다.[57]

한편 김창숙은 중국국민당 인사들과의 접촉에서도 환멸을 느꼈고 임시정부의 무기력한 성격에도 실망을 느꼈으며, 자금 마련을 위해 국내에 사람을 파견하여도 소식이 없자 그의 고뇌는 깊어만 갔다. 이 무렵 그는 북경을 중심으로 활동하면서 신채호와 긴밀한 교류를 가지게 되었다. 1921년에 심산은 '이승만 탄핵' 이후로도 단재와 함께 잡지 「천고(天鼓)」를 운영하고 동아일보를 성토하며 불매운동을 벌이기도 하였다.[58] 1927년에는 신채호(申采浩)·박숭병(朴崇秉) 등과 「탈환」을 발간하는 등 혁명적 선전, 계몽활동을 함께 하였다. 이처럼 단재와의 밀도 높은 교류는 심산의 혁명적 민족운동으로의 사상적 전환이 확실해졌음을 보여준다.[59]

한편 임시정부의 활동을 통해 비애를 느낀 심산은 별도의 독립기지

---

56) 『경향신문』 3월 2일 ; 1962, 丹齋申采浩先生記念事業會, 『丹齋申采浩全集 別集』, 형설출판사, 1977, 401~420쪽.

57) 권기훈, 앞의 책, 103~105쪽.

58) 『心山遺稿』의 「回想記」 참조 ; 윤무한, 『인물대한민국사』, 나남출판, 2006, 25쪽.

59) 김시업, 「心山의 交友관계를 통해 본 民族運動의 방향」, 성대 대동문화연구원, 『심산 김창숙의 사상과 행동』, 92~93쪽.

(獨立基地) 건설을 구상하게 되었다. 멀리 내몽고에 3만 정보의 개간 가능한 땅을 확보하게 되었으나 많은 이주 비용을 마련하는 일이 문제였다. 이때 국내에서 곽종석의 문집 간행 때문에 서울에 많은 유림세력들이 모인다는 소식을 듣고 심산은 직접 국내로 들어가기로 결정하였다. 일제가 파리장서운동의 주모자로 심산을 주목하며 행방을 쫓고 있었기 때문에 상당히 위험한 일임에도 불구하고 두려워하지 않았다.60) 심산은 송영우, 이봉노, 김화식의 동조를 얻어 이들과 거사를 논의하면서 신채호에게만 알리고 다른 사람들에게는 극비로 하였다. 그 당시 그의 장남 환기(煥基)가 북경에 와 함께 지내고 있었는데 아들에게도 국내 잠입 계획을 말하지 않고 신채호에게 글공부를 하도록 지시하였다. 그러나 다양한 방법으로 자금을 마련하기 위하여 노력하였지만 3·1운동이후 일제의 탄압이 강화되면서 독립운동의 열기가 크게 위축되어 성금을 내려는 독지가들도 감소하였다.61)

심산은 '친일부자(親日富者)의 머리를 독립문에 걸지 않으면 우리나라가 독립할 날이 없을 것'이라고 통탄하면서, 국내 인사들에게 '출국하는대로 당장 이 돈을 의열단(義烈團) 결사대의 손에 넘겨주어 왜정 각 기관을 파괴하고 친일부호들을 박멸하여 우리 국민들의 기운을 고무시킬 작정'이니 '국내 동지들은 기회를 잡아 일제히 일어나라'고 당부하였다. 8개월 만에 모금된 상당한 액수의 자금은 봉천(奉天)까지 무사히 운반되었다. 심산은 5월에 상해로 돌아와 김두봉(金頭峰)의 집에서 묵으면서 김구 등에게 국내의 정세를 다음과 같이 설명하였다.62)

　"인심이 이미 죽었으니 만약 비상수단을 써서 진작시키지 않으면

---

60) 『자서전』, 288쪽.
61) 김삼웅, 앞의 책, 145~146쪽.
62) 김시업, 앞의 글, 93쪽.

우리들 해외에 있는 사람들도 장차 돌아갈 곳이 없이 궁박하게 될 것이
오. 지금 내가 약간 가지고 온 돈으로 대규모 사업을 착수하기는 실로
어렵습니다. 청년 결사대들에게 자금을 주어 무기를 가지고 국내로 들
어가서 왜정기관을 파괴하고 친일 부호를 박멸하여 한 번 국민의 의기
를 고취시켜 봅시다. 그런 후에 국내와 연락을 취하면 되겠지요."[63]

　의열단원(義烈團員) 나석주(羅錫疇) 의사가 동양척식회사(東洋拓植會
社)와 식산은행(殖産銀行)을 폭파하고 장렬하게 최후를 마친 의거는 이렇
게 하여 시작된 것이었다.[64] 이처럼 심산은 폭력, 파괴, 살해 등 적극적
인 투쟁방식을 통해 민중직접혁명을 목표로 하는 의열단 활동에 적극 가
담함으로써 그의 민족독립운동의 방향을 혁명적 투쟁의 단계로 진일보
전진시켰다. 이는 임시정부의 독립운동에 실망하고 국내 모금운동의 실
패로 보다 적극적인 투쟁 방식이 필요하다고 판단하였기 때문으로 분석
된다.[65]

　김창숙은 6월 초 유자명(柳子明)과 함께 구입한 무기를 휴대하고 북경
으로 가 의열단원 중 국내에서 거사할 인물을 찾았다. 한봉근 등 몇 사람
을 추천하여 천진으로 가서 나석주, 이승춘 등을 만나 김구의 소개 편지
와 거사 계획안을 보여 주었다. 이들이 흔쾌히 항일독립운동의 결사에
나설 것을 밝히자 심산은 고국에서 마련해온 자금과 무기를 전달하고 북
경으로 돌아와 신채호, 장건상, 이동녕, 김구 등과 민족운동단체를 만들
기 위해 노력하였다. 그리고 얼마 후 나석주는 홀로 권총을 휴대하고 국
내로 잠입하여 식민지 착취를 대표하는 조선총독부의 식산은행과 동양
척식회사에 폭탄을 던져 파괴하고, 척식회사 사원과 왜경 여러 명을 사

---

63) 『心山遺稿』, 259쪽.
64) 김창숙이 의열단원 명단에 있었고, 김구, 김규식과 함께 고문이었다는 기록은 다
　　수가 있다. 國會圖書館, 『韓國民族運動史料(中國篇)』, 1976 ; 『동아일보』 1927
　　년 1월 13일 등.
65) 김시업, 앞의 글, 94~96쪽.

살한 후 추격하는 경찰과 접전을 벌이다 장렬하게 전사하였다(나석주 의
거). 심산이 국내를 탈출하여 북경에 이르렀을 때 국내에서는 심산이 유
림들을 상대로 군자금을 걷어간 사실이 발각되어 일제에 의한 대대적인
검거 작업이 벌어져 관련 인사 600여명을 구속하였는데 이것이 '제2차
유림단 사건'이었다. 심산을 도와 군자금을 걷었던 동지와 친인척들이
구속되어 고문을 당하고 검거되었다.[66] 이 거사는 오직 영남유림계의 동
참과 지원을 끌어내는 데 몰입하여 국내 저항운동과의 연계를 전혀 고려
하지 못한 한계점을 가지고 있다고 평가된다.[67]

  조선총독부는 심산에 대한 보복으로 그의 아들을 고문하여 사살하고
친지와 밀정까지 연통하여 '귀순'을 종용했지만 실패로 돌아가자 첩보와
추적 등 다양한 방법을 동원하여 그를 체포하려 하였다. 그러던 중 1926
12월 심산이 수술을 위해 영국 조계에 있는 병원에 입원하여 치료하던
중에 일본 경찰에 의해 피체되고 부산으로 들어와 대구 경찰서에 감금되
었다.[68] 심산은 거듭되는 변호사의 변론 제기에도 불구하고 일제의 법률
자체를 인정하지 않아 일본 법률론자에게 변호를 맡길 수 없다는 신념
때문에 변호인도 없이 대구지방 법원 제2호 형사법정에서 검사의 무기형
구형에 판사의 14년의 징역형을 선고받았다. 즉 심산이 나석주 의사의
식산은행과 동양척식회사 폭탄 투척 사건의 주동자로 인정하자 살인미
수, 「치안유지법」위반, 「폭발물 취급령」위반 등의 죄목으로 14년형을 선
고받았고, 고된 옥살이 속에서 앉은뱅이가 되었던 것이다.[69]

---

66) 김삼웅, 앞의 책, 161~164쪽.
67) 김희곤, 「제2차 유림단의거 연구: 심산 김창숙의 활동을 중심으로」, 성균관대 대동
  문화연구원, 『대동문화연구』, 2001, 483쪽.
68) 위의 책, 176~177쪽.
69) 위의 책, 188~193쪽.

4. 8·15 해방 후의 활동

1927년에 투옥되어 20여년 가까이 고문과 옥중 투쟁, 요양으로 활동
이 어느 정도 휴면상태에 있었던 김창숙은 해방 직전에 새로운 활동을
전개하기 시작하였다. 해방 시기에 이미 67세의 고령이었지만 그는 반탁
투쟁과 임시정부 봉대 운동, 반분단·반독재투쟁을 위해 또 다른 고통을
받기 시작하였다. 심산은 일제시대에 임시정부를 중심으로 활동을 전개
했으므로 해방 후에도 임시정부를 중심으로 건국해야 한다는 생각은 변
함이 없었다. 그는 6·25전쟁 전까지 계속 김구와 가장 긴밀한 관계를 가
지면서 반탁, 임시정부 봉대운동과 반분단 활동에 적극 개입하였다. 그리
고 이승만 정권이 독재를 강화하는 1950년대에 전개한 반독재 투쟁은 불
굴의 정신을 소유한 김창숙 만이 가능한 일이었다.[70]

해방 후에 심산이 국내에서 한 투쟁 가운데 주목되는 것은 건국동맹
(建國同盟) 활동이다. 이 건국동맹은 1944년 8월 10일 여운형이 주동이
되어, 조동우(趙東祐)·김진우(金鎭宇) 등 노혁명가들을 중심으로 조직한
항일 비밀결사였다. 심산의 건국동맹 활동은 심산과 여운형과의 관계와
민족운동 전개과정에서 중요한 의미를 찾을 수 있다.[71] 건국동맹은 지방
조직망 구축에도 심혈을 기울였으며 민족주의자, 공산주의자를 구분하지
않고 조국 해방에 대한 의지와 애국정신을 가진 사람, 낙향하여 은거했
던 사람, 대화숙(大和塾)이나 친일 관변단체에 불가피하게 가담했지만 속
으로는 조국 독립을 염원하던 사람들이 가담하였다.[72] 그런데 이들 조직

70) 권기훈, 앞의 책, 149~150쪽.
71) 강만길, 『한국현대사』, 창작과 비평사, 1984 참조.
72) 이만규, 『여운형투쟁사』, 민주문화사, 1946, 170쪽 ; 송남헌, 『해방3년사 I』, 까
    치, 1985, 15쪽.

의 추진자들이 좌익계통의 성향을 가진 인물이었으며, 심산이 일제시기 동안 좌익에 대해 비판적인 입장을 취하고 있었던 점으로 볼 때 경북지역의 추진자들이 추대했을 가능성이 농후하다고 판단된다.[73]

심산이 언제 동맹에 참가하였는지는 정확하게 알 수 없지만 안재홍이 가담하는 시기 즈음에 '남한 책임자'로 추대된 것으로 추정된다. 고향 성주에 있는 김창숙과 건국동맹의 여운형을 구체적으로 연결시킨 사람은 교우관계를 통해 볼 때 김진우(金振宇)의 역할이 컸다고 추측하고 있다. 이때부터 심산이 여운형의 활동에 상당한 기대를 가지고 여운형, 안재홍 등이 건국준비위원회를 조직한다는 소식을 듣고 상경하는 길에 대구에 들러서 건준 준비 상에 나타나는 분열을 직접 지도하기도 하였다. 이처럼 심산이 건국동맹에 참여하고 건국준비위원회 활동에 관여하고 있었던 것은 그의 민족운동 노선에 중요한 의미를 가지는 것이다. 즉 그 동안 중단된 활동이 연장되면서 그의 투쟁 이념에 일대 전기를 마련하는 발전적 계기를 마련하였다는 점이다. 이것은 주체적인 민족정부 수립에 대한 의지로 표출되었으며 국내의 광범한 사회 계층을 기반으로 민주 정부를 수립하여 완전한 자주독립을 쟁취하고자 하는 이념적 진전을 보여주었다는 것을 대변해준다. 또한 사회주의적 경향을 가지는 여운형 등과의 교우관계를 통해서도 민족운동의 동지로 손을 잡은 점 등은 미래에 대한 인식의 전환이 있었음을 반증하고 있다. 그러나 여운형과도 '조선인민공화국'이 선포되자 멀어지기 시작하였다. 좌·우익이 단합해야 하고 정강 정책이 정치에서의 민주주의, 경제에서의 사회주의적 성격을 가져야한다는 점 등은 몽양과 다른 점이 없었지만 '임시 정부의 기치 아래' 모이고 추진되어야 한다는 점에서만은 생각이 서로 달랐다. 다시 말해 '인민공화국 선포'는 옳지 못하다고 판단하여 이에 가담하는 여운형을 다음과

---

73) 권기훈, 앞의 책, 151~152쪽.

같이 비난하였던 것이다.[74]

　"아! 슬프다. 나라를 새로 일으켜 정식 정부(政府)를 세움이 이 얼마
나 중대한 일이건대, 저 여(呂)·박(朴) 등 몇 사람이 하룻밤 사이 창졸
지간에 비밀히 모여서 상의하고 상호 추천하여 그 부서를 정하고 무지
한 시민으로 천 명도 못되는 자를 끌어다 놓고 이르기를, 이는 '조선인
민공화국(朝鮮人民共和國)의 정식정부(正式政府)'라고 선포했다고 하
니, 그들은 정권을 잡으려고 국민을 기만하고 있구나. 일이 이에 이르니
그 죄는 죽어도 남음이 있을 것이다."[75]

　김창숙은 일제시대 임시정부를 중심으로 독립운동을 전개했으므로
임정을 중심으로 건국해야 한다고 믿고 있었다. 심산은 어떠한 사소한
이해관계에도 얽매이지 않고 대의명분에 입각하여 민족자주와 신탁통치
를 선명하게 대립시키면서 조선공산당의 매국 행위와 민족 반역 행위를
규탄하였다. 그는 직접 공산당 지도자들 앞에서도 소련군 사령관의 지시
를 받아 찬탁으로 돌아선 그들의 매국적 태도를 강하게 비판하였다.[76]
　1945년 12월 28일부터 반탁투쟁이 시작되었고 12월 30일 신탁통치반
대국민총동원위원회 장정위원(章程委員) 9인은 오세창, 권동진, 김창숙,
오하영 등 76명을 중앙위원으로 선임하였다.[77] 한편 12월 30일, 31일에
좌익단체들은 민족통일전선의 결성을 강조하면서 우익주도의 반탁투쟁
을 비판하였다. 그리고 조선공산당은 1946년 1월 2일에 모스크바 삼상회
의는 가장 정당하며 5년 동안의 신탁통치는 우리 역량에 따라 단축될 수
있다고 보아 김구 일파의 반탁투쟁은 상당히 위험하다고 경고하였다.[78]

---

74) 김시업, 앞의 글, 102~104쪽.
75) 『國譯 心山遺稿』, 785~786쪽.
76) 위의 책, 794~797쪽.
77) 국사편찬위원회 편, 『자료 대한민국사』1, 1968, 709쪽 ; 서중석, 「해방 후 金昌淑
　　의 정치적 활동」 성대 대동문화연구원, 『대동문화연구』, 2003, 172쪽에서 재인용.

심산은 이에 분노하여 조선공산당에 경고문을 보냈다. 그 내용은 공산당이 타민족의 통치를 기꺼이 받아들이겠다는 것은 매국적 행동이며 오히려 민족반역자라고 비판한 것이었다.[79] 그는 해방정국시기의 좌우 분열에 대해 조선시대처럼 또다시 당파분열, 정권쟁탈을 가져올 수 있는 위험한 상황에 대해 보다 냉철한 시각을 지니고 있었다. 그는 좌우익 모두 최고 권력 쟁취에만 혈안이 되어 있던 상황을 간파하면서 이들 세력에 대해 날카로운 비판을 하였던 것이다.

이러한 철저한 반탁운동을 통해 심산은 임시정부의 세력과 전적으로 행동을 같이 하게 되었고 1946년 2월 비상국민회의의 최고정무위원에 선임되었다.[80] 심산의 대쪽같은 기개와 성품은 해방 이후 그의 활동이 고립적인 투쟁이 되도록 하였다. '비상국민회의'가 '민주의원'으로 변질되면서 미군정사령관 하지의 자문기구로 끌려가게 되자 김창숙은 그 경위와 책임을 물어 이승만, 김구 등을 격렬하게 성토하였다.[81]

심산은 분단 정부 수립을 저지하기 위한 남북 협상운동을 끝으로 정치활동을 중단하고 성균관의 일에 전념하였다. 해방 이후에 유림사회에도 수 많은 유림단체가 생겨났다. 1945년 11월 20일부터 6일간 성균관 명륜당에서 남북에서 온 유림이 모여 전국유림대회를 개최하고, 12월 1일에는 중앙집행위원회를 열어 민족고유문화의 근간인 유교를 혁신하기 위해 성균관대학 설립재단 완성 등을 촉진할 것을 결의하였다.[82] 위원장으로 김창숙이 추대되었으며,[83] 그 후 유림세력을 통합할 유림단체의 명

---

78) 『國譯 心山遺稿』, 793~794쪽.
79) 위의 책, 794~797쪽 ; 서중석, 앞의 글, 173~175.
80) 『동아일보』·『조선일보』 1947년 3월 5일 ; 『동아일보』 1947년 9월 7일 참조 ; 권기훈, 앞의 책, 163~172쪽에서 재인용.
81) 김시업, 앞의 글, 105쪽.
82) 최영성, 『韓國儒學思想史 V(근·현대편)』, 아세아문화사, 1997, 265~267쪽.
83) 『國譯 心山遺稿』, 820~821쪽.

칭을 '유도회'로 결정하였다. 김창숙, 정인보, 변영만 등 사계의 명망가 22명으로 성균관대학설립기성회를 발기하고 일차적으로 재단의 설립에 박차를 가하였다. 그리고 전국 향교재산을 명륜연성소 재단과 통합하여 재단법인 성균관대학이 설립되어 김창숙은 성균관대학 초대 학장이 되었다. 그리고 1950년대에는 심산의 반독재 투쟁이 개인적인 차원에서 국한되었으며 극단적인 방법론으로 제기되기도 하였지만 특유의 대의명분을 내세워 독재정권을 압박하여 이승만 정권의 독재성, 권위주의성, 비민주성을 강하게 비판하는 '행동하는 양심'으로서의 면모를 확실하게 보여주었다.[84]

III. 민족주의 사상과 쟁점

1. 심산의 유학사상과 민족주의

심산의 유학에 대한 이해는 전적으로 생활신념과 함께 그 신념의 실천학으로서의 유학정신에 있었고 유학의 이론과 학적(學的) 규명을 요구하는 유학사상에 있었던 것이 아니다. 즉 심산은 관념적인 사상가 혹은 철학인으로서가 아니고 불의에 대항하고 행동으로 투쟁하는 지사(志士)로서 평가받고 있다. 이는 심산이 "내 비록 앉은뱅이지만 독립투쟁에는 장거리 선수임을 명심하라"고 강조한데에서도 잘 나타나 있다.[85]

유학에서는 천(天, 神)과 인간(人間)을 인간만이 가지는 도덕의식(道德意識)의 유무관계에서 구분하고 있다.[86] 이 도덕의식은 현실지향의 성격

---

84) 권기훈, 앞의 책, 176~187쪽.
85) 이현희, 앞의 책, 253쪽.
86) 牟宗三著 宋恒龍譯, 『中國哲學의 特質』, 21~36쪽 ; 송항용, 「心山 金昌淑과 儒

을 가지고 도덕사회를 실천 구현하려는 행동으로 표출되는 유학정신이라고 할 수 있다. 그러므로 유학정신은 도덕사회를 지향한 인간 개인의 신념이요, 행동적 실천이라고 할 수 있다. 유학을 흔히 실천도덕학이라고 정의를 내리는 이유도 여기에 있다.

지금까지 살펴본 바와 같이 심산의 불굴의 독립정신과 반독재투쟁의 행동주의는 그 자신이 성공적 결과를 가져오지 않았더라도, 오직 불의에 대결하는 것만이 인간의 주어진 자기 사명이요 참 삶의 가치라는데 그 힘의 원천이 있었다고 할 수 있다. 물론 이러한 실천의지는 꼭 유학정신만으로 설명할 수는 없지만 일제 하 핍박에서 벗어나려는 한국 독립정신을 설명할 때 빼 놓아서는 안되는 영역이라고 할 수 있겠다. 유학정신과 연결시켜 민족독립운동을 이해할 때 그것은 현실극복의 길로 전이되어 불의로 대표되는 일제와 대결하는 유학정신의 새로운 양상을 현실 속에서 발견할 수 있다. 심산 김창숙은 유학정신을 그대로 민족독립정신으로 승화시켰다가 다시 불의와 대결하는 혁명적 투쟁정신의 모습으로 현실에서 유학정신을 승화시키면서 실천한 인물이다.[87]

김창숙이 그의 스승인 곽종석을 만나면서 급진전되었던 제1차 유림단운동에서의 파리장서 내용을 보면 기존의 전통적 중화중심주의에서 벗어나지 못했던 척사계열의 세계관에서 만국을 평등하게 인식하고, 세계가 공의(公議)로써 움직여져야 한다는 점을 인식하는 세계관으로 뚜렷하게 변했다는 것을 보여준다. 파리장서운동에 안동 출신의 유림들도 적극 참여하였으며, 3·1운동을 전후한 시기에 파리장서로 시작된 유림들의 민족독립운동은 보수적 세력으로 남아있던 위정척사계열의 유림들이 점진적으로 변화를 가져오는 계기를 마련하였다.[88] 그리고 1919년에 파리장

學精神」, 성대 대동문화연구원, 『대동문화연구』 제19집, 1985, 328에서 재인용.
87) 이우성, 「심산의 유학사상과 행동주의 – 심산연구 서설 – 」, 『심산 김창숙의 사상과 행동』, 성균관대 대동문화연구원, 1986.

서를 들고 상해로 갔던 김창숙이 1925년 북경에서 독립운동 기지 건설을 위한 모금운동을 위해 국내로 잠입하여 일어났던 제2차 유림단 운동은 1차 때에 유림들의 의식을 변환시켰다면, 변화된 유림들이 시련을 겪기는 하였지만 결속력을 다지는 계기를 마련하였다고 볼 수 있다. 1910년 한일합방에 의해 나라가 망하고, 성균관과 향교가 폐지되면서 유림세력은 완전히 제도적으로 자연 도태될 수밖에 없는 운명에 처하게 되었다. 그럼에도 불구하고 우리 강역을 지키기 위하여 수도자적 사명을 가지고 초야에 은둔하면서 학문연구를 하였던 유림세력이 존재하였기 때문에[89] 파리장서운동이 전개될 수 있었다고 보여 진다.

일제에 의해 새로운 문물을 접한 유림세력은 근대문명의 새로운 세계를 점차 익히면서 개화자강(開化自强)의 불가피성을 인식하였고 구국과 사회발전을 위해서는 새로운 힘이 필요하다고 보았다. 즉 기존의 화이관(華夷觀)에서 탈피하여 신문명을 배우고 서구와 공존해야 한다는 세계관을 가지게 된 것이다. 그리하여 일제와 비타협적으로 저항하는 유림세력을 초토화시키려는 일제의 음모 속에서도 파리장서운동을 통한 민족독립운동을 전개할 수 있었다. 이러한 가운데 김창숙은 잠자고 있던 유림세력들을 일깨우는 선구적 역할을 한 유림의 마지막 독립투사로 인정받을 수 있겠다. 김창숙의 이러한 인식의 전환은 1919년 유림대표 곽종석, 김복한 등과 함께 137명이 서명하여 파리강화회의에 일본이 한국을 병탄한 부당성을 고발하는 글을 보낼 수 있게 하였다.

이 시기에 유림들은 근대의 변혁을 받아들여 근대화의 장점을 제국주의의 침략성의 단점과 구별하여 인식하였다고 판단된다. 이는 개화당(開化黨)이 수구파(守舊派)를 제거해야할 적으로 규정한 것과는 반대로 구학

---

88) 김희곤, 『안동 사람들의 항일투쟁』, 지식산업사, 1985, 33~34쪽.
89) 조동걸, 『한국사의 시련과 반성』, 지식산업사, 1989, 47~49쪽.

(舊學)의 새로운 발전을 통한 재건 작업을 하려는 유림세력이 나타나기 시작하였다는 점에 주목해야 할 것이다. 이들은 이전의 외세의존적인 개화당과는 달리 전통에 뿌리를 둔 자주적 개화세력이라고 할 수 있다. 즉 이러한 유림세력은 유학을 수구파와 같이 정통유학을 그대로 존속시키려한 구학에서 벗어나 새로운 세계 질서에 적응할 수 있는 학문으로 재편하고자 하여 서구학문을 그대로 직수입한 신학과도 구별되는 학문세계를 펼쳐나갔다고 하겠다. 다시 말해 일제시기 유림세력의 개명유신론(開明維新論)은 도덕적 주체성을 근간으로 전개한 개혁으로서 사대적 외세의존세력에 의하여 주도된 개화와는 본질적으로 다르며, 이로 인해 유교가 근대민족주의를 형성하는 발판을 마련하였다고 할 것이다.90) 이러한 가운데 행동하는 양심의 지식인으로서 민족독립운동에 투신한 인물 중 가장 대표적인 인물이 김창숙이라 할 수 있다.

1906년 이후 한국의 유교적 지식인들은 유교에 대한 비판을 가하면서 '구학(舊學)'이 국권회복과 자주독립에 유용한 학문이 아니라고 판단하고 신학문(新學問)을 적극적으로 수용해야 한다는 여론을 고조시켰다. 이 당시 대표적인 학자는 박은식과 신채호라고 할 수 있으며 심산은 이들과 친분관계가 두터워 학문적 영향을 상당히 많이 받았다고 할 수 있다. 이들은 유교적 전통 기반 위에서 서양근대사상을 수용한 개신유학파라고 할 수 있으며, 이들은 특히 유교의 학문 분파 중 주자학의 보수적 전근대성에 비판의 초점을 모았다고 하겠다. 그들은 유림이 유교의 본의에 충실하면 국권회복도 가능하다고 보았고 애국계몽의 일차적 대상도 유림이라고 보았으며, 유림파가 전근대적 지식인 그룹으로서 당시까지도 상당한 사회적 여론을 형성하고 있었으므로 유림의 개혁이 곧 국민사상 개

---

90) 최창학, 『근대 한국 유교의 변화논리와 개혁운동에 관한 연구: 박은식, 이병헌, 김창숙을 중심으로』, 성균관대 석사학위논문, 1990, 35~41쪽.

혁과도 일맥상통한다고 보았던 것 같다.[91] 김창숙의 파리장서운동은 이러한 유림세력이 관념적인 유교 이론에만 매몰되는 지식인이 아니라 행동하는 지식인으로 전환하는 커다란 계기를 마련해 준 의미있는 사건이었다.

2. 민족주의이념과 민족통일이념

1905년 을사조약으로 인한 식민지화, 특히 1910년의 일제 강점은 당시 유생층이 민족문제를 국권침탈문제로 인식할 수 있는 직접적인 계기가 되었다. 특히 유교적인 화이론과 신분제를 부정하고 제국주의 침략에 의한 민족과 국가의 멸망을 인식하였던 유생층의 경우는 이를 더욱 민감하게 받아들였다. 그 중에서 김창숙은 스승 곽종석과 이승희의 민족의식과 독립운동 실천방략에 따라 그들과 같이 호흡하면서 일제의 국권침탈에 대응해 갔다. 그들은 국권침탈이라는 현실 속에서 세계열강에 일본의 침략상을 고발하는 외교적인 방법이 최우선이라고 인식하였다. 이것은 화이관의 변화와 관련된 만국공법의 강조라는 인식과 부합되는 것이었다.[92]

김창숙은 이승희, 장석영, 이두훈과 함께 5적(五賊)을 토죄(討罪)하고 조약을 파기해야 한다고 상소를 하면서, "천하의 사람들에게 대한 사람이 을사조약을 반대하였다는 것과 일본이 강제로 조약을 맺은 죄를 알리자"고 하였다.[93] 또한 1908년 12월 8일에 이덕후, 박의동, 김원희, 이성

---

91) 배용일, 『박은식과 신채호 사상의 비교연구』, 경인문화사, 2001, 62~63쪽.

92) 김도형, 「한국 근대 재야지배세력의 민족문제 인식과 대응」, 『역사와 현실』, 창간호, 1989, 77~78쪽.

93) 금장태, 「한계 이승희의 생애와 사상 I」, 『대동문화연구』 19, 1985, 13~15쪽 ; 권기훈, 앞의 논문, 44~46쪽.

주 등과 함께 성주군 향사당(鄕射堂)에서 대한협회(大韓協會) 성주지부를 조직하여 실질적으로 주도해 나갔다. 그는 당시 시국을 탄식하면서, "우리들이 이 회를 설치한 것은 장차 조국을 구원하려는 것이다. 조국을 구원하고자 한다면 옛 인습을 개혁하는 것부터 시작함이 마땅하다. 옛 인습을 개혁하고자 한다면 계급을 타파하는 것부터 시작함이 마땅하며, 계급을 타파하고자 한다면 우리 회(會)로부터 시작함이 마땅하다"라고 천명하였다.[94]

심산은 여기에서 국가를 구하기 위한 실천방안으로 구습(舊習)의 개혁과 계급의 타파를 우선적으로 실천할 것을 주장하고 있다. 이것은 그의 혁신적 사고의 일면을 단적으로 보여주는 좋은 예이며, 이와 같은 계몽운동은 유생의 자신에 대한 자기모순의 극복으로 가능한 것이었다. 그러나 이 활동 과정에서도 개화파의 계몽운동 이념과 완전히 일치하는 것도 아니었다. 당시 서울의 대한협회가 사실상 정치적인 문제를 포기하고 있었던 데 반해, 지방의 성주지부나 안동지부의 경우는 명확히 대한협회의 친일적인 경향을 비판하고 적극적으로 국권회복운동에 참가하였다. 김창숙이 1909년 일진회가 한일합방론을 주창하였을 때 '일진회성토건의서'를 작성하여 서명 작업을 전개한 것이나, 안동지부의 이상룡이 정당으로서 정무(政務)의 연습, 학교 등에서의 군사교육의 실시, 외교관계의 광범한 준비 등을 지부의 의무조항으로 하고 있었던 것은 이것의 단적인 예이다. 또 다른 한편에서 김창숙은 수구파 유생들과도 의견을 달리하고 대립하게 되었다.[95]

심산의 유학사상은 주자의 의리론에 근거하여 친일적 행각을 일삼는 당시의 유림학자들을 비판하고 있다.[96] 심산이 이론적 유교보다는 실천

---

94) 김창숙, 『國譯 心山遺稿』, 684쪽.
95) 권기훈, 앞의 논문, 47쪽.
96) 心山思想硏究會, 『金昌淑 文存』, 성균관대 대동문화연구원, 1987, 181쪽.

적 유교를 강조하고, 혁명가로서의 진취적인 기상을 지녔던 것은 부친의 영향이 가장 컸다고 보여 지며, 부친은 그의 유교개혁에 대한 의지를 형성하게 하는데 많은 영향을 주었다고 여겨진다. 특히 심산의 유교개혁사상은 학문적 이론으로서 보다 일상생활 속에서 실천적 행동으로 나타난 것이 가장 큰 특징이다.[97] 그러므로 그는 성리학이 이론에만 매몰되어 나라가 멸망하는 위기를 맞이하자 구국을 강구하지 않는 유림 세력들을 비판하면서 "이런 류의 위유(僞儒)를 없앤 다음이라야 비로소 나라를 다스리고 천하를 평화롭게 하는데 참여할 수 있다"[98]고 하였다. 이와 같이 김창숙이 유교개혁의 방향을 얻었던 계기는 그가 대한협회에 가입하면서 부터였다고 추정하고 있다. 이때부터 구습과 신분타파를 주장함으로써 일반인들로부터는 환영을 받았지만 수구적 성향의 유림들로부터는 비판을 받아 유생들과의 사이가 나빠지게 되었던 것으로 파악된다.[99]

이와 같이 심산이 일생을 불의와 타협하지 않고 본인의 철학을 지키면서 살았던 것은 그가 습득했던 유교적 원리원칙이 뒷받침되었기에 가능하였다. 그리고 심산에게 있어 3·1운동은 민족주의의 필요성을 재확인시켜준 커다란 충격인 사건이었다. 그는 비록 독립선언서의 33인에는 들어가지 못했지만 파리장서운동을 통해 국내에서의 활동보다 세계로의 안목을 확장시켜 민족주의 원칙을 고수하며 유교를 바탕으로 한 민족운동의 방향을 정립해 나갔다. 후에는 의열단의 활동을 후원하면서 보다 적극적인 투쟁방법을 동원한 민족주의운동에 앞장섰다고 판단된다. 또한 더 나아가 해방 이후에도 신탁통치를 반대하는 성명을 발표하고, 그의 이승만 독재에 항거하는 투쟁정신은 민족주의를 전제로 한 민족통합론으로 설명할 수 있겠다.[100] 심산의 투쟁정신은 전기의 외교론적 독립운

---

97) 장을병,「심산의 개혁사상」,『창작과 비평』겨울호, 1979, 258쪽.
98) 『國譯 心山遺稿』, 683쪽.
99) 위의 책, 963~967쪽.

동에서 후기에는 신채호 등과 함께 점차 전투적 항일투쟁으로 전환하여 혁명적이면서 폭력적 투쟁으로 나아가게 되었다. 즉 일제 침략에 대항하여 싸우려면 오직 무장투쟁이나 폭력, 암살 등의 방법만이 용이할 뿐 외교론이나 문화운동의 온건한 방법으로는 일제 침략을 저지하기 어렵다고 판단하였던 것도 신채호의 독립투쟁 방식과 어느 정도 통하는 면이 있다고 하겠다.

근현대 민족주의 세력의 존재형태와 분화에 관한 논의는 새롭게 재검토될 필요가 있다. 민족주의 세력의 분화과정을 설명할 때 가장 중요한 것은 기존의 고정된 관념을 지양하고 동태적인 관점을 가지고 접근하는 것이 필요하다. 즉 민족주의 우파, 좌파 등 다양한 시각 중에서 한 인물을 어느 한쪽으로 고정시켜 판단하는 우를 범하기 쉽다. 일제시기와 해방 전후 시기에 민족주의 각 세력의 정치적 행동은 당시 조성되었던 국내외 정세 속에서 밀접한 연관을 가지고 다양한 양태로 변화해 갔다. 또한 이러한 정세 변동은 사회 구성원의 심리상태에 영향을 미쳤고, 혁명적 정세가 조성되었을 때 사람들 사이에는 도덕적 열정이 확산되어 갔다. 이러한 가운데 사람들은 희생을 무릅쓰고 시위, 봉기 대열에 합류하거나 망명을 하였던 것이다.

제1차 세계대전 종결 직후 식민지 한국의 국제적 지위가 변모될 수 있었던 조건하에서 거의 모든 민족주의 세력이 민족해방운동에 능동적, 적극적으로 참여하여 혁명적 태도를 취하였다.[101] 일제시기 민족주의자들은 1922년 워싱턴회의를 전후하여 국제질서 재편과정에서 한국이 독립될 가능성이 있다고 판단하여 국제회의에 한국 대표단을 파견하는 것을 주된 정책으로 삼았으며, 이러한 상황 속에서 김창숙은 외교적 노력

---

100) 최창학, 앞의 글, 77쪽.

101) 임경석, 「식민지시대 한국의 민족주의와 민족운동」 성균관대 인문과학연구소, 『인문과학』, 2000, 286~288쪽.

의 일환으로 파리장서운동을 추진하였던 것이다.

　그러나 베르사이유 강화회의, 국제연맹회의, 워싱턴회의 경과와 결과를 지켜본 한국 민족주의자들은 두 가지 방향의 민족독립운동을 선택할 수밖에 없었다. 하나는 실력양성론에 입각한 문화운동론이었으며, 다른 하나는 대서방 외교론을 포기하는 폭력적, 혁명적 투쟁방법론이었다. 심산은 이러한 두 갈림길에서 초기의 문화운동론의 소극적 독립운동론에서 한 발 더 나아가 후기에 가서는 적극적 혁명투쟁방법론을 선택하여 나석주 의거를 주동하였다. 민족주의 세력의 존재 형태에 대해서는 당시 민족운동의 양태가 다양하게 나타났기 때문에 단선적으로 설명하기 어려운 부분이 있다. 유림세력을 대표하는 민족주의자 김창숙의 경우만 하더라도 다양한 독립운동 단체활동을 통해 일제시기 민족독립운동과 해방 후 반탁 반독재 투쟁 활동을 하였기 때문에 민족주의 세력 가운데 어떤 노선을 일관되게 지켜왔는지 설명하기는 어렵지만 혁명적 투쟁만을 강조하는 사회주의 노선과는 다른 민족주의 노선을 걸어왔음은 확실하다고 하겠다. 그럼에도 불구하고 그가 일제 침략을 물리치기 위하여 소극적인 문화운동론을 견지하기 보다는 적극적 투쟁적 혁명노선을 선택하여 고난의 길을 걸었던 점은 도덕적 명분을 중시한 실천적 유학자였기 때문에 가능하였다.

　심산의 민족주의는 사유의 대상이라기보다는 그 자체로 절대적 타당성을 갖는 진리의 기초라고 하겠다. 그에게는 민족이 없이는 어떠한 진리도 인정되기 어려웠고, 국가를 잃은 민족의 갈 길은 어떤 사변적 합리화로도 설명될 수 없었기 때문에 주체적 독립 성취 후에 사고의 이론화 작업이 필요하였던 것이다. 그리하여 그는 유림세력이 초야에만 묻혀서 사론에 빠져 있는 것을 경고하였고, 유림세력들이 민족독립운동에 적극 나설 것을 촉구하여 파리장서운동을 추진하였다.[102)]

Ⅳ. 맺음말

김창숙이 살다간 한국 근현대시기의 유교는 조선조가 근대 서양문명에 의한 변화와 일본제국주의 침략에 의한 식민지로의 전락이라는 외부요인에 의해 유교변혁론으로의 전환이 불가피하였다. 먼저 서양문명에 기초한 신문화체제를 접하면서 유교개혁론은 능동적인 자세를 취하였다. 다음으로 일제의 침략과 식민지배 아래서 유교개혁론은 근대적 민족주의 의식과 결합하여 유교의 혁신을 통해 민족정신을 강화하는데 노력하였다.[103]

본고에서는 심산이 도학(道學)으로서의 위정척사론적 저항의식을 탈피하여 개방적인 근대 민족주의의 각성을 통한 민족운동을 전개시켜 나아가는데 매우 뛰어난 역할을 하였다는 것을 확인할 수 있었다. 근현대 시기의 유학자로서 살다간 김창숙을 통해 일본 제국주의 침략에 대응하였던 유림세력의 민족의식과 민족독립운동 방법과 성격, 해방 후 정치활동과 인식 등을 고찰해보았다. 심산은 실천적 유교정신을 소유한 철저한 투쟁적 혁명적 민족독립운동가로서 독립운동의 여러 단계를 거쳐 자신의 사상과 실천행동을 민족운동의 변화에 적극적이고 능동적으로 대처해나갔던 혁명적 독립투사였다.

해방 후 상당 기간 동안 다양한 한국민족주의의 여러 유형에 대해 많은 연구들이 진척되었지만 아직도 한국민족주의의 전개과정을 정세 변동과의 연관성 속에서 고찰하는 것과 민족주의 세력의 존재 형태에 대한 연구가 구체화되지 못하고 있는 학계의 과제[104]를 해결하기 위해서는 개

---

102) 이영호, 「심산의 민족통일이념」 성균관대 대동문화연구원, 『심산 김창숙의 사상 과 행동』, 앞의 책, 153~157쪽.
103) 최창학, 앞의 글, 88쪽.

인적인 인물 연구를 통해 개개인의 구체적인 민족독립운동의 양상을 점
검하는 것이 문제 해결의 중요한 열쇠가 될 수 있겠다. 본고에서 고찰한
김창숙의 경우만 하더라도 다양한 민족독립운동단체들의 활동을 하였기
때문에 소속되었던 단체의 성격을 일괄적으로 파악하여 개인의 활동상을
설명함으로써 한 개인의 민족주의 성향을 진단하는 것은 매우 위험할 수
있다. 그러므로 보다 세밀한 연구를 통해 한 개인의 민족주의 성향을 연
구하는 것이 필요하며 본고에서 보다 면밀히 고찰하지 못한 구제척인 활
동을 통한 민족주의 성향 연구에 대한 과제는 다음으로 미루고자 한다.

---

104) 임경석, 「일제시대 한국의 민족주의와 민족운동」, 앞의 글, 291~292쪽.

참고문헌

김창숙, 『心山遺稿』, 국사편찬위원회, 1973

김창숙, 「벽옹73년회상기 상편」『心山遺稿』, 국사편찬위원회, 1973

김창숙, 『國譯 心山遺稿』, 國譯心山遺稿刊行委員會, 1979

국사편찬위원회, 『한국독립운동사』제2권, 1966

국사편찬위원회 편, 『자료 대한민국사』1, 1968

심산사상연구회, 『金昌淑文存』, 성균관대 대동문화연구원, 1994

심산기념사업준비위원회, 『벽옹일대기-심산김창숙선생투쟁사』, 태을출판사, 1965

국가보훈처, 『독립운동사공훈록』9권, 1991

강만길, 『한국민족운동사론』, 한길사, 1985

강만길, 『韓國近代史』, 차아작과 비평사, 1985

권기훈, 『심산 김창숙의 민족운동 연구』, 건국대 박사학위논문, 1999

권인호, 「東岡 金宇顒의 學問과 思想 研究-生涯와 經世思想을 중심으로」, 南冥 學研究院, 『南冥學研究論叢』, 제2집

금장태 외, 『儒學近百年』, 여강출판사, 1990

금장태, 「한계 이승희의 생애와 사상(I)」, 『대동문화연구』19, 1985

김도형, 「한말·일제초기의 변혁운동과 성주지방 지배층의 동향」, 계명대 한국 학연구소, 『한국학논집』18, 1991

김삼웅, 『심산 김창숙 평전』, 시대의 창, 2006

김시업, 「心山의 交友관계를 통해 본 民族運動의 방향」, 성대 대동문화연구원, 『심산 김창숙의 사상과 행동』, 1986

김재명, 「强骨의 野人精神 心山 金昌淑」, 『政經文化』1985년 8월호

김희곤, 『안동 사람들의 항일투쟁』, 지식산업사, 1985

김희곤, 「제2차 유림단의거 연구: 심산 김창숙의 활동을 중심으로」, 성균관대 대동문화연구원, 『대동문화연구』, 2001

박은식, 『朴殷植 全書』, 단국대 동양학연구소, 1975

丹齋申采浩先生記念事業會, 『丹齋申采浩全集』別集, 형설출판사, 1977

남부희, 『유림의 독립운동사 연구』, 범조사, 1994

박찬승, 『민족주의의 시대: 일제하의 한국 민족주의』, 경인문화사, 2006

박찬승, 『한국근대 정치사상사연구』, 경인문화사, 2006

배용일, 『박은식과 신채호 사상의 비교연구』, 경인문화사, 2001

서정기, 『民衆儒敎思想』, 도서출판 조선문화, 1990

신용하, 『朴殷植의 社會思想 硏究』, 서울대출판부, 1982

신용하, 『韓國現代史와 民族問題』, 문학과 지성사, 1990

신용하, 「3·1독립운동 발발 경위」, 『한국근대사론II』, 지식산업사

신일철, 『申采浩의 歷史思想硏究』, 고려대출판부, 1981

心山思想硏究會, 『金昌淑』, 한길사, 1984

心山思想硏究會, 『金昌淑文存』, 대동문화연구원, 1987

안병주, 『儒敎의 民本思想硏究』, 성대대학원 박사학위논문, 1985

안병주, 「儒學의 政治思想」, 『儒學原論』, 성대출판부, 1978

안병주, 「德治主義와 民本思想」, 『儒敎思想硏究』제3집, 유교학회, 1988

양재혁, 「現代社會에서의 認識理論과 性理學의 問題」, 『韓國思想大系』4, 성대
     대동문화연구원, 1984

양재혁, 「西歐文化의 影響과 傳統儒敎 價値觀의 變化」, 『傳統文化와 西洋文化』
     1, 성대출판부, 1985

염인호, 「金昌淑의 在中國 獨立運動에 관한 一考察」, 성균관대 대동문화연구원,
     『대동문화연구』, 2001

유병용 편, 『한국근대사와 민족주의』, 집문당, 1997

유준기, 「朴殷植의 生涯와 學問」, 『韓國史硏究』, 한국사연구회, 1987

윤남기, 「朴殷植先生의 儒敎思想」, 『나라사랑』제8집, 1972

윤무한, 『인물대한민국사』, 나남출판, 2006

이광린, 『開化派와 開化思想』, 일조각, 1989

이광린, 「舊韓末 新學과 舊學과의 論爭」, 『東方學志』23·24합집, 1980

이기백 외, 『韓國史市民講座7』, 일조각, 1990

이승희, 『韓溪遺稿』, 국사편찬위원회, 1981

이연복, 『한민족독립운동사연구』, 국학자료원, 2004

이우성, 「심산의 유학사상과 행동주의: 심산연구 서설」, 심산사상연구회, 『심산

김창숙의 사상과 행동』, 성대 출판부, 1986

이운구, 「心山의 教育思想과 大學設立」, 『成均』제34호, 성균관대학교, 1981

이윤갑, 「19세기 후반 경상도 성주지방의 농민운동」, 『손보기박사 정년기념 한국사학논총』1, 지식산업사, 1988

이원순, 『朝鮮 西學史 研究』, 일지사, 1986

이현희, 「朴殷植의 平和思想」, 『東國史學』제14집, 동국사학회, 1980

이현희, 『우리나라 근대인물사』, 새문사, 1994

임경석, 「파리장서 서명자 연구」, 성균관대 대동문화연구원, 『대동문화연구』38집, 2001

임경석, 「식민지시대 한국의 민족주의와 민족운동」, 성균관대 인문과학연구소, 『인문과학』, 2000

장을병, 「心山의 改革思想」, 『創作과 批評』겨울호, 창작과 비평사, 1979

장을병, 「心山의 民主主義思想」, 『成均』제34호, 성균관대학교, 1981

정규훈, 「심산 김창숙 선생 연보」, 『대동문화연구』제19집, 성대 대동문화연구원, 1985

조동걸, 「심산 김창숙의 독립운동과 유지」, 『한국 근현대사의 이상과 형상』, 푸른역사, 2001

조동걸, 『韓國史의 試鍊과 反省』, 지식산업사, 1989

조동걸, 『韓國近現代史의 理解와 論理』, 지식산업사, 1998

조동걸, 『韓國民族主義의 成立과 獨立運動史 研究』, 지식산업사, 1989

조동걸, 『西學에 대한 韓國實學의 反應』, 고대 민족문화연구소, 1988

조지훈, 『한국민족운동사』, 고려대 민족문화연구소, 1964

진덕규, 『현대민족주의의 이론구조』, 지식산업사, 1983

최영성, 『韓國儒學思想史Ⅴ(근·현대편)』, 아세아문화사, 1997

최창규, 『近代韓國政治思想史』, 일조각, 1972

최창학, 『근대 한국 유교의 변화논리와 개혁운동에 관한 연구; 박은식, 이병헌, 김창숙을 중심으로』, 성균관대학교 석사학위논문, 1990

허선도, 「김창숙」, 『韓國近代人物百人選』, 『신동아』1970년 1월호 부록

하우봉, 『朝鮮後期 實學家의 日本觀 研究』, 일지사, 1989

신익희의 민족의식 형성 및 민족운동 가담 양상

오영섭(연세대학교 연구교수)

Ⅰ. 머리말

한국 근현대사에서 한국민족주의는 시대의 변화에 조응하여 한민족이 달성해야 하는 역사적 과제를 충실히 이행해왔다. 구체적으로 한말부터 1950년대까지 한국민족주의는 한말의 개화운동과 국권수호운동, 일제시기의 민족독립운동, 해방 직후의 신국가건설운동, 대한민국 건국 이후의 근대화운동과 통일운동과 민주화운동 등으로 전개되어 왔다. 이처럼 시기별로 다양한 형태로 나타난 한국민족주의의 실현 과제들은 크게 보아 근대화와 자주화와 민주화를 지향하는 것이었다. 이러한 역사적 과제를 실현하는 과정에서 한국민족주의는 민족구성원의 참여와 동기를

강하게 유발하는 특징을 보였으며, 민족통합과 선진화를 지향하는 대한
민국 국가의 발전방향 설정에 크나큰 기여를 하고 있음이 주목된다.

　이 연구는 한국 근현대사의 시대적 과제들을 구현하기 위해 신명을 바
친 인물 가운데 한 사람인 海公 申翼熙(1894～1956)의 민족의식 형성과
정 및 민족운동 가담양상을 살펴보려는 것이다. 신익희의 민족의식 형성
과정 및 민족운동 가담양상을 연구주제로 택한 이유는 평생을 계몽운동
가, 독립운동가, 건국운동가로서 살아간 그의 다채로운 생애가 한국민족
주의의 형성과정과 전개과정 및 그 성격과 한계 등을 연구할 때에 좋은
사례라고 판단하기 때문이다. 또 신익희가 일생동안 구현하려 노력했던
한국민족주의의 과제들 가운데 미해결 과제들을 현재의 시대상황에서 어
떻게 이해하고 해결해야만 하는가에 대한 교훈을 얻으려 하기 때문이다.

　한말부터 이승만정권기까지 한국민족주의의 형성과 전개 과정에서 주
요 역할을 수행한 신익희는 소론계의 명문 양반 가문에서 태어났다. 그는
을사조약 이전 가내에서 부친과 형으로부터 한학과 민족교육을 전수받았
고, 한일병합 전후에는 한국과 일본에서 신학문을 익히며 조국의 독립과
민족의 계몽을 위해 분투하였다. 그리고 일제강점기에는 한국과 중국에서
조국광복을 위한 독립운동에 헌신하였다. 이어 그는 해방된 조국에 돌아
와서 대한민국의 기초를 세우는 건국사업에 공헌했으며, 이승만정권 시기
에는 대한민국의 민주화를 위해 반독재 투쟁을 줄기차게 펼쳤다. 이로써
신익희는 한국 근현대를 대표하는 지도적 인물로 부상하였다.[1]

1) 최석채, 「신익희론」,『정경연구』1965년 9월호 ; 이정식, 「신익희」,『한국근대인
　물100선』, 동아일보사, 1970, 264～266쪽. 신익희에 대한 연구로는 조동걸, 「해공
　신익희의 임시정부 활동」,『한국학논총』18, 국민대 한국학연구소, 1996 ; 박진희,
　「해방 직후 정치공작대의 조직과 활동」,『역사와 현실』21, 1996 ; 한시준, 「독립
　운동 정당과 해공 신익희」,『우송조동걸선생정년기념논총』, 나남, 1997 ; 도진순,
　「해방전후 신익희의 노선과 활동」한국정신문화연구원 편,『한국현대사인물연구』
　2, 백산서당, 1999 ; 장석흥, 「대한민국 임시정부의 환국과 '민족대학' 설립」,『충

신익희는 한말에서 일제강점기를 거쳐 1950년대 중반까지 한국 근현대사의 고난과 시련을 온몸으로 지탱해 나갔다. 그는 한국사상 최초의 본격적인 근대화운동이 벌어지던 갑오경장기에 태어나 한국의 정치발전을 위해 이승만정권에 대항하여 민주화운동을 벌이다가 서거하였다. 그의 일생은 오로지 한국의 독립과 근대화의 역량의 확대, 일제로부터의 완전독립, 민주적 자주국가의 수립, 자유민주주의의 발전, 한민족의 번영을 위해 바쳐진 것이었다. 이로써 신익희는 구국계몽운동과 독립운동과 건국운동에 투신한 혁명가로서 청사에 길이 빛나고 있다. 또한 자유민주주의의 실현을 위한 반독재 투쟁의 선봉에 섰던 정치지도자로서 지금까지도 겨레의 존경을 받고 있다.

기왕에 한국 근현대 인물을 다룬 논저들 가운데 신익희에 대한 연구는 매우 드문 편이다. 그리고 몇 편이 안되는 신익희 관련 논저들의 거의 대부분은 일제시기 및 해방 후 신익희의 독립운동과 정치활동을 다루고 있다. 따라서 기왕의 연구에서는 신익희가 자유주의적 민족주의를 형성한 시기인 중국 망명 이전 시기를 다루지 못하였다. 이로 인해 일제시기 및 해방 후 신익희의 사상과 활동을 구조적으로 이해하는데 어려움을 겪어왔다. 따라서 이 연구는 그간 연구상 공백으로 남아있던 중국 망명 이전 시기 신익희의 사상과 활동을 처음으로 집중적으로 파헤치는 것을 목표로 하고 있다는 점에서 학술적 의의가 있다고 하겠다.

여기서는 한국민족주의의 성격을 구명하기 위한 기초작업의 일환으로서 1919년 3월 상해 망명 이전 신익희의 민족의식 형성과 민족운동 가담 양상을 살펴보려 한다. 이를 위해 먼저 신익희가 가문의 영향과 신교

북사학』 11·12합집, 2000 ; 김용달, 「해공 신익희의 가학과 민족교육운동」, 『한국근현대사연구』 22, 2002 ; 장석흥, 「국민대학 탄생의 역사성과 해공」, 『해공 신익희, 삶과 자취』, 국민대 교사자료연구회, 2006 ; 한시준, 「해공 신익희와 대한민국임시정부」, 『한국근현대사연구』 41, 2007.

육의 습득을 통해 민족의식과 민주주의적 정치사상을 수용하는 과정을 살펴보고, 이어 상해로 망명하여 본격적으로 민족운동을 벌이기 전까지 전개했던 초기 민족운동의 양상들을 살펴보려 한다. 이로써 근대화, 자주화, 민주화를 키워드로 하는 한국민족주의의 일반적 성격의 일단이 파악될 수 있기를 기대한다. 이 논문에서 주로 이용한 자료는 이미 공간되었으나 학계의 주목을 받지 못한 『해공 신익희』를 전폭적으로 인용하였다.[2]

Ⅱ. 민족의식과 정치사상의 정립과정

1. 애국적 가풍과 최초의 신학문 체험

갑오경장 직전인 1894년 6월 9일, 신익희는 경기도 광주군 초월면 서하리 사마루(社村)의 소론계 명문가에서 申檀과 그의 네 번째 부인 鄭敬娘 사이에서 차남으로 태어났다. 신익희의 모친 동래 정씨는 1867년 경남 김해에서 태어나 경기도 양평에서 성장한 후 광주 사하리의 신단에게 시집갔다. 신단은 輔熙·揆熙·弼熙·庭熙·宰熙·翼熙 등 6형제와 1녀를 두었는데, 신익희는 신단이 63세에 낳은 막내아들이었다.[3] 그는 인생의 황혼기를 보내고 있던 부친으로부터 사랑과 연민을 받으며 자랐다.

---

2) 신익희의 비서이자 조카인 신창현이 엮은 『해공 신익희』(신창현 편저, 해공신익희선생기념회, 1992)는 「구술 해공자서전」과 「해공일화집」으로 이루어져 있다. 그런데 『해공 신익희』의 90% 정도를 차지하는 「해공일화집」은 단순한 일화집이라기보다는 신익희의 생애와 활동에 대한 기초사료를 모아놓은 일종의 종합 사료집에 해당한다.

3) 『평산신씨대동보』 2, 文僖公派, 1976, 840~842쪽 ; 신창현, 「해공일화집」, 『해공신익희』, 해공신익희선생기념회, 1992, 867~868쪽 ; 심경호, 「신대우론」, 정양완 외 공저, 『조선후기한문학작가론』, 집문당, 1994, 99~100쪽.

신익희는 조선후기 대다수 명문가의 후예들처럼 가문의 영향을 크게 받았다. 그의 조상들은 자손들의 세계관과 인생관의 형성에 직결된 많은 가르침과 일화들을 남겼다. 그들이 남긴 가르침은 충절과 효도, 검소와 겸손, 의리와 화목 등 유교사상의 덕목들에 기초한 것이었다. 이런 덕목들은 그의 고조부인 양명학자 신대우와 증조부 신현에 의해 특별히 강조되었다. 그의 집안은 이론과 실천의 합일을 추구하는 知行合一의 양명학 사상을 근간으로 삼고, 거기에다가 애국사상과 실천사상을 추가하여 특유한 가풍을 형성하게 되었다.

신익희의 사고방식과 행동방식의 형성에 큰 영향을 미친 이들은 그의 직계 조상들과 부형들이다. 먼저 동부도사, 경릉령을 거친 후 9년 동안 각지의 수령을 지낸 고조부 신대우는 鄭齊斗에 의해 만개된 양명학을 계승한 인물이다. 그는 조선후기에 새롭게 대두한 인간주체성과 민족주체성의 자각 위에서 실천적 학문을 추구해 나간 양명학자 정제두의 제자였다. 또한 그는 정제두의 아들 鄭厚一의 여식에게 장가들어 정제두의 손녀사위가 되었고, 조선조의 대표적 경학사상가이자 신익희의 종중조부인 申綽의 부친이었다. 그는 정제두의 유고를 최초로 정리했을 정도로 강화학파 내에서 중요한 지위를 차지하고 있었다.[4]

신대우는 "내면을 오로지 하고 자기를 참되게 하는" 학문을 추구하여 자아의 주체성을 강조하였다. 그는 참된 학자란 글귀나 말뜻만을 연구하여 바깥으로 치달린 위선적 학자들과 달리 진실하고 거짓이 없는 마음상태를 꾸준히 유지하는 사람이라고 보았다. 즉, 경전에 담긴 참뜻을 연구하여 실천에 옮겨 지행합일을 실행해 가는 사람만을 바로 참된 학자라고 보았다. 나아가 그는 왕권에 대한 신권의 강화를 주장하는 서인-노론계

---

4) 『평산신씨대동보』 2, 문희공파, 286쪽 ; 심경호, 「완구신대우론」, 정양완·심경호 공저, 『강화학파의 문학과 사상(1)』, 한국정신문화연구원, 1993, 310~315쪽.

와 달리 국왕권의 강화를 요구하는 소론계 학자들의 일반적 경향을 이어받아 군왕의 초법적 지위를 인정하는 절대왕권론을 주장하였다. "군신관계가 있은 다음에야 법이 생겨나는 것인데, 그 법이란 다름 아니라 바로 임금을 보위하는 것이라"는 것이 그의 존왕론이었다.[5]

신대우의 셋째아들 신현은 신익희 일가가 사마루에 정착하는데 기여한 인물이다. 그는 1794년 정시문과에 급제하여 정조를 모셨고, 정조가 문장과 총명이 뛰어난 젊은 신하들을 뽑아 초계문신을 구성할 때에 여기에 선발되었다. 신현이 초계문신으로서 어전에서 글을 짓고 있을 때에 정조가 "이 사람은 문장을 지으라면 문장을 잘 짓고 講을 하라면 강을 잘한다"는 특별한 격려를 내려주었다. 신현은 순조대에 문한직과 대간직을 두루 거쳤고, 호서암행어사, 대사성, 대사간, 동부승지, 호조참의 등 요직을 거쳤다.[6]

신익희의 부친 신단은 1858년 과거에 급제하여 문한직과 대간직을 거쳤다. 그는 갑오경장 이전에 판서급의 고위직을 지냈으나 세도정치를 달갑지 않게 여기는 정치성향과 당색이 소론이었던 관계로 노론계 민씨세도의 중심부에는 진출하지 못했다. 동학농민운동과 갑오경장으로 세상이 변화할 조짐을 보이자 1895년에 부리던 하인들을 대부분 속량해 주고 극소수 하인들만을 데리고 살았다. 대한제국 초기에는 중추원 1등의관, 궁내부특진관, 장예원경 등 고위급의 명예직을 두루 거쳤다.[7]

신익희의 형제들은 조상들과 부친의 후광을 입어 관계에 진출하거나 민족운동에 종사하였다. 친형 신보희가 양자로 나갔기 때문에 가통을 이

---

5) 심경호, 「신대우론」 정양완 외 공저, 『조선후기한문학작가론』, 119~-123쪽.
6) 『평산신씨대동보』 2, 문희공파, 286쪽 ; 신창현, 「해공일화집」, 『해공 신익희』, 120~122쪽.
7) 신창현, 「해공일화집」, 『해공 신익희』, 123·551~552쪽. 신익희 집안은 1907년 늦가을 신단의 탈상을 전후한 시기에 남아있던 극소수 노비들을 해방시켜 주었다.

어받아 맏아들이 되었던 신규희(1863~1943)는 진사시에 합격한 후 동부도사, 산릉도감 감조관에 올랐다. 그는 부모에 대한 시봉을 다하여 장자로서의 임무에 만전을 기하였고, 우수한 한학실력을 바탕으로 동생, 아들, 조카들의 훈학에 평생을 보냈다. 그는 신익희의 아내이자 자신의 계수씨인 이씨부인에게 『소학』을 가르치기까지 하였다.[8]

둘째 신필희는 대과 급제 후 한림, 시강원시독관, 비서원랑 등직을 지내다가 을사조약과 경술국치로 대한제국이 멸망하자 향리에 은거해 살면서 일생을 마쳤다. 그는 고향 금장산 아래에서 농사나 짓다가 죽겠다는 심정에서 자신의 호를 錦農이라고 지었다. 셋째 신정희는 갑오경장 때에 개화파인 朴定陽 내부대신 밑에서 내부주사로 봉직하였다. 이어 대한제국의 국권이 바람 앞에 등불 신세로 변하자 분연히 의병운동에 가담하여 활동하였다.[9]

넷째 신재희는 아우 신익희가 중국으로 망명한 후 1933년에 중국으로 건너갔다. 그는 망명 전에는 동아일보 지국에서 근무하였고, 망명 후에는 대한민국임시정부에서 활동했다. 독립운동에 매진하느라 가솔을 돌보지 못하여 그의 2남 3녀는 뿔뿔이 흩어졌다. 그는 막내아들 申量均만을 데리고 중경으로 피난하던 중에 병에 걸려 사망했고, 아들 양균은 일본 공군의 폭격에 맞아 사망하였다. 맏아들 申海均은 미혼의 누이동생 申季順을 데리고 연안으로 가서 金枓奉의 예하에서 독립운동에 종사하였다.[10]

신익희 가문에서 다수의 인사들이 독립운동에 가담하였다. 일제강점기 이전에는 신정희가 의병운동에 가담했다. 일제강점 이후에는 신규희·신필희·신익희·신정균·신용균 등이 민중계몽활동을 벌였고, 신익희가

---

8) 신창현, 「해공일화집」, 『해공 신익희』, 95쪽.
9) 신창현, 「해공일화집」, 『해공 신익희』, 722~723·808쪽.
10) 『평산신씨대동보』 3, 문희공파, 842쪽 ; 신창현, 「해공일화집」, 『해공 신익희』, 723, 809쪽.

계몽운동과 독립운동과 건국운동에 참여했으며, 신재희와 그의 자녀들이 독립운동에 가담하였다. 신익희 가문에서 이처럼 다수 인사들이 구국운동과 독립운동에 참여할 수 있었던 것은 신대우 이래로 계승해온 애국적·실천적 가풍에 크게 영향을 받은 결과였다. 이를테면 신익희가문의 양명학에 기반한 애국성과 실천성은 신대우에서 신진·신작·신현으로, 신현에서 다시 신단으로, 신단에서 그의 자손들로 흘러가는 사상계보를 형성하였다.

신대우와 신현은 권세에 아부하거나 타협하지 않고 또 하늘과 국가와 민족과 후손을 사랑하는 마음과 정신을 자손들에게 가르쳤다.[11] 어린 시절에 신익희는 신대우·신현이 전해준 간접적 교훈과 백형 신규희가 직접 가르쳐준 가르침을 되새기며 생활하였다. 해외 망명 중이던 1945년에 중국 사천성에서 지은 건국운동에 관한 짧은 표어에는 신익희의 독립사상, 건국사상이 집약되어 나타나 있다. "나라는 반드시 완전히 독립되어야 하고, 민족은 반드시 철저히 해방되어야 하며, 사회는 반드시 평등하여야 한다.[12] 요컨대 신익희가 자주적 민족의식의 형성하는데 민족적, 애국적 가풍이 가장 큰 영향을 미쳤던 것이다.

소년시절에 집안에 개설한 가내서당에서 큰형 신규희의 훈도 하에 사서삼경을 익힌 신익희가 열 살 때에 조카들과 노비의 자식들에게 한글을 가르쳤다. 스스로 한글을 깨우친 신익희는 일종의 국문교본을 만들어 가지고 아이들을 가르쳤다. 거기에는 가로로 자음 14줄, 세로로 모음 11자가 쓰여 있고, 자음 위에는 단어에 맞는 가위, 나비, 다리미, 난초, 마부, 바가지, 할아버지 등의 그림이 그려져 있고, 그 명칭이 모필로 또박또박 칸에 맞추어서 쓰여 있었다. 그는 이 교본을 아이들에게 한 장씩 나눠주

---

11) 김용달, 「해공 신익희의 가학과 민족교육운동」, 202~203쪽.
12) 國家須完全獨立 民族須徹底解放 社會必須平等.

고 가르침으로써 아이들이 그림만 보고도 쉽게 한글을 읽히게 하였다.
이는 신익희가 20대 이후에 민중계몽을 통한 독립운동과 건국운동을 벌
여나가데 단초가 되었던 의미 있는 사건이었다.[13]

　신익희는 12살이 되던 1905년 봄에 큰 형의 권유로 남한산성 안에 새
로 생긴 소학교에 들어갔다. 당시 신규희는 아동들을 가르치면서 시국의
변화를 관찰하고 있었다. 그러다가 그는 아동들에게 신학문을 가르쳐서
개명사회에 적응할 일꾼을 만들어야 한다는 생각을 품게 되었다. 그래서
어린 동생과 아들을 소학교에 입학시켰다. 이때 신익희는 그때까지 길렀
던 머리를 깎고 검정색 무명 두루마기를 입고 소학교에 들어갔다.[14] 이
처럼 단발을 하고 검은 옷을 착용함으로써 신익희는 처음으로 근대문물
의 세례를 받기에 이르렀다.

　신익희가 입학한 소학교는 갑오경장의 개혁조치에 의해 생겨난 근대
적 교육기관이었다. 이는 유교경전을 주로 가르친 서당이나 향교를 대체
하는 새로운 기관이었다.[15] 소학교는 일본의 학제를 본떠 보통과와 고등
과로 구분하였다. 만 8세에서 15세까지의 학동들이 입학하였고, 수업연
한은 보통과가 3년, 고등과가 2년이었다. 신익희는 나이와 학력을 참작
하여 보통과 3년에 편입하여 수신, 독서, 작문, 습자, 산술, 체조 등을 배
웠다.[16] 그러나 당시 교과목 중에『산술』은 가감승제와 사칙응용 문제뿐
이었고, 그 이상은 배우려고 해도 교과서가 없고 가르칠 사람도 없었을
정도로 소학교 교육은 허술한 편이었다.[17]

　남한산성에 있는 공립소학교에서 신익희는 숙식을 하며 몇 달을 공부

---

13) 신창현,『해공 신익희』, 해공신익희선생기념회, 1992, 101~103쪽.
14) 신익희,「구술 해공자서전」,『해공 신익희』, 50~51쪽.
15) 이만규,『조선교육사』Ⅱ, 거름, 1988, 46, 50~51쪽 ; 오천석,『한국신교육사(상)』,
　　광명출판사, 1975, 92쪽, 91쪽.
16) 이만규,『조선교육사』Ⅱ, 46~47쪽.
17) 백남훈,『나의 일생』, 신현실사, 1973, 67~68쪽.

하였다. 그는 남한산성 소학교의 수준에 대해, "역사도 산수도 지리도 별
로 배울 만한 것이 없고, 선생의 한문 실력은 도리어 내가 가르쳐 주어야
할 정도로 유치했다"고 하였다. 그래서 그는 같이 갔던 조카와 의논한
끝에 집으로 돌아왔다.[18] 즉, 그는 1905년 봄에 소학교에 3학년으로 편
입했으나 교수방법과 교육수준이 매우 낮은 것에 불만을 품었고, 특히
한문선생의 실력이 자신보다 못한 것에 크게 실망하여 자퇴하였다.[19] 이
로써 신익희의 최초의 근대경험은 당시 교육제도와 교육시설의 부실로
말미암아 별다른 성과를 거두지 못하고 말았다.

2. 민족의식의 자각과 독립사상의 체현

을사조약이 체결되자 한국에서는 조약반대운동이 봇물처럼 터져나왔
다. 중앙에서 고종과 그 측근들이 구미 열강에 밀사를 파견하여 구원을
요청하였고, 전현직 관료들이 상소운동을 통해 일제의 한국침략을 규탄
하였다. 지방 각지에서는 러일전쟁 이후부터 산발적으로 일어나던 항일
의병운동이 한층 격화되었고, 중앙의 소식이 지방에 스며들면서 지방 민
심이 동요하기 시작하였다.[20] 이런 때에 신익희의 고향인 벽촌 사하리에
도 격변하는 시국에 대한 소식이 밀려들었다.

1907년 늦가을 부친상의 탈상을 전후한 시기에 신익희는 교육을 통해
국권회복을 도모하려 하였다. 그는 어른들이 나라가 망한다는 말을 하며

---

18) 신익희, 「구술 해공자서전」, 『해공 신익희』, 51쪽.
19) 신익희의 관립소학교 수학기간에 대해 그의 자서전에는 '한 두 달로,' 회고담인
「나의 소학교 시절」에는 '반년 남짓'으로 각기 다르게 나온다. 하여튼 그는 부친이
사망한 1905년 9월 28일(음/ 8월30일) 이전 어느 시점에 집에 돌아와 있었다.
20) 최영희, 「을사조약체결을 전후한 한국민의 항일투쟁」, 『격동의 한국근대사』, 한림
대 아시아문화연구소, 2001, 233~249쪽.

근심하고 한탄하는 것을 보고 "나도 자라면 좀 더 공부를 잘하여 나라가 잘되도록 하겠다"는 교육구국론을 마음에 새겼다. 또 그는 일본제국주의의 침략으로 국가의 운명이 위태로운 상황에서 "나이는 어렸을망정 집안 어른들이 근심하시고 한탄하시는 것을 따라 나도 항상 근심하고 슬퍼하던 생각이 난다"고 회고하였다.[21] 이런 각오에 따라 그는 서울로 올라가 신학문을 제대로 배우기로 결심했다.

1908년 봄 15살 때에 신익희는 자신의 진로를 스스로 결정하였다. 1905년 봄 남한산성의 공립소학교에 입학한 것이 큰형의 의지였다면, 서울에서 관립한성외국어학교 영어과에 입학한 것은 자신의 자유의지에 따른 것이었다. 그는 진로를 결정할 때에 두 가지 방안을 두고 고심하였다. 하나는 법관양성소에 들어가서 법률을 배워 무지한 민중이 법망에 걸려 고생하는 것을 구제해 보려는 것이었다. 다른 하나는 영어과에 들어가서 영어를 배워 서구의 진보된 문화를 흡수하는 것이었다. 결국 그는 서양문명을 배우려면 먼저 영어를 배워야 한다는 생각에서 영어과를 택하였다.[22] 그가 들어간 한성외국어학교는 1895년 교육개혁에 의해 탄생된 근대식 외국어 전문학교였다.[23] 이 외국어학교의 수업연한은 3년이며 12세 이상의 남자를 입학시켜 해당 외국어와 일반 교과를 가르쳤다.

동양의 전통학문에 숙달된 신익희가 영어과를 택한 것은 서양문명을 익히는 첫걸음인 영어를 배우기 위해서였다. 아울러 당시 학생들이 관립외국어학교 중에서 가장 많이 진학한 학교가 영어과였다는 사실도 그의 진로선택에 영향을 미쳤을 것이다.[24] 그때 이미 학생사회에는 "일만 하

---

21) 신익희, 「나의 회고」·「나의 소학생 시절」, 『(증보판) 신익희선생연설집』, 370, 384쪽.
22) 신익희, 「구술 해공자서전」, 『해공 신익희』, 51쪽.
23) 이광린, 「구한말의 관립외국어학교」, 『한국개화사연구』, 일조각, 1969, 150~157쪽.

면 사나 영악해야 살지"라는 유행어가 나돌았을 정도로 일어공부만 해서
는 못살고 영어공부도 같이 해야만 산다는 분위기가 형성되어 있었다.
나아가 외국어학교가 학비를 받지 않고 무료로 영어를 가르쳐주는 학교
라는 점도 가난한 신익희의 구미를 크게 당겼을 것이다.[25]

신익희가 전공한 영어학교는 외국어학교 중에 입학자가 가장 많았다.
그는 영어학교에서 단연 두각을 나타냈다. 그에 의하면, "그때에 영어학
교에는 독본과 문법을 영어로 배우는 것은 물론 역사·지리·대수·기하
같은 것을 모두 영어로 배웠었는데, 소학교 과정도 완전히 마치지 못한
학생에게는 큰 부담이었다. 교관은 대부분 한국인이었으나 영국인들도
있었다. 그 당시 낙후된 우리나라 사람들을 대하는 영국인 교사들은 대
단히 오만하여 학생들을 멸시하였다. … 나는 열심히 공부하여 때로는
평균 98점을 받아서 그런 멸시를 당하지 않았다"고 한다.[26]

영어학교에서 수학하는 동안 신익희는 대략 다섯 가지 점에서 의미
있는 경험을 하였다. 첫째, 독립운동과 정치활동을 수행할 때에 큰 자산
이 되었던 만국공통어 영어를 익힐 수 있었다. 지금도 마찬가지지만 당
시에도 영어는 국제적으로 비중 있는 언어 가운데 하나였다. 독립운동가
나 건국운동가들이 열강이나 국제회의를 상대로 외교활동을 성사시키려
면 능통한 영어실력이 필수적이었다. 따라서 영어에 능한 이들이 많지
않았던 당시의 사회현실에서 신익희의 능통한 영어실력은 주목을 받기
에 충분하였다.

---

24) 외국어학교 영어과 제1회 입학생이자 졸업 후 교사를 지낸 윤태헌은 "융희와 광무
    년간에 조선사회에는 외국 숭배열이 대단하여 외국어학교를 지원하는 청년학도가
    날로 늘어갔다"며 외국어학교의 인기를 증언하였다. 윤태헌, 「나의 모교와 은사」,
    『삼천리』 제4권 제1호, 1932.1, 22쪽.
25) 이희승, 『다시 태어나도 이 길을』, 선영사, 2001, 42~44쪽.
26) 신창현, 「해공일화집」, 『해공 신익희』, 52쪽.

둘째, 다양한 인사들과 인연을 맺었다. 영어학교를 비롯한 외국어학교 동창생들, 기숙하던 집들의 인척들 및 가솔들과 긴밀한 관계를 맺었다. 그 중에는 순종비 윤황후의 오라비인 윤홍섭, 공화당 당의장을 지낸 정구영, 광복군지도자 이범석[27] 등이 유명 인사들도 있었다. 특히, 윤홍섭은 신익희가 어려움에 처할 때마다 수시로 찾아가 술잔을 주고받으며 시름을 풀었던 가장 막역한 친구였다.[28]

셋째, 근대학문을 이수한 우수한 선생들에게 배웠다. 영어학교의 선생으로는 李能和·安鳴濩·尹泰憲·李起龍·영국인 프램튼(R. Frampton, 夫岩敦) 등이 있었다.[29] 이중 이능화는 한학·영어·불어에 능통했을 뿐더러 학생들이 외국인에게 느끼는 열등감을 풀어주어 인기가 높았다. 학생들은 서양인 교사들의 무례에 대해 불만이 많았지만, 동시에 그들로터 외국어와 외국문화에 대해 많은 도움을 받았다. 안명호는 고종의 어진을 그린 安中植의 아들인데 칠판에 그림을 그려가며 학생들의 이해를 도왔다. 미국 유학을 다녀온 이기룡은 자유당의 실력자 李起鵬의 사촌으로 영어실력이 대단하였다. 영어 문법을 가르친 윤태헌은 남다른 민족의식의 소유자로서 신익희의 민족의식 형성에 직접적 영향을 미쳤다.[30]

넷째, 영어학교에서의 체험을 통해 민족의식을 강화하게 되었다. 영국인 교사들이 오만한 태도를 보이며 재주가 떨어지고 학과 공부에 게으른 한국인 학생들을 인간적으로 멸시하는 것을 보고 신익희는 외국인들에게 지지 않기 위해 절치부심의 자세로 공부하였다. 한국의 국권을 강탈

---

27) 신익희가 이범석의 집에서 가정교사 시절에 이범석과 맺은 인연에 대해서는 「나의 교우 반세기」, 『해공 신익희 일대기』, 해공신익희선생기념회, 1984, 92쪽.

28) 신창현, 「해공일화집」, 『해공 신익희』, 245쪽.

29) 이 외에도 한국인 金佑行·鄭一範, 외국인 핼리팩스(T. E. Hallifax, 奚來百士)·허치슨(W. du. Hutchison, 轄治臣) 등이 선생으로 있었다. 이광린, 「구한말의 관립외국어학교」, 『한국개화사연구』, 137쪽.

30) 이희승, 『다시 태어나도 이 길을』, 49~52쪽.

한 일제의 야만적 침략행위와 더불어 외국인 교사들이 벌인 한국인 학대 행위는 신익희에게 강렬한 민족의식을 심어주었다.

다섯째, 영어학교에서 신익희는 자신의 정치노선을 형성하였다. 그는 영국인들과 영어에 능한 한국인들에게 자유민주주의와 자본주의에 바탕한 근대교육을 받았다. 그가 아침저녁으로 암송한 영어교과서 내셔널 리더는 미국 초등학교 어린이들이 배운 미국식의 국가관과 민주주의 가치관이 반영된 책이었다.[31] 나중에 대학시절에 그는 비밀결사운동에 매달렸던 일부 친우들과 달리 사회주의에 무관심한 태도를 보였고, 사회주의에 경도된 학생들로부터 '영국식 젠틀맨'이라는 다소 조롱 섞인 평을 받았다.[32] 또한 두 차례나 미국유학을 가고 싶어 했고, 미국에 가서 한국의 독립을 세계에 호소하려 하였다. 그리고 그는 독립운동기와 건국운동기에 이승만의 독립방략에 따라 친미적 외교노선을 택하였다. 이는 신익희가 외국어학교에서 민주주의와 자본주의에 기반한 근대교육을 받았기 때문으로 보인다.

신익희는 1910년 9월에 외국어학교를 졸업하였다. 이때 그는 경술국치가 초래한 국권상실에 대해 분개심과 저항심을 품고 있던 젊은이들의 행동노선은 두 가지가 있다고 생각했다. 바로 '克世主義'와 '현실론'이 그것이다. 전자는 周時經을 중심으로 "온 세상이 일본말을 배우고 일본화하더라도 우리만은 국문을 연구하고 창명하여 국혼을 고취하였다가 뒷날에 국권을 회복하는데 힘쓴다는 것이니, 이것은 우리 스스로 온 세상을 이기려는 극세주의이다"는 것이었다. 다른 하나는 "우리는 현실을 직시·정시하여야 한다. 우리가 仇敵을 몰아내고 나라를 도로 찾는 데는 부질없이 감상에만 흐르지 말고, 현대로 개화 진보한 일본에 가서 배워

---

31) 이희승, 「자전적 교우기」, 『한 개의 돌이로다』, 휘문출판사, 1971, 24쪽.
32) 유병용 편, 『지운 김철수』, 한국정신문화연구원, 1999, 270쪽.

그 놈을 이기고 일어서야 한다"는 것이었다. 의열투쟁론이나 무력항쟁론과 같은 무장항쟁과는 다른 온건한 두 가지 행동노선 중에서 신익희는 후자의 현실론을 택하였다.[33]

신익희는 일본인보다 더 열심히 공부해야만 나라도 민족도 되찾을 수 있다고 강조한 외국어학교 교사 윤태헌의 가르침을 따랐다. 즉, 그는 국권회복을 위해서는 교육과 식산의 진흥을 통해 힘을 기르는 것이 우선시되어야 한다는 실력양성론을 추구하였다. 이는 일제강점기 신익희의 독립운동의 향배를 좌우하는 것이었다. 이 노선에 따라 신익희는 미국에 유학하여 의학을 전공함으로써 세상을 구제하고 인민을 살리는 길을 밟을 것인가, 아니면 일본에 건너가 정치학을 전공하여 정치인이 됨으로써 治國平天下를 이룰 것인가를 두고 고심을 거듭했다. 그러다가 결국에는 후자를 택하기로 마음을 먹었다. 그는 "큰 일꾼이 되어 잃었던 조국을 도로 찾고 가문도 빛내리라"는 굳은 다짐과 함께 현해탄을 건너갔다.[34]

1911년 9월에 신익희는 나라와 겨레를 위해 배워야 한다는 일념에서 신혼의 단꿈을 떨치고 동경 유학을 결행하였다. 동경에 도착한 신익희는 한국 유학생들이 숙식하는 동경시 神田區 錦町 1정목 19번지에 있는 잠룡관에 거처를 정하였다.[35] 그런 후 대학진학을 위한 준비과정을 가르치는 학교를 골라 입학하였다. 이때 그는 일본에 처음 도착한 한국인 학생들이 많이 다녔던 상급학교 진학을 위한 예비기관인 正則영어학교의 고등수험과에 들어간 것으로 보인다.[36]

신익희는 1912년 여름방학 동안에 일본을 이기려면 일본을 제대로 알아야 한다는 생각에서 각지를 답사하였다.[37] 2달간의 탐색 결과 신익희

---

33) 신익희, 「구술 해공자서전」, 『해공 신익희』, 54~55쪽.
34) 신창현, 『해공신익희선생약전』, 5쪽.
35) 신창현, 「해공일화집」, 『해공 신익희』, 110쪽.
36) 나영균, 『일제시대, 우리 가족은』, 황소자리, 2004, 31~33쪽.

는 일본과 한국이 풍속과 언어에서 유사성이 많다는 점을 알았다. 아울러 일본은 도시의 외형만 우수할 뿐이며 시골의 민도는 오히려 한국이 낫다는 판단을 내렸다. 또한 일본인이 부지런하고 단결을 잘하는 미덕은 있으나 지식수준·경제능력·예의사상·위생관념 등에서 한국이 본받을 만한 것이 없으며, 사납고 독살스럽고 잔인하고 악착스러운 국민성을 가지고 있다고 보았다. 나아가 일본인의 남녀 혼욕의 풍습, 가내에서의 노출 풍조, 동생이 형수를 취하는 풍습 등을 비판하며 윤리와 강상에 어긋나는 일이 많다고 하였다. 결국 그는 한국민이 신학문을 배우고 국가의식과 독립정신으로 무장한다면 '왜놈들'을 훨씬 능가할 수 있다는 확신을 품기에 이르렀다.[38]

신익희는 1913년 3월에 대학시험에 합격하였다. 당시 그는 진학할 학교로서 동경제국대학·경응대학·와세다대학을 두고 고심하였다. 전형적인 일본관리를 양성하는 동경제국대학은 일본인들이 최고로 치는 대학이었다. 그러나 그는 일제의 관리가 되려는 생각이 없었기 때문에 동경제국대학을 우선적으로 제쳐두었다. 그런 다음에 경응대학과 와세다대학을 두고 저울질하다가 경응대학보다 훨씬 자유분방하고 특권의식이나 우월의식이 비교적 적은 학풍을 지닌 와세다대학을 택하였다.[39] 그가 학풍이 자유로운 와세다대학을 택한 것은 일제통감부의 지도를 받은 관립학교임에도 불구하고 외국인 선생들과 외국사정에 밝은 한국인 선생들의 가르침을 받았기 때문일 것이다.

1913년 4월에 신익희는 와세다대학 고등 예과에 입각하여 열심히 공부하였다. 그해 여름과 겨울 방학 때에는 귀향하지 않고 일본에 머물며 학습과 견문을 넓히는 기회로 삼았다. 그 결과 2학년 진급시험에서 우수

---

37) 신창현, 「해공일화집」, 『해공 신익희』, 296쪽.
38) 신창현, 「해공일화집」, 『해공 신익희』, 112~113쪽.
39) 신창현, 「해공일화집」, 『해공 신익희』, 111쪽.

한 성적을 거둘 정도로 학업에 큰 진전을 이룩하였다.[40] 당시 와세다대학 총장은 성적이 불량한 일본 학생들을 모아놓고 통탄하는 어조로 환경과 여건이 불리한 조선인 신익희가 월등한 성적을 올린 것을 적극 본받으라는 훈시를 하기도 하였다.[41] 이처럼 신익희는 와세다대학 시절 전반기에는 대단히 열심히 공부하여 능력과 실력을 인정받았다. 이후 그는 1914년 7월 고등 예과를 수료하고 10월에 정치경제학과에 입학하여 1917년 5월에 졸업하였다.[42]

신익희는 고학년 때에 독립운동에 치중하느라 학업에 전념치 못하였다. 마지막 학년 1학기 때에는 1시간도 출석하지 못했을 정도로 학업을 중단하고 독립운동에 매달렸다. 졸업시험을 앞두고 일본의 휴양지 熱海로 가서 3주 동안 여관방이 칩거하며 공부한 끝에 겨우 졸업할 수 있었다.[43] 나중에 그는 최두선·현상윤·장덕수 등이 우수한 성적으로 기염을 토할 때에 자신은 민족운동을 하느라 졸업 학년의 성적이 신통치 못했다고 술회하였다.[44]

와세다대학에서의 대학교육은 신익희에게 학문의 엄정함과 인생의 겸손함과 진리의 중요함을 깨닫게 하였다. 그가 서울의 외국어학교에서 배운 교육은 영어 위주의 기초적인 실용지식이었다. 다시 말해 신익희는 와세다대학에서 처음으로 근대 학문의 정수를 제대로 맛보았다. 나아가 그는 학문을 통하여 자신과 세계를 성찰할 수 있는 값진 기회를 얻었다. 그는 해방 후에 대학시절을 회고하면서 자신이 3단계에 걸쳐 변환과정을

---

40) 변봉현, 「유학생의 성적을 드러 부형의게 고하노라」, 『학지광』 10, 1916.9, 7쪽.
41) 신창현, 「해공일화집」, 『해공 신익희』, 111~112쪽.
42) 와세다대학 교무부, 「조사결과보고서」, 박기환 박사 소장본. 신익희의 지기 윤홍섭은 1912년 3월 고등예과에 입학하여 1913년 10월 정치경제학과를 입학하고 1916년 7월에 졸업하였다.
43) 신창현, 「해공일화집」, 『해공 신익희』, 133~134쪽.
44) 신익희, 「구술 해공자서전」, 『해공 신익희』, 56~57쪽.

거쳤음을 토로하였다.

처음에 신익희는 대다수 청년지식층이 선망하는 대학생이라는 사실에 긍지와 자부심을 가졌다. 사실 그의 긍지와 자부심은 이미 한국에서 다른 학생들을 앞서가며 형성된 것이었다. 그러나 그는 일본에서 학문에 대한 이해가 깊어져 학문의 광대함과 진리의 가변성과 불가지론을 깨닫게 되면서 이전의 우월감에서 벗어나 겸손함을 깨우치는 단계로 접어들었다. 이를 보면 그가 대학 고학년 때에 독립운동에 매진하느라 학업을 등한시했지만 대학생활의 궁극의 목표인 진리추구에 가까이 다가가고 있었음을 알 수가 있다.[45]

신익희는 중국대륙의 혁명문제에 대해서도 관심을 보였다. 이는 중국의 혁명문제가 한국의 독립문제와 긴밀한 연관이 있다고 판단했기 때문이다. 그는 1917년 여름 이후에 귀국할 때 일본 당국이 금서로 정하여 한국인의 열람을 엄히 금한 『繡像神州光復志演義』란 책을 트렁크에 넣어 가지고 왔다. 이 책은 신해혁명 다음해인 1912년 상해에서 발행된 것인데, 중화민국이 청나라로부터 국권을 되찾는 과정을 소설체로 지은 것이다. 이 책은 상하 16책의 거질이라서 당시로서는 거액을 지불해야만 구입할 수 있었다.[46] 따라서 신익희가 대학시절 독립운동의 방향을 모색하면서 혁명에 관계되는 서적들을 광범위하게 읽었음을 알 수 있다.

신익희는 와세다대학에서 우수한 인재들과 교유하였다. 당시 와세다대에는 졸업 후 한국에 돌아와 신문화운동을 주도한 젊은 명망가들이 운집해 있었다. 이들은 安在鴻·金性洙·玄相允·尹顯振·白南薰·崔八容·윤홍섭·張德秀·崔斗善·金良洙·梁源模·李顯奎·盧炳瑞·金榮洙·金興濟·李光洙·宋繼白 등이었다. 이들은 거의 대부분 1891~1896년 사이에 태어

---

45) 신익희, 「나의 대학시절」, 『(증보판) 해공신익희선생연설집』, 9쪽.
46) 신창현, 「해공일화집」, 『해공 신익희』, 137~140쪽.

났는데, 이중 신익희·장덕수·최두선 3인은 1894년생이었다. 이외에도 그는 명치대와 경응대를 다녔던 宋鎭禹·鄭世胤·金炳魯·羅景錫 등 많은 인사들과 교유하였다. 나중에 신익희가 민족운동과 건국운동을 벌여나갈 때에 이들은 주요한 협력세력이 되었다.

신익희가 와세다대에서 교유한 인사들 중에 가장 관계가 각별했던 이들은 정경학부를 같이 다닌 윤홍섭과 장덕수였다. 윤홍섭은 관립외국어학교와 와세다대학을 같이 다닌 그야말로 평생지기였다. 장덕수는 와세다대학에서 만나 의기를 통한 친구이자 같이 고학하며 학비를 벌었던 기억을 공유하고 있었다. 와세다대학을 다닌 황해도 출신의 白南薰이 동향 출신의 거부이자 와세다대학 졸업생인 金鴻亮에게서 학자금을 받았던 것처럼, 신익희는 윤홍섭으로부터, 장덕수는 김성수와 윤홍섭으로부터 학비를 보조받았다. 국가와 민족의 장래를 위해 개인의 사유자산을 주고받았던 이들 3인은 대학시절에 "함께 피를 나누어 마시며 나라를 위하여 목숨을 바치기로 결심한" 절친한 사이였다.[47]

먼저, 해풍부원군 尹澤榮의 큰아들인 윤홍섭은 신익희가 일본에 유학할 때에 상당한 액수의 학비를 보조해준 인물이었다.[48] 그는 1918년 6월 월슨의 민족자결주의가 발표된 후에는 신익희·나경석 등과 비밀리에 독립운동을 모의하였다. 3·1운동 직전에는 崔南善의 부탁을 받고 尹用求에게 독립운동에의 참여를 권유했다가 체포되어 취조를 받았다.[49] 또한 그는 신익희가 중국에 망명할 때에 순종비 윤황후로부터 10만원을 얻어

---

47) 신창현, 「해공일화집」, 『해공 신익희』, 57쪽 ; 신익희, 「고 설산 장덕수동지 영전에 고함」, 『(증보판) 해공신익희선생연설집』, 93쪽.
48) 신익희가 서울에서 관립외국어학교를 다닐 때와 달리 일본에서 와세다대학을 다닐 때에 재정적 곤란을 피력한 글을 전혀 남기지 않은 것을 보면 윤홍섭의 지원이 적지 않았음을 알 수 있다.
49) 『한국독립운동사자료집』 11, 「윤홍섭 신문조서(1)」, 국사편찬위원회, 1900, 258~259쪽.

다가 신익희에게 주어 상해임시정부 설립자금에 보태도록 하였다.[50] 윤홍섭은 미국유학을 마친 후에 귀국하여 반일활동동을 하다가 해방 후에 한민당에 관여하였다. 신익희는 정치활동으로 심신이 고달플 때마다 윤홍섭을 찾아가 술잔을 기울이곤 하였다.

장덕수는 일본유학생 가운데 독립성향과 정치성향이 가장 강한 편에 속했다. 신익희와 장덕수는 와세다대학 정경학부, 학우회, 『학지광』, 조선학회에서 활동하는 동안 바늘에 실 가듯이 같이 움직였다. 그러는 사이에 양인은 함께 고향을 그리며 달을 바라보고, 함께 비분강개하며 국사를 통렬히 논하고, 함께 독립운동에 일신을 바칠 것을 맹세하였다. 그처럼 막역한 우정을 나누었던 사이였기 때문에 신익희는 자기와 마음을 같이 하고 뜻을 같이 하는 친구가 바로 장덕수라고 말했던 것이다.[51] 양인은 와세다대학을 졸업하고 1919년 11월경 3·1운동 모의단계 때 서울에서 잠시 만나 심회를 교환한 다음에는 같이 활동한 적이 없다. 그러나 두 사람은 상대방이 민족과 국가에 대한 순결한 헌신성을 지닌 애국자라는 점을 추호도 의심치 않았다.[52]

Ⅲ. 국내외에서의 민족운동 가담양상

1. 학우회 활동과 비밀결사 조선학회 조직

신익희는 대학시절에 다각도로 민족운동을 펼쳤다. 그가 일본에서 전

---

50) 신창현, 「해공일화집」, 『해공 신익희』, 258~259쪽.
51) 신익희는 1917년 1월 와세다대학 정경학부를 졸업하였다. 당시 신익희는 최두선·백남훈·이현규·김양수·노병서·김영수 등과 함께 졸업기념 사진을 찍었다.
52) 신익희, 「고 설산 장덕수동지 영전에 고함」, 『(증보판) 해공신익희선생연설집』, 93쪽.

개한 민족운동은 ① 국권회복운동의 전위대를 양성하기 위한 학우회의
조직·운영, ② 학우회 기관지 『學之光』 발간을 통한 민족의식 고취 활
동, ③ 한국문제를 연구하기 위한 비밀단체의 결성과 운영 등이었다. 이
러한 활동들은 신익희가 일본에서 학업을 희생하면서까지 이루려고 고
심했던 것들이었다. 이제 신익희가 일본에서 벌인 민족운동을 차례대로
살펴보겠다.

첫째, 신익희는 국권회복운동의 전위대를 양성하고자 학우회를 조직·
운영하였다. 학우회 조직과 운영은 『학지광』 발간 활동과 함께 3·1운동
이전에 신익희가 가장 정력을 쏟은 활동이었다. 그는 대학에서 선진문물
과 세계사조를 배우고 연구하는 시간보다도 학우회를 운영하고 『학지광』
을 발간하는 데에 더 많은 시간을 보냈다. 따라서 학우회의 조직과 운영,
『학지광』의 발간 활동은 대학시절 신익희의 민족운동을 대표할 만하다.

자서전과 주변인들의 증언에 의하면, 동경에 도착하자마자 신익희는
한편으로 대학진학에 필요한 일본어를 배우고 다른 한편으로 유학생 사
회를 통합하는 문제에 관심을 기울렸다. 되풀이해서 술회한 것처럼, 그가
한국인 유학생들을 결속시키려는 근본동기는 국권회복운동의 전위를 확
보하기 위한 것이었다.[53] 따라서 일부 학생들의 경우에 친목을 위해 유
학생 단체를 조직했을 수도 있겠으나, 적어도 신익희의 경우에는 일본유
학 동기는 말할 것도 없고 유학생 규합 활동의 동기도 철저히 민족적인
의도를 강하게 지니고 있었다.

당시 한국인 학생들의 동태를 기술한 일제측의 기록에는 학우회가 와
세다대학의 安在鴻, 명치대학의 崔漢基·徐慶默 3인의 주동으로 조직되
었다고 되어 있다.[54] 그런데 자서전에서 신익희는 "(나는) 고하 송진우,

---

53) 신익희, 「구술 해공자서전」, 『해공 신익희』, 56쪽.
54) 국사편찬위원회 편, 『일제침략하 韓國36년사』 1, 1966, 798쪽.

민세 안재홍, 호암 문일평 그리고 정세윤 등과 상의하여 학생운동의 통일단체로 학우회를 결성하였다"고 하였다.[55] 또 그는 "국권회복운동에 필요한 전위를 양성하기 위해 유학생들을 결속시켜 보려고 노력했다" "항상 총무와 평의회의장 또는 회장에 선출되어 실무를 주관했다"고 하였다.[56] 이런 기록들로 미루어 안재홍 주도로 설립·운영된 학우회에서 신익희는 『학지광』의 발행을 책임진 1914년 4월경부터 학우회의 주요 임원을 맡았음을 알 수 있다.

신익희는 1916년 9월에 학우회 회장에 올랐다. 그는 정세윤·朴海暾·盧實根에 이어서 학우회의 제4대 회장이었다.[57] 그러나 그는 학우회가 중앙총회제도를 채택한 이후에 회장에 올랐기 때문에 실질적인 의미에서 통합된 학우회의 초대회장이었던 셈이다. 이때 총무 윤현진, 재정부장 盧翼根, 지육부장 車南鎭, 간사부장 金明植, 평의원의장 金孝錫 등이었고 장덕수·金榮洙·백남훈 등이 평의원이었다.[58]

학우회는 회원 상호간의 친목도모를 중시하였다. 회원들의 지·덕·체 발달, 학술 연구, 의사소통의 원활함을 기할 것을 우선적인 목표로 내걸었다. 또 명사 연설회, 졸업생 환송회, 신입생 환영회, 운동회, 春令會, 망년회 등을 개최하였고, 단체의 기관지로서 『학지광』을 발간하였다. 아울러 웅변대회를 열어 한국 청년들에게 정열을 발산할 기회를 주기도 하였다. 그러나 학우회는 단순한 친목단체만은 아니었다. 학우회 주최의 모임에서 민족사상을 고취하고 국권회복을 위한 방략들이 깊이 있게 논의되었기 때문이었다.

식민통치로 고통받던 한국의 청년지식인들은 일본을 배워 일본을 이

---

55) 신익희, 「구술 해공자서전」, 『해공 신익희』, 56쪽.
56) 신익희, 「구술 해공자서전」, 『해공 신익희』, 56쪽.
57) 『독립운동사:학생독립운동사』 9, 117쪽.
58) 『학지광』 10, 「우리 소식」, 1916.9, 58쪽.

기겠다는 의도에서 도일하였다. 그렇기 때문에 일본에서 한국 청년들이
단체를 조직할 경우 그 단체는 자연스럽게 민족적 색채를 띠기 마련이었
다. 학우회도 겉으로는 유학생 상호간의 친목과 민중 계몽을 표방했으나
속으로는 강렬한 민족의식과 독립의식의 결집체였다. 학우회의 주요 인사
인 신익희같은 이들의 발언을 보면, 그들이 항일운동의 일환으로서 학우
회를 조직·운영했음을 알 수 있다. 이런 흐름은 민족독립에 대한 국제적
인 전망이 대두하자 2·8독립선언과 같은 만세운동으로 나타났던 것이다.

둘째, 신익희는 학우회 기관지인 『학지광』의 편집겸발행인을 지냈다.
그가 발간을 주도한 『학지광』은 학우회 회원들에게 그들의 연구성과를
발표할 기회를 부여하고 경험을 쌓게 하는 한편, 회원 상호간에 연구를
장려하고 참고 자료로 삼도록 하려는 목적에서 창간되었다. 당시 『학지
광』의 간행에 관계했던 백남훈은 "당시 편집에 관계한 학생은 다수여서
일일이 헤아릴 수 없으나 나의 기억에 있는 이름들을 소개하면, 김병로·
신익희·이광수·최두선·장덕수·현상윤·진학문·崔承萬 등 제씨가 있었
다"고 증언하였다.

『학지광』의 초대 편집겸발행인은 김병로가 맡았던 것으로 보인다. 신
익희는 1914년 12월에 발행된 『학지광』 제3호와 1915년 2월 발간된 제4
호의 편집겸발행인을 역임하였음이 확인된다. 이어 1915년 5월 발간된
제5호의 편집겸발행인은 장덕수였다. 신익희는 학우회 제4대 임원진 명
단에서 편집부장 장덕수 밑에서 현상윤·최두선과 함께 편집부원을 맡고
있었다.[59] 이는 그가 다른 독립운동에 몰두하기 위해 편집겸발행인의 자
리를 장덕수에게 넘겼기 때문이라고 한다.

신익희는 자신의 독립운동과 일제시대 잡지와의 관계를 다음과 같이
말하였다. "학우회에서 기관지로 『학지광』이라는 잡지를 발행하여 민족

59) 『학지광』 제3호, 1914.12, 55쪽 ; 제5호, 1915.5, 185쪽.

정신을 고취하는 동시에, 당시 미국에 가서 독립운동을 하는 李承晩 박사가 발행하는 '한국태평양'이라는 잡지를 밀수입하여 유학생 모두에게 돌려가며 보게도 했다."[60] 여기에서 주목할 사실은 신익희가 동경유학생들의 민족정신 고취를 위해 『학지광』을 발간했다는 점과, 이승만이 하와이에서 1914년에 창간한 『태평양잡지』를 밀수입하여 동경유학생들에게 읽게 함으로써 그들로 하여금 이승만에 대한 호의적 이미지를 가지게 했다는 사실이다.

일제의 반입금지망을 뚫고 여러 경로를 통해 한국으로 들어온 『학지광』은 국내의 신지식층에게 큰 영향을 미쳤다. 언론과 출판의 자유가 크게 억압당하고 있던 한국 내에서 최남선이 발간한 『靑春』에는 신지식층들의 정치사회적 견해가 거의 실릴 수 없었다. 이에 비해 『학지광』의 경우에는 일본에서 출판되고 있었기 때문에 어느 정도 언론의 자유를 누릴 수 있었고, 따라서 신지식층의 정치사회적 견해가 보다 많이 반영되어 있었다.[61] 『학지광』에는 세계사조에 대한 개괄적 논설, 일본유학생들의 시대인식과 연구경향 등을 알 수 있는 글들이 많이 실렸기 때문이었다. 따라서 『학지광』의 책임자를 맡았던 신익희는 한국인의 신문화운동과 민족의식 형성에 간접적으로 기여한 셈이다.

셋째, 신익희는 조선의 역사와 문화의 우수성을 고양하기 위해 조선학회의 결성을 주도하였다. 『학지광』 제10호 「우리 소식」란에는 "유학생 중 유지자가 1916년 1월에 조선학회를 조직했는데, 그 목적은 신학문의 빛으로 조선사정을 연구함이더라. 벌써 세 번 강단을 베풀어 이광수·노익근 양군은 농촌문제에 관하야 장덕수군은 식민에 관하야 연구를 발표하얏다더라"라는 기사가 실려있다.[62] 이를 보면, 조선학회는 동경유학

---

60) 신익희, 「구술 해공자서전」, 『해공 신익희』, 56쪽.
61) 박찬승, 『한국근대 정치사상사연구』, 역사비평사, 1992, 111·117쪽.
62) 『학지광』 10, 1916.5, 58쪽.

생 중에 소수 인사들이 신학문을 토대로 조선사정을 연구하기 위해 1916
년 1월에 공식 설립한 단체임을 알 수 있다.

조선학회의 활동에 대해 동경유학생 黃錫禹은 "학우회 일반 학생의
사상경향은 갈수록 건실해젓다. 그 과거의 浮虛한 기풍은 일소되고 참으
로 무엇을 알려는 연구적 기운이 무르녹아갓다. 彼 각 부문의 과학적 진
리에 입각하야 조선민족의 소생방침 그 지도방침을 학적으로 연구하려
는 조선학회가 이러난 것도 이 기운의 영향에 의한 자이엿다. 그 모임은
早大 재학생을 중심으로 하여 이러낫든 자이다. 신익희·백남훈·鄭魯湜
등이 그 중견인물이엿다."63) 이를 보면 조선학회는 와세다대학의 소수
재학생들을 중심으로 한국 민족의 소생방침을 과학적 진리에 입각하여
연구할 것을 목표로 설립된 담체임을 알 수 있다.

조선학회는 설립이래 꾸준히 조선문제를 가지고 보고회와 강연회를
개최하였다. 1916년 상반기에는 유학생 사회에 정치경제나 법률보다는
신업문제에 치중하는 분위기가 형성되어 있었다.64) 이때 이광수·노익근
은 농촌문제를 가지고 강연회를 열었고, 장덕수는 식민지 문제를 가지고
연구발표회를 열었다. 또한 졸업 관문을 힘겹게 통과하고 아직 귀국하지
않은 신익희가 1917년 6월 23일에 조선기독교청년회관에서 개최된 통상
모임에서 '조선고래의 외교에 대하야' 라는 주제로 강연을 하였다. 田榮
澤은 1917년 10월 30일에 역시 같은 장소에서 '조선기독교에 대하야' 라
는 주제로 강연을 하였다. 1918년 11월 16일에 노익근이 민족자경을 역
설하는 강연을 하였고, 현상윤은 1918년 12월 22일 '조선인으로 본 구주
대전' 이라는 주제로 보고 강연을 하였다.65) 이처럼 조선학회는 한국의

---

63) 황석우, 「동경유학생과 그 활약」, 『삼천리』 제5권 제1호, 1933.1.
64) 변봉현, 「유학생의 성적을 드러 부형의게 고하노라」, 『학지광』 10, 1916.9, 8쪽.
65) 『학지광』 13, 1917.7, 84쪽 ; 제14호, 1917.12, 76쪽 ; 제15호, 1918.3, 82쪽 ;
    『독립운동사:학생독립운동사』 9, 124쪽.

역사와 민족문제 및 사회문제를 과학적으로 연구함으로써 민족정신을 고취하고자 노력하였다.

그런데 일제측은 조선학회의 성격과 설립시기에 대해 『학지광』이나 『삼천리』의 내용과 다르게 보았다. 일제의 한국유학생 동향시찰 보고서 에는 "1915년 11월 10일에 동경에서 유학생 이광수·신익희·장덕수 등의 발기와 활약으로 조선학회가 조직되었다. 조선학회의 표면상 목적은 한 국에 관한 일반 학술의 연구였으나 독립 운동을 위한 비밀결사로서 별도 의 사무실을 두지 않았고 회원 자격은 회원 2인 이상의 보증이 있어야 되었다"66) "조선학회는 1916년 1월 29일 제1회 총회를 동경 조선기독교 청년회관에서 개최하고 규칙의 의정 및 역원(役員)을 선거하였다"고 하 였다.67) 이를 보면 조선학회가 공식 출범한 것은 1916년 1월 29일이지 만, 이미 1915년 11월 10일경에 비밀리에 설립되었던 것이다. 또한 조선 학회는 겉으로는 조선사정을 연구하는 학술단체를 표방했지만, 속으로는 독립운동을 위한 비밀결사였음을 알 수 있다.68)

조선학회의 비밀결사적인 성격에 대해 신익희의 와세다대학 동창이 자 1915년에 비밀결사를 구성했다고 하는 金綴洙의 구술담은 시사하는 바가 크다. 그는 "내가 맨 처음에 비밀결사한 것이 일본 동경에서 공부할 때(1915년, 23세)에 윤현진·정노식·장덕수·김효석·金喆壽·金翼之 등 친 구들과 정치결사이었다. 도원결의같은 모임이었지만 엄숙하였든 것이었 었다. 다마천(川)에 나가서 함께 목욕도 하고 손가락을 베어 피를 합하여 [裂指合血] 돌랴 마시고 장래 사방으로 흐터저서 호상 연락 不休히 독립

---

66) 국사편찬위원회 편, 『일제침략하 한국36년사』 3, 1963, 184쪽 ; 『독립운동사:학생 독립운동사』 9, 119쪽.
67) 국사편찬위원회 편, 『일제침략하 한국36년사』 3, 1968, 347쪽.
68) 신익희도 일제측의 주장과 같이 "조선학회가 명칭만 학회지 일종의 독립운동 단체 였다"고 하였다. 신익희, 「구술 해공자서전」, 『해공 신익희』, 57쪽.

운동을 하자는 것이었다"고 회고하였다.[69] 또한 『독립운동사자료집』에
는 "와세다대학생 신익희 외 7명, 명치대학생 金良洙·장덕수·崔斗善 등
의 발의로 조선학회가 조직되었다. 1918년 1월 17일에 간부를 개선했는
데, 간사 金喆壽, 박남훈·전영택·김도연 등이었다"고 하였다.[70]

김철수의 회고담에 나오는 비밀결사 회원들이 『학지광』·『삼천리』 및
기타 자료에는 조선학회 회원들로 나온다. 또 여러 자료에 조선학회 회
원으로 나오는 학생들의 대부분은 신익희가 1916년 가을 학우회 회장을
지낼 때에 임원을 맡았던 이들이었다. 김철수에 의하면, 이들은 온천장에
가서 손가락을 베어 피를 모아 한데 섞어 마시며 모임을 갖기도 했다.
이는 신익희가 "윤홍섭과 더불어 몇 사람의 청년 유학생이 함께 피를 나
누어 마시며 나라를 위하여 목숨을 바치기로 맹세했었다"는 기록과 일치
한다. 따라서 김철수가 조직한 비밀결사는 신익희·장덕수가 주도했던 조
선학회임이 분명하다.

김철수와 신익희는 모두 자기와 친한 이들만을 조선학회의 회원으로
거명하였다. 김철수는 자신과 신익희의 차이점에 대해 "그는 학생 때 부
텀은 영국 잰들만 식이여. 그래서 우리하고는 잘 섞이지덜 못허고 그렇
게 지냈지만. 사람이 체중이 있고 재주 있고, 뭐 또 일 생각허는 점은 있
다는 거를 인정하고. 그래 만경 정노식이, 안재홍이, 나 이렇게는 좀 서민
적이고, 평민적, 활발하게 나가고, 거그는 잰틀만 식으로 나가고" 라고
말했다. 아울러 나중에 양인이 일제시대에 상해에서 그리고 해방 후에
서울에서 다시 만났을 때에 신익희가 김철수에게 공산주의운동을 그만
두라고 말했다고 한다.[71] 이를 보면 김철수의 비밀결사 관련 회고담에서
신익희가 빠진 것은 양인의 사상적 경향이 달랐기 때문일 것이다.

69) 유병용 편, 『지운 김철수』, 7, 195쪽.
70) 『독립운동사자료집』 13, 독립운동사편찬위원회, 1977, 31쪽.
71) 유병용 편, 『지운 김철수』, 270~271쪽.

와세다대학 학생들이 주류세력을 형성한 조선학회에는 신익희·장덕수·이광수·윤현진·윤홍섭·백남훈·최두선·노익근·김양수·정노식·전영택·현상윤·金度演·김익지·金道寅·金鐵洙·金喆壽 등이 참여하였다. 따라서 조선학회는 신익희로 대표되는 우익성향의 유학생들과 김철수로 대표되는 좌익성향의 유학생들의 연합체로 파악된다. 이때 양자를 묶어주는 매개체는 좌우파로부터 모두 신뢰를 받은 장덕수로 보인다. 이와 관련하여 "신익희·장덕수·이광수 등이 조선학회를 결성하였고, 김철수·백남훈·전영택·김도연 등이 간부로 활약했다"고 하는 『와세다의 한국인』의 내용은 조선학회의 내부구성을 이해함에 있어 크게 도움이 된다.[72] 하여튼 조선학회에 가담한 인사들이 국내외에서 점진적 실력양성운동과 열강 상대의 청원외교운동과 공산주의운동에서 주요 역할을 수행했고, 또 3·1운동의 전주곡인 2·8독립선언을 동경에서 주도했다는 것은 특기할 만한 사실이다.

2. 항일의병운동의 모색

신익희는 국내의 항일세력과 연대를 통한 항일운동을 모색하기도 하였다. 그는 일본에서 학우회 운영, 『학지광』 발간, 조선학회 조직 등을 통해 민족운동을 벌였다. 즉, 공개적인 상태에서 비밀리에 독립운동을 벌이느라 많은 시간과 정력을 쏟았다. 또한 방학을 이용해 귀국할 때면 국내에서 민족운동의 기반을 마련하고자 나름대로 힘썼다. 그는 대학시절을 회고하면서 "학업보다는 독립운동에 더 많은 시간을 쓰고 졸업 학년 1학기는 전학기를 통해서 한 시간도 학교에 출석 못한 일이 있었다"고 말했을 정도로 민족운동에 열성적이었다.[73]

72) 조도전대학 한국유학생회 편, 『와세다의 한국인』, 52쪽.

신익희가 졸업학년 1학기에 한 시간도 학교에 나가지 못한 것은 비밀리에 한국으로 돌아와서 의병운동을 모색하느라 시간을 보냈기 때문이었다. 그는 일본에서 대학을 다니며 민족운동을 벌이는 중에도 한국내의 의병세력과 함께 항일전쟁을 전개하여 빼앗긴 나라를 되찾겠다는 의사를 견지했던 것으로 보인다. 그렇기 때문에 향후 의병운동이 벌여졌을 때에 필요한 지지세력을 전국 각지에 심어두기 위해 나름대로 은밀한 행보를 전개하였다.

신익희는 1914년 여름방학 때에 동경고등공업학교를 갓 졸업한 羅景錫과 축구단을 조직해서 전국을 순회하였다. 그가 축구단을 조직한 것은 독립운동의 동지를 규합하기 위해서였다. 축구단을 이끌고 다니는 동안 신익희는 국제정세와 국내정세를 인민들에게 들려주는데 힘썼다. 이는 한편으로 일본 관헌의 눈을 피하고, 다른 한편으로 독립운동에 가담할 핵심세력을 양성하려는 원대한 구상에 따른 것이었다. 그리하여 경남 양산의 윤현진, 평안도의 李裕弼, 함경도의 姜泰東, 경북의 李相定 등 상해 임시정부 시대의 쟁쟁한 인물들이 이때 신익희와 뜻을 같이하게 되었다고 한다.[74]

신익희의 축구단은 부여에 들러서 축구 시합한 일도 있었다. 이때 축구단의 운영비는 집안이 부유한 나경석이 제공했을 것이다.[75] 신익희와 나경석은 10여 명의 선수들과 같이 부여에서 4, 5일을 묵으며 시합도 하고 구경도 하였다. 백마강, 낙화암, 고란사, 그리고 백마강 건너 임천면의

---

73) 신익희, 「구술 해공자서전」, 『해공 신익희』, 57쪽.
74) 신창현, 『해공신익희선생약전』, 5~6쪽.
75) 나경석의 부친 羅基貞은 용인군수와 시흥군수를 지낸 개화관료로서 수원에서는 손꼽히는 부자였다. 일본 동경 미술학과를 나와 우리나라 최초의 여류화가로서 명성을 날린 羅蕙錫은 나경석의 여동생이다. 나경석, 『公民文集』, 「연보」, 정우사, 1980, 260~263쪽.

聖興山城을 답사하였다. 이처럼 신익희가 부여지역을 샅샅이 돌아다닌 것은 나중에 의병을 일으켜 일본군과 대치했을 때를 예상하여 지형과 지물을 사전에 답사하기 위함이었다.[76] 그런데 그가 의병운동 장소로서 부여를 주목한 것은 자신이 이미 1913년 여름방학 때에 한국에 들렀을 때에 와세다대학 동창생 秦學文과 함께 2박 3일 동안 부여일대를 돌아본 경험이 있었기 때문이었다.

4학년 제1학기 때에 신익희는 비밀리에 한국으로 들어왔다. 수많은 의병장과 의병들이 처형을 당하는 것에 분개하여 직접 의병운동을 벌이기로 결심했던 것이다. 그는 계룡산 신도안의 박노천이라는 인물을 찾아가 방술과 차력과 신력의 신통함을 배워 일본군을 물리치고 국권을 회복하려 하였다. 또 의병을 양성하여 구국결사대를 이끌고 일제와 대항할 심산에서 신도안 일대의 지형을 세세히 살펴보았다. 이러한 활동상은 신익희를 장기간 가까이에서 모셨던 종손자 신창현이 신익희에게 구술 받은 기록에 나온다.

이 무렵 국내에서는 각 지방에서 활약하던 그 수효를 일일이 셀 수 없을 만큼 많은 수의 의병 및 의병장들이 일본헌병대에 붙들려 총살형에 집행됨을 통탄한 나머지 해공은 동경을 떠나 한국에 몰래 숨어 들어와서 이와 비슷한 술객을 찾아가 본 적이 있었다. 계룡산 속의 신도안으로 들어가서 海峯 朴魯千이라는 분에게서 도가의 방술을 배우고 차력약으로 백동가루와 무쇠가루에 한약을 섞어서 먹어 차력의 기운을 얻고 신력의 신통력을 빌어서 의병을 일으켜 왜놈과 대항하여 국권회복을 꾀하여야 하겠다는 생각에서 실천에 옮긴 것인데 이로 말미암아 한 학기를 고스란히 결석하게 되었다. 대학생의 몸으로 학문에만 정진하여 졸업을 하고 사회에 진출하여 크게 이름을 드날리는 일이 결코 중요하게 여겨지지 않았다. 학창에 있으면서 학업 도중 신도안 일대의 지형답사를 일일이 하는 가운데 의병을 양성하여 구국결사대를 이끌어 나가

---

76) 신창현, 「해공일화집」, 『해공 신익희』, 297쪽.

려던 구상은 청년 해공이 품은 대업이 아닐 수 없었다. 입신양명보다 의 병대장으로 왜놈의 강제 점거로 나라가 없어진 마당에 국권회복부터 획책해 본 그 웅대한 구상에 놀라지 않을 수 없다.[77)

위의 기록에서 두 가지를 주목할 수 있다. 하나는 신익희가 방술과 차력과 신력의 신통함을 배워 일본군을 대적할 힘을 얻으려고 했다는 것이요, 다른 하나는 신익희에게 도가의 방술을 가르쳤다는 박노천이라는 인물의 실존 여부이다. 일견해서 믿기 어려운 두 가지 문제는 허위가 아니라 모두 사실이었다.

일본에서 근대학문의 세례를 받은 신익희가 과학적으로 검증이 어려운 방술과 차력과 심력의 힘으로 일본군을 물리치려 했다는 내용은 신빙성이 없는 것처럼 보인다. 그러나 나중에 신익희와 긴밀한 관계를 맺었던 김병로의 경우에도 신익희와 동일한 과정을 거쳤음이 주목된다. 1910년 이전에 김병로도 의병운동의 성공을 위해 술수와 신통력을 익히느라 반 년간 갖은 노력을 경주한 적이 있었다.[78) 따라서 신익희가 박노천을 찾아가 방술을 배우고 차력과 신력의 신통함을 얻기 위해 한 학기나 보냈다는 기록은 사실로 보인다. 차력과 신통력의 힘으로 일제를 물리치려 했을 만큼 신익희의 독립의지는 강렬한 것이었다.

신익희가 찾아간 박노천이라는 인물은 신창현의 『해공 신익희』에는 '朴魯千'으로 나온다. 그런데 이는 한말 의병운동 때에 중요한 역할을 수행한 '朴魯天'의 이름을 잘못 기록한 것으로 보인다. 신익희가 박노천을 찾아가서 술수를 배운 후에 박노천의 은거지인 계룡산에서 가까운 공주 일대에서 의병운동을 전개하려 했다는 것은 박노천이 의병운동과 모종

---

77) 신창현, 「해공일화집」, 『해공 신익희』, 133쪽.
78) 김진배, 「수상 단편」, 『가인 김병로』, 가인기념회, 1983, 239~241·248~249쪽 ; 김학준, 『가인 김병로 평전』, 민음사, 1988, 32~33쪽.

의 연관이 있는 인물임을 시사해 주고 있다.

한말 의병운동 당시 박노천은 전국적 의병조직인 13도창의대진소의 군사장 許蔿의 측근이었다. 허위의 지시에 따라 그는 대한제국이 일제에게 강탈당한 국권과 이권을 되찾아 회복할 것을 천명함과 동시에, 일제가 한국에서 철거해야만 하는 당위성을 적시한 30개조의 요구조건을 통감부에 전달했다.[79] 또 그는 3·1운동 후 한성정부 재무차장에 오른 韓南洙와 함께 1907년 3월 고종의 밀지를 가지고 춘천에 가서 유인석에게 창의를 권하였다. 한말 의병운동의 상징적 존재인 유인석은 러일전쟁 이후 자정론과 창의론을 넘나들며 거의를 주저하다가 박노천과 한남수로부터 밀지를 받은 후에 의병운동의 전면에 나섰다.[80] 이처럼 박노천은 한말 의병운동 당시 이면에서 중요한 역할을 수행한 인물이었다.

요컨대 신익희가 계룡산으로 박노천을 찾아가 술수를 배우려고 많은 시일을 보냈다는 것은 박노천의 지도하에 의병운동을 벌이기 위함이었다. 다만 양인의 창의노력은 지지세력의 미약함으로 말미암아 구체적인 성과를 올리지 못했던 것으로 보인다.

3. 광동강숙·중동학교·보성전문에서의 교육활동

신익희는 일본 유학 중에 방학이 되면 한국에 돌아와 다양한 활동을 벌였다. 그러한 대표적인 활동으로는 ① 廣東講塾의 설립과 운영을 통한 민중계몽 활동, ② 국내 항일세력과 연대를 통한 항일운동의 모색 등이다. 이 외에도 그는 귀국 후에 東明講習所를 설립 운영하고, 『一分蒙求』

---

79) 신용하, 「왕산 허위의 제2차 의병활동」, 『왕산 허위의 사상과 구국의병항쟁』, 금오공대 선주문화연구소, 1995, 61~62쪽.
80) 이정규, 「종의록」, 『독립운동사자료집1:의병항쟁사자료집』, 1971, 69쪽.

를 저술하여 조카들의 학업을 도우려 하였다. 20대 전반기에 벌인 이러한 다양한 활동들은 신익희가 얼마나 한국의 독립을 위해 매진했는가를 잘 보여주고 있다. 이제 신익희가 한국에서 벌인 민족운동을 차례대로 살펴보겠다.

신익희는 광동강숙의 설립과 운영을 도우면서 민중계몽활동을 벌였다. 그는 1912년 여름방학 때는 일본 내지를 답사하느라, 겨울방학 때는 학업을 보충하느라 귀국하지 않았다. 그는 1913년 여름방학 때 귀국하여 8~9월 두 달간 체류했는데, 이때 서하리의 우국지사들이 광동강숙을 설립·운영하는데 일익을 담당하였다. 그가 광동강숙의 설립과 운영에 참여한 것은 10살 이전에 이미 조카들과 노비의 자식들을 모아놓고 한글을 가르쳤던 개인적인 교육경험을 되살린 것이었다.

신익희는 1912년 여름 두 달간 일본 각지를 시찰하였다. 이로써 그는 "우리 국민들에게 신학문을 교육시키고 국가의식과 독립정신을 고취시키면 왜놈들보다 훨씬 빨리 앞설 수 있다"는 확신을 품기에 이르렀다.[81] 이러한 구국계몽의식과 선각자적인 자세는 당시 신학문을 공부한 신지식층이 일반적으로 지니고 있던 것이었다. 다만 신익희가 다른 계몽론자와 달랐던 점은 한국민족이 일본민족보다 우수하다고 하는 민족우수성론을 견지하며 계몽운동을 벌였다는 점이다. 일본에서 방학을 맞아 귀국한 신익희의 구국계몽의식과 민족우수성론은 을사조약 후부터 한국 내에서 벌어지고 있던 구국교육운동의 치열한 흐름과 맞물려 광동강숙의 탄생으로 이어졌다.[82]

광동강숙은 소학교 보통과 수준의 초등교육기관이었다. 광동강숙의

---

81) 신창현, 「해공일화집」, 『해공 신익희』, 112쪽.
82) 1913년 귀국 후에 집안 사람들에게 척박한 땅에서도 잘 자라는 포플러나무를 심으라고 권한 것도 신익희가 전개한 민중계몽운동의 일환이었다. 신창현, 「해공일화집」, 『해공 신익희』, 113쪽.

숙장은 1880년대 후반부터 1890년대 초반까지 통리교섭통상사무아문 주사와 원산항 방판을 지낸 다음 향리에 은거해 있던 徐相奭이 맡았다.[83] 임원은 신규희·徐元道·신필희·金正世·신익희·安基星·신정균·金相億·吳賢宇·申用均 등이었다. 이를 보면 초빙교사 서상석을 제외하면, 강동강숙의 임원은 사마루의 신씨들과 인근의 유지자들임을 알 수 있다. 이들은 인간이 하늘에서 부여받은 성품과 재주를 기르기 위해서는 학문을 배워야 하며, 학문과 나라의 기초를 세우기 위해서는 학교에서 교육을 실시해야 한다는 신념에서 광동강숙을 설립하였다.[84]

민중계몽을 위해 설립된 광동강숙은 사마루와 그 인근의 6~7개 동리의 아동들을 대상으로 개설되었다. 학생들의 나이는 10살 미만부터 20대의 청년에 이르기까지 다양하였다. 학생수는 모두 80여명이었고 이들은 4개 반으로 나누어져 있었다. 교사는 신익희집의 사랑채와 마루방, 툇마루 등을 이용하였다. 교과서는 남한산성의 공립소학교에서 가르친 교과서와 같은 책들을 이용했다고 한다. 아마『심상소학』·『유년필독』·『국민독본』·『동국역사』·『산술』등을 가르쳤을 것이다. 일제시기 지방에 개설된 대다수 사립강습소들이 그러하듯이 광동강숙도 일제의 끈질긴 탄압과 점차 가중되는 재정난에 밀려 오래 지속되지 못하고 문을 닫고 말았을 것이다.[85]

광동강숙의 교육활동 중에서 한 가지 특이사항은 1909년 일제가 금서로 지정한 언문교과서 『유년필독』을 가르쳤다는 점이었다. 주지하듯이 한말의 역사가 玄采가 1907년에 지은『유년필독』에는 한국의 역사와 지리 및 국가사상에 대한 내용들이 많이 실려 있었다. 따라서『유년필독』은 아동들에게 윤리교육과 애국사상과 민족주체의식을 함양시키고 국가

---

83)『승정원일기』, 1887년 5월 19일, 1891년 5월 29일.
84) 신창현, 「해공일화집」,『해공 신익희』, 115~118쪽.
85) 신창현, 「해공일화집」,『해공 신익희』, 114, 118쪽.

의 흥망성쇠가 국민에게 달려있다는 국가사상을 강조하기 위해 지어진 책이었다.[86) 광동강숙의 운영자들이 일제의 지시를 어겨가며 『유년필독』을 교과서로 사용한 것은 학동들에게 일제에 저항할 수 있는 애국사상과 국가사상을 은연중에 심어주기 위해서였음을 알 수 있다.

와세다대학 정경학부를 마친 신익희는 몇 개월간 일본에 머물다가 1917년 7월에 귀국하였다. 그는 대학졸업 후에 미국 유학에 뜻을 두었다. 유학처로서 미국을 원했던 것은 일차적으로 서구의 개방된 문화와 진보된 과학을 흡수하려는 의도에서였다. 그러나 보다 근본적으로는 우리나라를 병탄한 일본이 벌이고 있는 모든 잔학행위를 세계만방에 호소함으로써 독립운동에 다소나마 기여를 하려는데 있었다. 그래서 그는 미국유학을 떠나기 전에 우선 비용을 마련하고자 국내로 들어왔다. 그러나 유학비용의 마련은 용이치 않았다.[87)

신익희는 사마루로 내려가 진로를 모색하였다. 그는 일제 관헌들의 감시를 받는 동경유학생 신분으로서 잠시 민중계몽을 위한 동명강습소란 학당을 운영하였다. 동명강습소를 통해 인근 청소년들과 문맹의 부녀자와 노인들을 대상으로 글을 가르쳐주고 신문화를 소개하고 개화사상을 고취하였다. 이때 동명강습소는 민중계몽을 위해 설립한 야학 수준의 학교로서 광동강숙의 설립취지를 이어받은 학교로 보인다. 그러나 그는 얼마 후에 동명강습소를 조카 신정균에게 맡기고 서울로 올라갔다.[88)

신익희는 1917년 가을에 중동학교에서 교편을 잡게 되었다. 원래 중동학교는 1906년 申圭植이 설립한 한어야학으로 출발하였다. 1907년 吳世昌이 중동야학교로 개명하였고, 오세창·윤치소·신규식·조동식 교장을 거쳐 1915년 9월에 최규동이 제5대 교장을 맡았다. 한글학자 이희승의

---

86) 노수자, 「백당 현채 연구」, 『이대사원』 8, 1969, 88~89쪽.
87) 신익희, 「구술 해공자서전」, 『해공 신익희』, 58쪽.
88) 신창현, 『해공신익희선생약전』, 6~7쪽.

은사인 최규동은 1916년 4월 야학과정인 중동학교에 주간과정을 병설하고 학교 수준을 높이고자 노력하고 있었다. 이때 중동학교에서 기하과목을 가르치던 안일영이 동향후배이자 일본유학생인 신익희를 최규동에게 추천했다.[89]

신익희는 강렬한 교육구국론자인 최규동 아래에서 1917년 가을부터 1918년 봄까지 반년간 성심껏 민족교육을 펼쳤다. 처음에 그는 미국행 뱃삯만 마련되면 곧 중동학교를 떠날 예정이었으므로 다른 학교로 옮길 생각은 없었다. 그러나 극심한 재정난을 겪고 있던 중동학교는 그에게 6개월간 한 푼의 봉급도 지불하지 못했다. 게다가 신익희는 1916년에 맏딸 貞婉을 낳았고, 1818년 봄에는 부인 이씨가 장남 河均을 임신한 처지였다.[90] 그래서 그는 미국 유학의 여비는커녕 생계의 위협을 받고 있다가 1918년 4월 명치대를 졸업한 유학 선배 최린의 간곡한 권유에 따라 고려대학교의 전신인 보성법률상업학교(보성법상)로 옮겼다.[91]

신익희가 보성법상에서 강의하던 시기는 일제의 무단정치가 극성을 부리던 때였다. 일제의 무단정치는 민족지사를 길러내는 사립학교에 대해서 더욱 가혹하였다. 일제는 1911년 「전문학교규칙」을 반포하여 보성전문학교, 세브란스전문학교 등에서 전문학교란 이름을 박탈하고 각종 학교로 격하시킴과 동시에 교명 앞에 사립이란 글자를 첨가하도록 하였

---

89) 신익희를 초빙한 최규동은 한학과정을 거쳐 광신상업학교를 졸업하였다. 평양 箕明學校·大成學校, 서울 휘문의숙 교사를 지내다가 중동학교의 교장이 되었다. 일제강점기에 학생들의 민족정신과 구국애족정신을 고취하고자 1주일에 50여 시간을 가르치며 노력하였다. 미군정기에 한국교육위원회 위원으로서 일반교육의 책임자가 되었고, 교육심의회 제3분과위원회에서 교육행정분야를 담당하였다. 1947년 조선전기공업중학교 교장을 거쳐 조선교육연합회 회장·서울대학교 총장 등을 역임하였다. 손인수, 「최규동」, 『한국민족문화대백과사전』, 한국정신문화연구원, 1991, 413쪽.

90) 신익희, 「구술 해공자서전」, 『해공 신익희』, 58쪽.

91) 신익희, 「고려대학교 졸업식 축사」, 『(증보판) 해공신익희연설집』, 310쪽.

다. 이는 한국의 민간사학이 지닌 민족성향을 억압하고 관사립의 차등을
조성하려는 것이었다.[92] 이러한 일제의 민족사학 탄압은 민족종교 천도
교가 운영하는 보성법상에 초점이 모아졌다. 신익희는 바로 보성법상이
일제의 탄압을 받고 있을 때에 강사 생활을 하였다.

신익희가 보성법상 법률과의 강사로 나갈 당시 한국에는 아직 대학은
없었고, 전문학교 정도로는 일본인들이 세운 경성전수학교가 있었을 뿐
이었다. 민족교육운동에 남다른 포부를 지니고 있던 신익희는 "일본인이
서울에 세운 전문학교보다 월등히 나은 학교를 만들어 보겠다"는 개인적
인 야망을 실현시키고자 보성법상으로 자리를 옮겼다. 그는 보성법상에
서 3·1운동 직후 중국으로 망명할 때까지 법률담당 강사로서 비교헌법·
국제공법·재정학 등을 강의하였다.[93]

보성법상에서 신익희는 특별 초빙된 실력 있는 선생으로서 인망과 학
덕이 높았다. 그는 명랑하고 쾌활한 성격으로 함축성 있는 강의를 하여
학생들의 주목을 받았다. 1919~1920년경 법률과를 다녔던 교육자 李丙
義는 당시 선생들 중에 인상 깊은 강의를 했던 인물들로서 김병로·신익
희·南亨祐·西村眞太郞 4인을 들었다. 이중 경성전수학교와 보성법상에
동시에 출강하며 민법·형법·상법·소송법 등을 담당한 김병로가 가장 탁
월한 강사라는 평을 받았다고 하며, 다음으로 신익희가 흠모의 대상이었
다고 하였다. 명망 있는 민족주의자인 교감 남형우는 민법 담당으로서
성실한 강의를 했다고 하며, 일본인 서촌은 일본어강사로서 교내 사찰이
주임무였다고 한다.

이병희는 청년 신익희가 명문 와세다대학 출신으로서 만인을 압도할

---

92) 고려대학교 90년지 편찬위원회, 『고려대학교구십년지, 1905-1995』, 고려대학교
   출판부, 1995, 109쪽.
93) 신익희, 「구술 해공자서전」, 『해공 신익희』, 58쪽 ; 고려대학교 90년지 편찬위원
   회, 『고려대학교구십년지, 1905-1995』, 109쪽.

만한 안광과 기골이 준수한 외모로 함축성 있는 강의를 하였다고 회고하
였다.[94] 이러한 특징적인 면모는 학생들에게 깊은 인상을 주었다. 그러
나 당시 신익희는 일본에서 배운 지식을 그대로 가르치는 단순한 법률학
강사만은 아니었다. 그는 교육을 통해 민족의 힘을 길러 일본을 물리치
자는 민족교육론에 따라 계몽운동을 펼쳤고, 각종 독립단체를 조직하고
비밀결사 활동을 전개했던 애국지사였다.

　신익희는 일제의 감시망을 벗어나 학생들에게 은밀히 독립사상을 학
생들에게 주입했을 것으로 보인다. 이러한 항일활동은 손병희·윤익선 등
보성법상의 운영에 관여한 민족지사들의 항일활동과 맞물려 보성법상
학생들의 민족의식을 크게 고양하는 효과를 거두었을 것이다. 하여튼 신
익희를 비롯하여 보성법상에서 교육활동을 펼친 한국인 선생들이 공·사
석에서 퍼트리고 강조한 독립사상은 가까이는 3·1만세운동으로 표출되
었고 멀리는 일제후반기의 민족독립운동으로 이어졌다.

4. 3·1만세운동 참여

　제1차 세계대전은 한민족의 독립운동에 큰 영향을 미쳤다. 전쟁이 발
발하자 독립운동가들은 동맹국의 일원인 독일이 승리하고 일본이 가담
한 협상국이 패전하면 한국독립에 유리한 국제정세가 조성될 것이라고
생각하였다. 실제로 독일이 승승장구하자 일부 민족운동가들을 중심으로
독일이 승전하는 경우의 국제정세의 변동을 기회로 포착하려는 움직임
이 일어났다.[95] 그러한 움직임은 1916년부터 구체화되었다. 당시 천도교
측에서는 李鍾一과 張孝根 등이 교주 손병희에게 민중봉기의 결단을 촉

---

94) 이병희, 「석탑야사」 11, 『고우회보』, 1973년 7월 5일.
95) 신용하, 『한국민족 독립운동사연구』, 을유문화사, 1985, 228~229쪽.

구하고, 한규설·이상재·김윤식·박영효 등 구한국 원로들을 설득하고, 기독교측과도 연합을 시도하였다.[96]

　한국민이 국제정세에 능동적으로 대처하려는 과정에서 신익희도 중요 역할을 맡았다. 1917년 겨울에 김시학은 독일의 승전과 일본의 패배를 예상하고 林圭·신익희와 함께 독립운동방안을 발의하였다. 이는 천도교·기독교·유림의 3종단을 연합하고, 사회계에서 이상재·송진우·윤치호, 구관료계에서 윤용구·한규설·박영효·김윤식 등과 연합하고, 이어 1만 명이 서명한 독립청원서를 독일정부에 제출하여 독립운동을 일으키자는 것이었다. 이 안은 다수의 찬동을 얻었으나 1918년에 들어 전쟁결과가 일본의 승전으로 기울었기 때문에 부득이 중단되고 말았다.[97] 그러다가 1918년 1월 8일 미국대통령 윌슨이 연두교서에서 밝힌 민족자결주의 원칙은 한국독립운동에 새로운 계기가 되었다. 당시 한국의 민족운동자들은 독일의 식민지에만 적용되는 민족자결주의의 원칙과 한계를 분명히 인식하고 있었지만, 그럼에도 그들은 민족자결주의로 고양된 국제정세와 국내의 독립열기를 적극 이용하여 독립운동을 일으키려 하였다.[98]

　독립운동의 모의가 본격화되는 단계에서 국제정세에 밝은 일본유학생 출신의 신지식층이 주도적 역할을 수행하였다. 박은식에 의하면, "1918년 10월에 독립운동 본부가 서울에 설치되었다. 이때 (민족지사들은) 반만년 역사의 정신으로 세계의 정의와 인도에 순응하여 민족자결주의를 합창하였다. 그리고 그 주동자인 최남선·현상윤·송진우·최린 등 여러 사람이 비밀리에 연구하여 천도교의 손병희·권동진·오세창, 기독교의 이승훈·박희도·함태영, 불교의 한용운·백용성 등과 방략을 협상하고

---

96) 권대웅·박걸순, 「3·1운동」, 『한국독립운동사강의』, 한울, 1998, 89~90쪽.
97) 홍영도 편, 『한국독립운동사』, 애국동지원호회, 1956, 95쪽.
98) 권대웅·박걸순, 「3·1운동」, 『한국독립운동사강의』, 90쪽.

독립운동의 본부를 서울에 설치했다"고 하였다.[99]

　그런데 위의 주장에서 주목할 사항은 1918년 10월 서울에 독립운동본부가 설치되었고, 신익희와 관계가 깊었던 최남선·현상윤·송진우·최린 등 유학생 출신들이 모의를 선도했다는 점이다. 이에 대해 신익희 자신도　최남선·최린·송진우·신익희·임규·정노식·윤홍섭·나경석·현상윤 등 유학생 출신들이 만세운동의 초기 모의를 주도했다고 하였다.[100] 이때 최남선·최린·임규를 제외한 나머지 인사들은 모두 학우회와 조선학회의 멤버들이었다. 이를 보면 일본유학생 출신, 그 중에서도 신익희와 활동을 같이했던 인사들이 3·1운동의 모의단계에서 주도적인 역할을 맡았음을 알 수 있다.

　1918년 10월 독립운동본부에 모인 인사들은 운동방법을 논의하였다. 그들은 먼저 테러적 조치로서 세계 열국에 충격을 주고, 이어 한국민이 일제의 통치에 반대한다는 독립선언을 하고, 마지막으로 해외로 망명한 독립운동자들과 함께 '방대한 군사행동'을 일으킬 것을 구상하였다.[101] 이에 대해 최린은 테러방식을 동원하면 세계의 동정을 잃을 위험이 있으며, 또 군사행동으로 일제를 축출하기에는 힘이 부족하다는 이유에서 평화적인 독립선언을 제안하였다. 그러나 그의 제안에 따라 천도교·기독교·불교세력 등 광범한 민중운동세력을 포섭하는 것은 어려운 일이었다. 그래서 각자가 역할분담을 하기에 이르렀다. 이때 신익희는 독립선언서에 서명할 인사들로서 기독교계 인사들 몇 사람을 맡았다.[102]

　신익희는 1918년 11월 말경 중국으로 가기 전에 소격동의 어느 집에서 李承薰을 만나 세계 대세의 추이와 독립운동의 필요성을 역설하였다.

99) 박은식, 『한국독립운동지혈사』 하, 유신사, 1920, 6쪽.
100) 신익희, 「구술 해공자서전」, 『해공 신익희』, 59쪽.
101) 신익희, 「구술 해공자서전」, 『해공 신익희』, 59쪽.
102) 신익희, 「구술 해공자서전」, 『해공 신익희』, 59~60쪽.

이에 이승훈은 적극적인 동참의사를 나타냈다. 이승훈의 동참으로 평안
도 기독교세력의 3·1운동 참여문제가 해결되었다. 이어 그는 종로 청년
회관으로 윤치호를 찾아가 세계 대세와 국내정형을 이야기하며 동참을
권했으나 그는 극도로 몸을 사리고 기회가 아니라며 사절하였다.[103]

　신익희는 중국으로 가기 전에 비밀리에 국내로 들어온 장덕수를 만났
다. 당시 장덕수는 배를 타고 국내로 잠입하여 부산의 백산상회로 安熙
濟를 찾아갔다. 안희제는 1914년에 백산상회를 설립하여 독립운동가들
에 대한 지원과 거점역할을 수행하고 있었다. 장덕수는 안희제에게 상해
의 형편을 알리고 2천원(혹은 3천원)을 받아서 다시 상해로 돌아왔다.[104]
그런데 장덕수는 상해로 돌아가기 전에 서울에 일시 머물렀는데, 이때
진고개의 일본여관에 일본인을 가장하고 묵고 있으면서 신익희에게 연
락을 취하였다. 그리하여 두 사람은 수차례 만나 3·1운동의 방략을 상의
했다고 한다.[105]

　1918년 11월 말 신익희는 여러 동지들과 의논한 끝에 중국으로 건너
가기로 하였다. 그가 중국행을 결정한 것은 해외 단체와 동포들에게 국
내의 독립선언의 움직임을 연락하기 위해서였다. 그는 한국의 독립운동
은 처음에는 평화적인 방법으로 시작되더라도 결국에는 군사행동으로
결말을 보아야 한다고 생각하였다. 그래서 그는 그러한 의도를 가지고
만주 지역의 민족운동자들을 만나본 다음 상해로 이동하였다. 그곳에서
그는 1달 반 정도 체류하며 상해의 민족지사들과 사귀면서 국내의 소식
을 기다렸다. 그러나 국내로부터 소식이 없기에 2월 중순경 천진·북경·

103) 신익희, 「구술 해공자서전」, 『해공 신익희』, 60쪽.
104) 김희곤, 「신한청년단의 독립운동과 임시정부 수립」, 『중국관내 한국독립운동단
　　　체연구』, 지식산업사, 1995, 78~83·89~92쪽 ; 이경남, 『설산 장덕수』, 동아일
　　　보사, 1981, 96~102쪽.
105) 신익희, 「구술 해공자서전」, 『해공 신익희』, 61쪽.

심양을 거쳐 귀국길에 올랐다.[106] 그리하여 3·1만세운동 발발 직후인 3월 2일, 일경의 체포를 피하기 위해 喪主 복장을 하고 서울에 도착하였다.[107]

동북 만주를 위시하여 북경과 상해 일대를 두루 돌아본 신익희가 귀국을 결심한 것은 두 가지 이유에서였다. 하나는 국내에서 민중동원의 기반을 가진 손병희를 해외로 데려다가 내외 호응으로 줄기찬 독립운동을 계속하려는 것이었다. 다른 하나는 천도교당 건축비로 모아놓은 헌금을 해외로 내다가 군사자금에 쓰게 하려는 것이었다. 그러나 서울에 들어와 보니 이미 손병희는 일본경찰에 체포되었고, 천도교의 헌금도 반출할 수 없는 형편이었다. 이에 신익희는 독립운동의 방법을 다시 강구하게 되었다.[108]

서울에서 신익희는 권농동의 조정환의 집에 여장을 풀었다. 그는 자서전에서 "서울에 도착하자마자 보성법률상업학교 제자인 姜基德과 韓昌桓 등에게 연락을 취하였다. 그런 다음에 남대문정거장 곧 지금의 서울역에서 시내로 돌진하는 4, 5백명의 제2차 시위행렬을 진두 지휘했다"고 한다.[109] 당시 강기덕과 한창환은 3월 1일 만세운동에 가담한 후 서울의 각급 학생들과 계속적인 독립운동의 방안을 강구하고 있었다. 이에 양인은 중국에서 귀국한 신익희와 연대하여 재차 만세시위를 벌이게 되었던 것이다.

신익희가 3월 5일 서울역에서 시작된 제2차 만세시위에 관여하거나 깊이 가담한 것은 분명한 사실로 보인다. 아울러 강기덕과 한창환이 보성법률상업학교 시절에 독립의식이 강렬한 신익희에게 애국사상을 전수

---

106) 신익희, 「구술 해공자서전」, 『해공 신익희』, 61~62쪽.
107) 신익희, 「구술 해공자서전」, 『해공 신익희』, 62쪽.
108) 신익희, 「구술 해공자서전」, 『해공 신익희』, 62~63쪽.
109) 신익희, 「구술 해공자서전」, 『해공 신익희』, 63쪽.

받았을 가능성도 충분히 인정된다. 그러나 신익희는 1918년 11월 말부터 1919년 2월까지 중국에 머물고 있었다. 따라서 그는 1919년 2월 중순부터 시작된 서울시내 각급 학생들의 제1차 만세시위모의에 간여하지 못했던 것으로 보인다.

신익희의 제자 강기덕은 1919년 2월 중순경부터 3·1운동 모의에 가담하였다. 그는 1919년 2월 16일경 종로 청년회관에서 독립선언서 서명자인 朴熙道를 만나 천도교도와 예수교도가 공동으로 독립운동을 계획하고 있다는 말을 들었다. 20일경 강기덕은 승동예배당에 한위건·김형기·김대우·김성득·김문진·김원벽 등 각급 학교 학생들을 만났다. 여기서 한위건의 제의로 모임에 참석한 7인이 각 학교의 생도들에게 독립운동의 참가를 권유하기도 하였다. 아울러 각 학교 대표자가 체포될 경우에 후사를 담당할 학생들을 선정했는데, 한창환은 보성법률상업학교의 대표로 선정되었다.[110] 이들은 2월 25～26일 양일간 다시 모여 만세운동을 준비하였다.

2월 28일 강기덕은 독립선언서 서명자인 李甲成을 만났다. 이갑성은 3월 1일 오후 2시를 기해 파고다공원에서 독립선언서가 발표될 예정이니 이를 시민들에게 알리고 독립선언서를 배포해달라고 부탁을 하였다. 강기덕은 2월 28일 밤 정동예배당 목사실에서 각 전문학교 생도, 각 중등학교 생도 20명을 만나 이들에게 독립선언서 1,500매를 나눠주고 서울 시내 각지에 배부케 하였다.[111] 이처럼 강기덕과 한창환은 1919년 2월 중순부터 기독교도인 박희도·이갑성과 연계하여 3·1운동에 깊이 관여하고 있었다.

---

110) 『한민족독립운동사자료집』 11, 「강기덕 신문조서(3)」, 국사편찬위원회, 1990, 85쪽.
111) 『한민족독립운동사자료집』 19, 국사편찬위원회, 1994, 184~185쪽 ; 신용하, 『한국민족 독립운동사연구』, 252~253쪽.

3월 5일 아침 남대문역은 고종의 인산을 마치고 귀성하는 이들로 붐볐다. 그리고 학생들이 모여들었고, 또 평양에서는 약 200명 정도의 학생들이 5일 아침 서울역에 도착하였다. 그리하여 일반인과 학생수가 약 4-5천명에 달했다. 이때 강기덕과 김원벽은 인력거 위에서 '조선독립'이라고 쓰여진 대형기를 흔들며 만세시위를 지휘하였다. 각종 격문이 군중에게 살포되었고, 만세소리와 태극기의 물결이 소란하였다. 시위행진이 남대문을 돌파하려다 강기덕·김원벽 이하 많은 학생들이 체포되었다.

나머지 학생들은 두 갈래로 나누어 시내로 행진해 들어갔다. 한 갈래는 남대문에서 조선은행 앞을 지나 종로네거리 보신각에 이르렀고, 다른 한 갈래는 태평로를 지나 대한문을 거쳐 보신각에 이르렀다. 학생들은 군중들을 향해 민족자결주의를 역설하며 독립사상을 고취하였다. 그러나 보신각 근처에서 경찰에 의해 강제 해산당하고 말았다.[112] 이처럼 제2차 독립만세운동 때에 신익희는 4～5백 명의 시위대를 진두지휘했다고 한다. 이때 그는 한민족이 자주독립을 이루기 위해서는 국제적인 선전만 가지고는 안되며, 반드시 피를 흘려서 나라를 찾아야만 한다는 생각으로 시위운동을 지도하였다.[113]

독립운동자에 대한 검거열풍 속에서 신익희는 등사판을 빌어다가 독립선언서를 등사해 시내 각 가정에 배포하였다. 이 일은 순사보조원으로 있다가 3·1운동이 일어나자 만세운동에 가담했던 李基元이 전담하였다. 그러나 며칠 뒤에 일경에게 탐지되어 이기원이 체포되었다. 신익희는 일경의 체포를 피하기 위해 집 뒷담을 뛰어넘어 담 밑에 숨었다. 그러다가 일본어에 능한 관립농림학교 학생 조정환이 진고개에서 사온 하오리를 입고 게다를 신고 태연한 자세로 일본 여관으로 피신하였다.[114]

---

112) 김성식, 「학생민족독립운동Ⅱ」, 『일제하의 민족운동사』, 현음사, 1982, 184쪽 ; 김진봉, 「삼·일운동과 서울」, 『삼·일운동사연구』, 국학자료원, 2000, 112～113쪽.
113) 신창현 편, 「나의 회고」, 『(증보판) 신익희선생연설집』, 371쪽.

신익희는 일제의 검거를 피해 중국 망명을 결심하였다. 3월 14일 그는 國葬을 빙자하여 흰색 초립을 쓰고 남바위를 바쳐 쓰고 곰방대를 들고 농사짓는 시골사람 행색을 하였다. 그리고 일경의 눈을 피해서 용산역에서 기차에 몸을 싣고 신의주와 봉천을 거쳐 19일에 상해에 도착하였다. 그는 절친한 친구 윤홍섭이 상해임시정부의 독립자금으로 마련해준 거액의 독립자금을 전대에 넣어 허리에 차고 중국으로 향하였다.[115] 이로써 신익희의 31년간의 해외 망명생활이 시작되었다.

IV. 맺음말

한국 근현대사에서 신익희는 민족운동과 민주화운동을 주도함으로써 한국민족주의의 형성과 전개 과정에서 일정한 기여를 하였다. 그는 일본 유학 이전까지 양명학을 전수해온 가풍과 신학교에서의 교육 경험을 통해 자연스럽게 자주적·애국적 민족주의를 체득하게 되었고 미국식 민주주의를 신봉하게 되었다. 이러한 정신적 자산은 일제시기를 거쳐 제1공화국기까지 신익희의 정치사상이 자유주의적 민족·민주주의 사상의 범주에 머무르도록 하는데 지대한 영향을 미쳤다.

신익희는 3·1운동 이후 상해임정의 소장급 핵심인사로 활동하였고, 임정환국 직전 중경임정에서 내무부장을 맡아 활약하였다. 또한 해방 공간에서는 우익의 지도인사로서 정치공작대를 조작하여 반탁·반공운동에 주도하였고, 한독당을 떠나 이승만과 협력관계를 유지하며 신정부 수립에 일조하였다. 이승만정권기에는 국회의장으로서 입법부의 수장역할을

---

114) 신창현, 「해공일화집」, 『해공 신익희』, 227쪽.
115) 신창현, 「구술 해공자서전」·「해공일화집」, 『해공 신익희』, 63, 259쪽.

하다가 반이승만·반독재 노선으로 돌아서 1956년 민주당의 대통령 후보로 추대되었다. 이로써 신익희는 근대화와 자주화를 키워드로 하는 한국 민족주의의 시대적 과제를 충실히 완수하였다.

신익희는 3·1운동 이후의 민족운동 과정에서 현실주의적 면모를 보여주었다. 그는 상해임정에서 처음에 임시대통령 이승만을 지지하다가 반이승만세력에 가담하였고, 상해임정이 무력화되자 임정을 벗어나 독자적으로 외교활동을 벌이고 좌익세력과 어울리면서 임정과 대립각을 세우기도 하였다. 이어 해방 직전에 다시 중경임정에 들어가 내무부장으로 활약하다가 환국한 후에는 김구의 중경임정세력과 결별하고 이승만의 단정노선에 합류하였다. 그리고 정부수립 이후에 줄곧 반공노선을 견지했으나 1956년 대통령에 출마할 때에는 좌경적인 조봉암과 연대를 모색하기도 하였다. 이처럼 신익희는 독립노선과 정치노선을 택함에 있어서 양면적 특성을 보여주었고, 이는 그의 민족운동과 정치활동을 연구할 때에 비평적 파악을 요구하는 주요 요인으로 작용하고 있다.

신익희의 민족운동과 정치활동에 나타난 양면성의 문제는 그가 본격적으로 민족운동을 벌이기 이전에 보여준 여러 모습들을 자세히 살펴보면 충분히 이해가 가능한 문제이다. 다시 말해 그의 가문 배경과 개인적 처지, 한국과 일본에서의 근대 교육 경험, 3·1운동 이전에 벌인 민족운동의 양상과 한국과 일본에서 맺은 혁명동지들과의 교유관계 등이 신익희의 민족운동과 정치활동에 어떠한 영향을 미쳤는가를 다각도로 고려해야 한다는 것이다. 나아가 이러한 양면성의 문제는 신익희가 전통학문과 근대학문을 아울러 체득함으로써 사고와 행동 면에서 다른 인사들보다 자유롭고 폭이 넓은 모습을 보여주었다. 따라서 이러한 측면들을 종합적으로 고려하면서 신익희의 활동양상에 나타난 양면성의 문제를 살펴 볼 경우에 아래와 같은 해석이 가능하다고 판단한다.

먼저, 신익희는 양명학을 가학으로 계승한 소론계 명문가의 막내아들로 태어났다. 그는 부형들로부터 권세에 아부하거나 타협하지 말고 국가와 민족과 후손을 사랑하는 마음과 정신을 간직하라는 민족적·애국적 가르침을 받고 자랐다. 이러한 정신적 분위기 속에서 신익희는 자연스럽게 '국가독립·민족해방·인간평등'을 강조하는 민족운동가 겸 민주정치가로 우뚝 성장할 수 있었다. 그러나 동시에 가문 내에서의 그의 신분상 처지나 재정적 여건은 상당히 불만족스러운 편에 속하였다. 그래서 그는 어려서 자신의 처지를 조롱하는 친구들에게 화풀이를 하기도 했으며, 빈한한 경제력을 극복하고 공부를 마치기 위해 각고의 노력을 기울여야만 했다. 이러한 측면들은 신익희로 하여금 민족운동과 정치활동 과정에서 현실주의적 사고방식과 행동방식을 고려하도록 하는데 일정한 영향을 미쳤을 것이다.

둘째, 신익희는 가문 내에서의 한학 수련을 통해 전통학문을 습득하고 한성외국어학교와 와세다대학 유학을 통해 근대학문과 외국어를 터득하였다. 그는 다년간의 한학수련을 통하여 중국 고전을 두루 독파하고 전문가 못지않은 서예력을 보유하고 능숙하게 한시를 지을 수 있게 되었다. 또한 국내외에서의 체류경험과 유학생활을 통해 중국어와 영어와 일본어를 능숙하게 구사할 정도의 외국어 구사력을 터득했을 뿐만 아니라 근대적인 신학문을 섭취하게 되었다. 그리하여 신익희는 외교와 교섭에 능한 정치가로 성장하였고, 전통과 근대를 주체적으로 아우르는 '新舊兼全'의 인물이 되었다. 두말할 것도 없이 이러한 개인적 장점은 신익희로 하여금 명분론이나 근본주의에 얽매어 행동하기보다는 현실적 여러 조건들을 합리적으로 취사선택하도록 하는데 일정한 영향을 미쳤을 것이다.

셋째, 신익희는 한성외국어학교에서의 학창생활을 통해 미국식 민주주의를 배웠다. 그가 자신의 일생에서 가장 인상 깊게 보낸 시절은 한성

외국어학교 영어반 시절이었다. 신익희는 여기에서 한국을 일제의 통치에서 구해야 한다는 민족의식을 강화하게 되었고, 자신의 정치활동과 독립운동의 필수 자산인 영어를 배웠으며, 무엇보다도 자본주의국가 미국의 생활방식과 사고방식을 터득하게 되었다. 당시 그는 아침저녁으로 미국식의 국가관과 민주주의 가치관이 담긴 영어교과서 National Leader를 암송하였으며, 외국인 선생들로부터 큰 감화를 받았다. 이로 인해 신익희는 두 차례나 미국으로 유학을 가서 신학문을 공부하는 한편, 한국의 독립을 세계에 호소하려 하였다. 그가 독립운동기와 해방공간에서 이승만의 독립노선을 적극적으로 추종한 것도 한성외국어학교에서 이미 미국식 민주주의와 자본주의에 기반한 근대교육을 받았기 때문이었다.

넷째, 신익희는 일본에서 조선학회를 조직하여 활동하는 동안 좌파인사들과 일정한 연관을 맺게 되었다. 그는 대학시절에 비밀결사운동에 매달린 일부 친우들과 달리 사회주의운동에 무관심한 태도를 보였고, 사회주의에 경도된 학생들로부터 젠틀맨이라는 조롱을 받기도 하였다. 이는 신익희가 학창시절에 이미 미국식 자본주의와 민주주의를 지향하는 정치적 지향을 보였음을 입증하는 것이다. 그러나 신익희는 단순이 우파에 경도된 인사는 아니었다. 왜냐하면 그가 주도적으로 조직한 조선학회는 동경유학생 가운데 사회주의를 지지하는 학생들과 민주주의를 지지하는 학생들의 연합체였던 것이다. 신익희는 좌우를 떠나 함께 민족의 장래를 염려하고 독립의 방안을 강구한다는 의미에서 좌파의 학생들과 연대활동을 벌이는데 동의했던 것이다. 이러한 좌우합작 활동의 경험은 그가 상해임정을 벗어나 좌파민족주의자들과 연대하여 활동하는데 직접적 영향을 미쳤음이 주목된다.

다섯째, 신익희는 20대 중반 전까지 국내외에서 다양한 방식으로 민족운동을 벌였다. 그는 일본에서 동경유학생들이 결성한 학우회의 지도

급 인사로 활동하였고, 학우회의 기관지 발간책임자의 역할을 맡았으며, 조선학회를 조직하여 비밀 독립운동을 전개하려 하였다. 국내에서는 광동강숙·중동학교·보성법률상업학교에서 교육계몽활동을 벌이면서 학생들의 민족의식 앙양과 고취에 기여하였고, 공주 일대에서 의병운동을 벌이기 위한 방안을 강구하기도 하였고, 3·1운동에 적극 가담하여 3월 5일 서울역에서 벌어진 제2차 시위를 주도하기도 하였다. 그런데 다양한 민족운동 과정에서 신익희는 20대 중반의 나이에 이미 민족운동계의 거물로 부상하였다. 이처럼 드높아진 개인적 위상은 이후 신익희가 연만한 그러나 동급의 민족운동자들과 어울려 활동하도록 하는데 일정한 장애 요인이 되었다.

참고문헌

1. 1차 자료

高麗大六十年史 編纂委員會 편, 『六十年誌』, 고려대학교 출판부, 1965.

高麗大學校 90年誌編纂委員會 편, 『高麗大學校九十年誌』, 고려대학교 출판부, 1995.

國史編纂委員會 編, 『日帝侵略下 韓國36年史』 1-3, 1968.

              편, 『韓民族獨立運動史資料集』 11-19, 探求堂, 1990-1994.

羅景錫, 『公民文集』, 「年譜」, 正宇社, 1980.

나영균, 『일제시대, 우리 가족은』, 황소자리, 2004.

독립운동사편찬위원회 편, 『독립운동사자료집 별집1:의병항쟁 재판기록』, 1974.

                    편, 『독립운동사자료집』 13, 1977.

                    편, 『독립운동사:학생독립운동사』 9, 1981.

白南薰, 『나의 一生』, 新現實社, 1973.

朴殷植, 『韓國獨立運動之血史』 下, 維新社, 1920.

申翼熙, 『나의 自敍傳』, 1953.

申貞婉, 『海公 그리고 아버지』, 성진사, 1981.

申昌鉉 編, 『(增補版) 申翼熙先生演說集』, 國民大學同窓會, 1961.

申昌鉉, 『海公 申翼熙』, 海公申翼熙先生紀念會, 1992.

유병용 편, 『遲耘 金錣洙』, 한국정신문화연구원 현대사연구소, 1999.

李熙昇, 『한 개의 돌이로다』, 徽文出版社, 1971.

      , 『다시 태어나도 이 길을』, 선영사. 2001.

在日本東京朝鮮留學生會, 『學之光』, 圖書出版 亦樂, 2001.

早稻田大學 韓國留學生會 편, 『와세다의 한국인 - 早稻田大學 韓國留學生九十年史』, 1983.

평산신씨대종회 편, 『平山申氏大同譜』, 1976.

洪永道 編, 『韓國獨立運動史』, 愛國同志援護會, 1956.

2. 2차 자료

고정휴, 『이승만과 한국독립운동』, 연세대학교 출판부, 2004.

盧秀子, 「白堂玄采研究」, 『梨大史苑』 8, 1969.

권대웅·박걸순, 「3·1운동」, 『한국독립운동사강의』, 한울, 1983.

金成植, 「學生民族獨立運動(Ⅱ)」, 『日帝下의 民族運動史』, 玄音社, 1982.

金夕影 編, 『申翼熙先生一代記』, 早稻田大學同窓會出版部, 1956.

金容達, 「海公 申翼熙의 家學과 民族敎育運動」, 『한국근현대사연구』 22, 2002..

김윤식, 『이광수와 그의 시대』, 솔출판사, 1999.

김인덕, 「학우회의 조직과 활동」, 『國史館論叢』 66, 1995.

金珍培, 『가인 김병로』, 가인기념회, 1983.

金鎭鳳, 「三·一運動과 서울」, 『三·一運動史研究』, 國學資料院, 2000.

金學俊, 『街人 金炳魯 評傳』, 民音社, 1988.

金喜坤, 『中國關內 韓國獨立運動團體研究』, 지식산업사, 1995.

도진순, 「해방전후 신익희의 노선과 활동」, 한국정신문화연구원 편, 『한국현대사인물연구』 2, 백산서당, 1999.

閔泳珪, 『江華學 최후의 광경』, 又半, 1994.

朴慶植, 「민족문화의 말살」, 『日本帝國主義의 朝鮮支配』, 청아출판사, 1986.

박찬승, 『한국근대 정치사상사연구』, 역사비평사, 1992.

申鏞夏, 『韓國民族獨立運動史研究』, 乙酉文化社, 1985.

申昌鉉, 『海公申翼熙先生略傳』, 五.五.義擧同志會, 1967.

_____, 『海公 申翼熙』, 太極出版社, 1972.

愼鏞廈, 『韓國民族 獨立運動史』, 을유문화사, 1985.

_____, 「旺山 許蔿의 第2次 義兵活動」, 『旺山 許蔿의 思想과 救國義兵抗爭』, 금오공대 선주문화연구소, 1995.

沈慶昊, 「宛丘申大羽論」, 鄭良婉·沈慶昊 공저, 『江華學派의 文學과 思想(1)』, 韓國精神文化研究院, 1993.

_____, 「申大羽論」, 鄭良婉 외 공저, 『朝鮮後期漢文學作家論』, 집문당, 1994.

오영섭, 「한국근대 봉건적 사회신분제 및 풍습의 개혁실태」, 『사학지』 31,

1998.

_____, 「대종교 창시 이전 나인영의 민족운동」, 『한국민족운동사학회』 39, 2004.

吳天錫, 『韓國新敎育史(上)』, 光明出版社, 1975.

柳永益, 『東學農民蜂起와 甲午更張』, 일조각, 1998.

柳致松, 『海公申翼熙一代記』, 海公申翼熙先生紀念會, 1984.

유한철, 「일제의 국권침탈과 의열투쟁」, 『한국근대사강의』, 한울, 1997.

李敬南, 『雪山 張德秀』, 東亞日報社, 1981.

李光麟, 「舊韓末의 官立外國語學校」, 『(改訂版) 韓國開化史硏究』, 一潮閣, 1969.

_____, 李光麟, 『韓國史 講座:近代篇』, 일조각, 1981.

이만규, 『조선교육사』 II, 거름, 1988.

鄭在哲, 『日帝의 對韓植民地敎育政策史』, 一志社, 1985.

崔永禧, 『격동의 한국근대사』, 한림대 아시아문화연구소, 2001.

인촌 김성수의 민족주의 연구

남광규(고려대학교 아세아문제연구소 연구교수)

I. 머리말

인촌(仁村) 김성수(金性洙)는 구한말 민족의 최대 격동기에 태어나 일제 식민지와 해방, 건국과 6·25전쟁의 신난한 근현대사를 거치면서 근대화의 민족적 과제를 착실히 이룩하는 데 거인의 발자취를 남긴 인물이다. 특히 민족교육·민족언론·민족산업의 3대 과제에 힘씀으로써 민족의 실력배양운동을 통해 근대적 민족국가건설의 기틀을 잡는 데 지대한 공헌을 하였다. 그런 면에서 한스 콘(Hans Kohn)이 민족주의, 민주주의, 산업주의를 근대화를 추진시킨 3대 역사적 형성력이라 했는데[1] 김성수의 경우가 여기에 가장 적절한 예가 될 것이다. 김성수의 일생에 걸친 생애

---

1) Hans Kohn, *The Idea of Nationalism,* New York: The Macmillian Co., 1956, p.2.

활동과 그의 사상적 저변에는 항상 민족, 민주, 산업의 3개의 커다란 근대화의 동력이 항상 병행, 실천되었던 것이다.

인촌 김성수에 대한 기존 연구에는 그의 생애 일대기와 평전과 관련하여『인촌 김성수전』(인촌기념회, 1976),『인촌 김성수』(동아일보사, 1985),『(인촌)김성수 : 인촌 김성수의 사상과 일화』(권오기 편, 동아일보사, 1985),『인촌 김성수 : 겨레의 길잡이 시대의 선각자』(최시중 저, 동아일보사, 1987),『평전 인촌 김성수 : 조국과 겨레에 바친 일생』(동아일보사, 1991),『인촌을 생각한다』(인촌 김성수 서거 50주기 추모집 간행위원회, 2005) 등이 있으며 인촌의 사상과 민족주의적 성격에 관한 연구서로 인촌의『인촌 김성수의 애족사상과 그 실천』(권오기 편, 동아일보사, 1982),『문화민족주의자 김성수』(김중순 저·유석춘 역, 일조각, 1998)가 있다.

이들 기존 연구에서 인촌의 민족주의에 대한 평가에는 다음과 같은 견해들이 제시되고 있다. 역사학자인 로빈슨(Michael E. Robinson)은 1920～1925에서 조선에서 실천되어진 온건하고 점진적인 민족운동을 '문화민족주의'(Cultural Nationalism)로 규정하면서 김성수를 대표적인 문화민족주의자로 평가하였다.[2] 원래 문화민족주의는 기후 등 물질적 환경에 의해 형성된 생활방식, 관습 등에 의해 민족의 문화와 민족성이 자연스럽게 형성된다고 보는 헤르더의 문화민족주의론과 그 맥을 같이 하는 것이다.[3] 이것은 앤소니 스미스(Anthony D. Smith)의 '에스니(ethinicity)'적 개념인 '족(族)'으로서의 민족성에 바탕한 종족적 유대감과 공동의 유산과 경험에 바탕한 민족주의와[4] 유사한 성격을 지닌 민족주의라 할 수 있다.

---

2) Michael Edson Robinson, *Cultural Nationalism in Colonial Korea, 1920～1925*, Seattle : University of Washington Press, 1988, p.57; 김중순 저·유석춘 역,『문화민족주의자 김성수』, 서울: 일조각, 1998, 4쪽 재인용.

3) 박호성,『남북한 민족주의 비교연구』, 서울: 당대, 1997, 53～64쪽.

4) Anthony D. Smith, *Myths and memories of the nations*, New York: Oxford University

그러나 로빈슨의 평가에는 이러한 의미의 민족주의로 인촌의 민족주의를 평가하기 보다는 주로 비정치적인 방식으로 전개된 인촌의 민족운동이 갖는 성격에 평가의 초점이 맞추어져 있다. 비슷한 평가로 강주진은 김성수의 활동을 '온건 민족주의자'로 평가하면서 교육활동에 초점을 맞춘 인촌의 민족운동이 도산 안창호의 인식 및 활동과 유사한 측면이 있다고 보고 있다.5) 이러한 평가의 연장선에서 한편으로는 김성수가 인도의 민족주의자이며 자치를 주장한 간디의 스와라즈(swaraj)운동에 영향을 받았다고 보는 견해도 있다. 실제 1923년 12월 김성수를 위시한 온건파 민족주의자들은 간디의 스와라지운동을 본떠 식민지 틀 안에서 점진적으로 국가와 민족의 발전을 도모하는 민족주의 단체 연정회(研政會)를 구성할 계획을 가지고 있었다. 그러나 간디가 인촌에 미친 영향에 있어 비폭력 외 간디에게서 직접적 영향을 받았다는 명확한 증거는 없으며 간디의 스와라지 운동 이전에 인촌은 이미 자신의 근대화 작업을 펼치고 있었다.6)

한편으로 인촌의 활동에 영향을 미친 동 시대의 실천운동론을 인촌 사상의 배경으로 설명하기도 하는데 조지훈은 김성수의 근대화 사업을 손병희에 의하여 제창된 삼전론(三戰論)과 유사하다고 보았다. 손병희의 삼전론은 교육을 강조하고 기업의 설립과 대중교육을 위한 신문과 잡지의 간행 등을 포함하고 있는데 김성수의 실천운동이 바로 그와 같은 성격의 것이라는 점이다.7) 고병익과 같은 일부 사학자는 김성수가 청나라

Press, 1999.

5) 강주진, 「인촌의 독립사상과 노선」, 권오기 편, 『인촌 김성수의 애족사상과 그 실천』, 서울: 동아일보사, 1982, 15~84쪽.
6) 『문화민족주의자 김성수』, 8~9쪽.
7) 조지훈, 『한국문화사대계』, 서울: 고대 민족문화연구소, 1970, 737쪽; 『문화민족주의자 김성수』, 4~5쪽 재인용.

말기의 개혁자인 쟝쑤성[江蘇省]의 장친과 유사한 점이 많다고 하였다. 그러나 장친과는 활동의 유사성만 있을뿐 우연의 일치일 뿐이었다.[8] 카터 에커트(Carer J. Eckert)는 김성수가 개인적으로는 와세다 대학의 창립자 오쿠마 시게노부[大常重信]의 영향을 받은 것으로 보고 있으며[9] 김상협은 김성수가 오쿠마보다는 게이오 대학의 설립자인 후쿠자와[福澤諭吉]을 닮으려 했다고 말한다. 한편으로 진덕규는 김성수가 민족주의, 자유민주주의, 합리적 점진주의의 실천이라는 세 가지 원칙을 주장하는 데 평생의 노력을 기울였다고 평가하고 있다.[10]

분명한 점은 김성수의 민족주의는 구한말의 개화운동과 1890년대 후반의 독립협회운동, 인민주권과 자연권 바탕의 인민인권으로 전개된 국민국가적 민족주의의 흐름에 있으며 그것이 위로부터의 민족주의라는 성격을 지니는 점이다. 그런 점에서 일제시대 민족운동의 한 흐름이었던 저항적 민족주의, 사회주의, 민족주의적 좌파와는 다른 노선의 민족주의 운동으로 김성수의 민족주의 운동을 구분할 수 있을 것이다.

이상의 서론적 논의를 바탕으로 본문에서는 김성수의 생애와 그의 주요 활동과 그에 대한 평가를 바탕으로 앞의 글에서 언급한 김성수의 민족주의적 성격에 대한 구체적 논의를 전개시키고 있다. 결론에서는 김성수의 민족주의를 민주주의와 산업화를 바탕으로 하는 서구적 민족주의와 유사한 형태로 평가하면서 김성수의 민족주의적 실천이 지금의 시점에 우리에게 던져주는 시의적 함의로는 그의 민족주의를 '한국의 노블레

---

8) 『문화민족주의자 김성수』, 7~8쪽.

9) Carer J. Eckert, *Offspring of the Empire : The Koch'ang Kims and the Colonial Origins of Korean Capitalism, 1876~1945*, Seattle : University of Washington Press, 1991, p.17, 『문화민족주의자 김성수』, 9쪽 재인용.

10) 진덕규, 「인촌 김성수의 정치이념에 대한 사상적 이해」, 인촌 김성수 서거 50주기 추모집 간행위원회, 『인촌을 생각한다』, 서울: 비매품, 2005, 75~112쪽.

스 오블리제'의 전형으로 평가할 수 있지 않나 하는 점이다.

Ⅱ. 가계 배경과 생애

김성수는 울산 김씨(蔚山 金氏)로 1891년 10월 11일(음력 9월 9일) 대한제국 시대인 한말의 격동기에 태어났다. 김성수는 김경중(金暻中)의 4남으로 출생하여 후사가 없는 백부 김기중(金祺中)의 양자로 출계(出系)했다. 김성수의 집안은 거유인 하서(河西) 김인후(金麟厚)의 13대 손으로 명문가의 가통을 이어 받았다는 가문의식과 유교적 교양이 높은 아버지로부터 받은 인격형성은 이후 김성수의 평생을 지배한 유교적 선비정신의 바탕이 되었던 것으로 보인다.[11] 김성수의 조부는 낙제공(樂齊公) 요협(堯莢)으로 요협은 어려서부터 인품이 뛰어나고 기골이 장대했으나 가난했다고 한다. 그는 고창의 갑부 정계량(鄭季良) 집에 장가들어 고창으로 옮겨 가계를 꾸리게 되는데 부인 정씨사이에 기공중과 경중공의 두 형제를 두었다. 낙제공은 아들 기중에게 1천 석, 경중에게는 2백 석의 재산을 물려주었는데 이 상속 토지재산을 기초로 하여 양가는 2만 석이 넘

---

11) 신일철, 「한국근대와의 선각자 인촌 김성수의 생애」, 『평전 인촌 김성수』, 서울: 동아일보사, 1991. 김성수의 가계는 울산김씨의 시조인 신라 경순왕의 아들 학성부원군(鶴城府院君) 김덕지(金德摯)로 거슬러 올라간다. 학성은 훗날 '울산'으로 이름이 바뀌어 울산김씨라고 일컫게 된다. 김덕지의 16대인 김은(金隱)이 이성계의 건국에 공을 세워 양주목사가지 올랐으나 두 번에 걸친 왕자의 난에 휩쓸려 비명에 별세했다. 미망인이 된 민씨부인이 세 아들을 거느리고 전라도로 내려와 장성에 자리잡으니 민씨부인이 '장성김씨의 입향시조 할머니'로 추앙받게 된 것이다. 세 아들 중 맏집은 장성을 떠났고 둘째, 셋째집이 이 고장에서 후손이 번창했다. 인촌은 그 둘째 집의 계통을 이었고, 여천군(麗川君) 김은의 5대 손에 하서 김인후가 나서 명가가 된 것이다.

는 추수를 할 수 있는 부호가 되었고, 이러한 재원이 후일 김성수의 기업, 교육, 언론사업의 밑힘이 되어 주었다. 김성수의 양부인 원파공(圓坡公) 기중(棋中)은 진사가 된 후 1907년까지 용택(龍澤), 평택(平澤), 동복(同福) 등의 세 고을 군수를 지냈고 항상 선정을 베풀어 군민의 찬사를 받았으며 일제 강점후에는 줄포(茁浦)에 영신학교(永新學校)를 설립하여 개화기 이후의 신교육운동에 참여하기도 하였다.12) 원파공의 좌우명이 된 일상훈으로는 다음 4조가 전해지고 있는데 인촌 김성수의 인격형성에도 영향을 주었으리라 짐작되는 내용을 담고 있다.

　　1) 일에 대할 때 공정공명을 잊지 말고, 사람을 대할 때 춘풍화기 하라.
　　2) 양입계출(量入計出)이면 민부국강(民富國强)이니 명심하라.
　　3) 자기에게 후한 자는 타에게 후할 수 없다.
　　4) 생활에 규도를 세우고 조선산을 사랑하라.13)

　인촌의 원래 생부인 지산공 경중은 근면 검소하고 특히 재산 증식에 탁월한 능력이 있었고 진산(珍山)군수를 지낸 선비였는데 지산은 학식도 높아 많은 저술을 하여 1907년에는 『조선사』 17권을 냈고 유고 『지산유고(芝山遺稿)』를 남기기도 했다. 원래 지산공과 부인 장흥 고씨 사이에는 김성수의 위로 세 아들이 있었으나 모두 요절하고 김성수와 아우 연수(季洙)를 길렀다. 김성수는 13세 때 창평(현 담양군)의 장흥 고씨 집안의 규수 광석(光錫)과 결혼했다. 김성수의 아명은 판석(判錫)으로 유년기, 소년기에는 유교적 교양을 쌓았고 장인 고정주(高鼎柱)에게서 신학문과 구학문을 겸해서 배웠다. 김성수의 장인은 문과에 급제한 후 규장각 직각(直閣)을 지낸 선비로 신학문에서는 홍학운동(興學運動) 속에서 호남학회

---

12) 신일철, 『평전 인촌 김성수』, 17쪽.
13) 『인촌 김성수전』, 서울: 인촌기념회, 1976, 45쪽.

(湖南學會)를 발기한 개화기의 선각자였다. 고정주는 담양에 창의의숙(昌興義塾)을 열었는데 여기서는 한문도 가르치고 영어, 일어, 산수를 가르치는 신학문의 학교였다. 그는 자기 아들 고광준(高光駿)과 사위 김성수를 위해 서울에서 영어 교사를 초빙하여 영학교(英學校)를 열었다.

인촌은 여기서 신학문을 통해 개화자강의 신문화에 눈떴고 이곳에서 평생의 동반자인 고하 송진우를 만나게 된다. 이 시기 민족자강을 내세우는 대한자강회 후신인 대합협회가 "주권재민"의 민주주의를 역설하는 애국계몽운동을 전개하는 데 감명을 받은 인촌은 군산에 있는 한승이(韓承履)의 금호학교(錦湖學校)를 찾았다. 여기서 김성수는 벽초 홍명희를 만나게 되는데 일본에 유학중이던 홍명희와의 만남으로 인촌은 일본 유학을 결심하게 된 것으로 보인다. 1908년 인촌과 고하는 호남학교의 교사 한승이의 주선으로 도일여권을 입수하고 화륜선을 타고 군산강을 떠났다.[14]

열여덟의 나이에 일본 유학길에 오른 김성수는 1911년 가을 예과를 마치고 와세다 대학 본과인 정치경제학과로 진학했다. 이때 김성수는 정치학보다는 경제학에 관심과 흥미를 느꼈다고 하는데 그것은 우리 민족이 광복을 하려면 무엇보다도 경제력이 향상되어야 한다고 생각하고 있었기 때문이었다.[15] 인촌은 와세다대학에서 소중한 평생 친구들을 여럿 얻게 되었다. 설산 장덕수, 현상윤, 최두선, 양원모, 김준연, 박용희(朴容喜), 이강현(李康賢) 등이 그들인데 이들은 김성수의 평생 사업에 동고동락한 동지들이고, 메이지대 출신의 조만식, 김병로, 현준호, 조소앙, 정노식 그밖에 신익희, 김도연, 홍명희, 유억겸, 김우영 등도 줄곧 교우관계를 유지하여 일부는 김성수의 여러 사업에 간접적인 인연을 맺기도 하였

---

14) 동아일보사, 『평전 인촌 김성수』, 서울: 동아일보사, 1991, 5쪽.
15) 동아일보사, 『인촌 김성수』, 서울: 동아일보사, 1985, 72쪽.

다.16)

와세다대 유학을 마치고 귀국한 이듬해인 1915년 인촌은 사립학교인 백산학교 설립안을 만들었으나 같은 해 중앙학교를 인수하고 1917년 당시 나이 26세에 교장으로 취임하였다. 중앙학교에 교장으로 취임한 해에 인촌은 경성직뉴를 인수하여 1919년에 경성방직을 설립하여 기업활동을 시작하였다. 1920년에는 동아일보를 창간하였고 동아일보를 통해 사회운동으로 물산장려운동과 민립대학 설립운동에 참가하였다. 1932년에는 보성전문학교를 인수하여 교장으로 취임하였는데 보성전문학교는 해방 후 1946년 종합대학인 고려대학교로 새로운 출발을 하게 된다.

해방 이전에는 교육, 기업, 문화활동을 중심으로 활동하던 인촌은 해방 이후 1946년 1월 한민당 수석총무로 추대되어 정치활동에 참여하게 된다. 반탁운동과 정부수립을 주도한 인촌은 정부 수립 이후인 1949년 2월 야당인 민주국민당을 창당하여 당 최고위원에 선출되었다. 인촌은 1951년 5월 피란지 수도인 부산에서 부통령으로 선출되었으나 이승만의 전횡과 독재에 이듬해 부통령직을 사퇴하고 반독재 민주수호운동에 참여하게 된다. 1955년 2월 18일 김성수는 영면하였는데 영면 직전까지도 자녀들을 앞에서 "국가민족의 앞날이 걱정된다"는 한 마디를 남겨 자녀들의 앞날보다 날로 혼란을 더해 가는 국내정세와 심해가는 민생고를 염려하였다. 김성수의 장례에는 이승만 대통령을 비롯한 사회 각계의 수많은 인사들이 조문하였고 정부는 국민장으로 엄수할 것을 결정하여 2월 24일 오전 10시 서울운동장에서 영결식이 엄수되었고 장지는 고려대학교 뒷산으로 정했다.17)

김성수의 성격과 인품에 대해서는 주로 인후, 온화, 정직, 충성, 희생

---

16) 『인촌 김성수』, 75쪽.
17) 편집부, 「고 인촌선생의 국민장 광경」, 『신생공론』 5권 2호, 1955. 6·7, 9쪽.

등의 평가가 따르는데 대자산가이기도 한 김성수는 언제나 소박, 검소한
생활로 일관하면서도 민족의 일이라면 백년대계의 관점에서 대담한 투
자를 아끼지 않았고 평생을 '공선사후(公先私後)'의 태도로 일관하였다.
김성수는 지방색과 좌우를 가리지 않고 인재를 중시하고 포용하였다. 다
음과 같은 인촌에 대한 전체적인 인물평가에는 이러한 점이 잘 드러나
있다.

> "우리사회에 김성수와 같이 고맙고 충성스럽고 희생적인 사람은 없
> 을 것이다. 50여 년의 생애를 자기 개인을 위하여 살지 않고 조선 사회
> 를 위하여 살아왔다고 해도 추호의 틀림이 없다. 체격은 그리 장대하고
> 늠름하지도 못하다. 그러나 어딘지 침범할 수 없는 맛과 날카로운 점이
> 있다. 전체를 보아 한 곳도 허술한 데가 없고 강철같이 조화된 날카로운
> 맛을 갖고 있다. 김성수씨는 술책이나 예양을 부리지 않고 극히 솔직하
> 신 분이다. 자기의 이상과 목적을 위하여는 기차가 궤도를 나가듯이 꾸
> 준히 진행하는 사람이다. 김성수는 검소한 사람이다. 씨는 항상 1~20원
> 의 수수한 외투를 입고 매우 검소하게 지낸다. 씨의 일념은 조선민족과
> 조선사회와 조선의 산하를 위하여 염려할 뿐이오. 일신의 화려나 향락
> 은 조금도 생각지 않으시는 것이다."[18]

III. 활동과 평가

김성수의 생애 활동은 교육활동, 기업활동, 언론문화활동, 정치활동으
로 이루어 졌는데 그중 가장 중요한 것은 역시 인촌의 교육활동에서 찾
을 수 있으며 나머지 활동도 모두 교육활동의 연장으로 볼 수 있다.
개화 이후 조선의 근대적 교육기관은 대개 세 가지 유형으로 나뉘어

---

18) 망운산인(望雲山人), 「3대명류인사인물론」, 『신문학』 2권 3호, 경성: 청조사, 1935,
29~31쪽.

있었다. 첫째는 조정이 세운 관립학교, 둘째는 기독교 교단에서 세운 기독교계의 사학, 셋째는 지방 각지의 유지들이 세운 민간학교였다. 관립학교의 대표는 1895년 갑오경장 이후 세워진 한성사범학교, 관립외국어학교 등과 서울에 3개교, 수원, 청주, 전주, 대구 등 지방의 12개교 등의 소학교를 세운 것이 전부였다. 이중 기독계통은 배제학당(1885년), 이화학당(1886년)이 있었고 경신학교(1886년), 정동학교(1887년), 세브란스 의학교(1889년), 배화학당(1897년) 등이 있었다. 민간학교로는 대표적으로 1904년 전덕기(全德基)가 상동교회에 청년학원을 세웠고, 나수연(羅壽淵)의 한성법학교를 필두로 기호흥학회의 기호학교(畿湖學校, 중앙중고 전신), 유일선(柳一宣)의 정리사(精理舍), 조동식(趙東植)의 동원학교(東媛學校), 이동희의 보창학교(普昌學校), 안창호의 대성학교, 이승훈의 오산학교, 윤치호의 한영서원 등 민간학교가 세워졌었다.[19]

김성수는 일본에서 귀국한 후 원래 백산학교(白山學校)를 설립하려다 총독부의 허가 불허로 좌절감에 빠져 있던 중 때마침 재정난에 빠져있던 중앙학교(中央學校)를 인수하게 된다. 중앙학교를 인수하는 과정에서 양부 운파공은 3천 두락의 땅을 내놓았으나 생부의 반대로 김성수는 사흘간의 단식을 통해 결국에는 자신의 의지를 관철시켜 생부 지산공도 아들의 교육사업을 지원하기로 약속하게 되었다. 집안의 찬성과 물질적 지원을 얻어낸 이후 중앙학교의 인가를 총독부가 하락하지 않아 고심하던 김성수는 와세다대 은사인 나가이 교수가 서울에 와 있다는 기사를 읽고 학교 인가건을 부탁하게 되고 이에 나가이 교수와 동행한 다나가가 나서서 인수 허가를 하도록 총독부에 나서게 되어 결국 학교설립에 대한 인가를 얻게 된다.[20]

---

19) 『인촌 김성수』, 89쪽.
20) 『인촌 김성수』, 113·118쪽.

중앙학교 운영을 시작으로 하여 김성수는 민립대학 설립을 추진하여 민족대학이라 할 수 있는 고려대학교의 전신인 보성전문학교를 설립하게 된다. 여기에는 초기 민립대학 설치를 위한 사회운동이 실패로 돌아간 배경이 작용하였다. 김성수가 민립대학 설립을 실천하기 이전에 국내적으로 민족주의자들을 중심으로 민립대학 설립준비위원회가 1922년 11월 23일 공식적으로 결성되어 국채보상운동에 의해 일부 마련되었던 기금을 활용하여 민립대학을 설립하는 데 쓰도록 결정했다. 그러나 데라우치 총독의 거부로 일차 무산되었으나 동아일보에서 1922년 2월 3일 "민립대학의 필요성을 제창하노라"의 사설을 계기로 재차 논의되었는데 그 배경에는 1922년 1월 25일 중추원을 통과한 일본의 신교육령을 활용하여 민립대학을 설립하려는 국내 민족 지도자들의 의도가 작용하였다. 그러나 이 움직임은 기부금 부족과 지부간 알력, 급진적 민족주의자들의 비판과 이를 악용한 일제의 조장 등의 원인으로 실패하였다. 이를 지켜본 김성수는 독자적으로 민립대학 설립의 의지를 가다듬게 되었고 이것이 보성전문학교의 설립으로 구체화 되었다.[21)]

해방 이후 미군정 하에서 김성수는 주위의 강제적인 추대로 군정 학무국 교육위원에 유억겸(兪億兼), 백낙준(白樂濬), 현상윤(玄相允) 등과 함께 1945년 9월 29일에 위촉되었다. 여기서 김성수가 내놓은 교육제도안은 미국적인 교육제도였는데 일본에서 공부한 그가 그런 주장을 했다는 것은 놀라운 사실이었다. 결국 이 안은 미군정에 제출, 채택되어 해방이후 신생 대한민국 교육의 기초가 되었다.[22)] 해방 이후 김성수는 신생국가의 교육을 담당할 적임자자는 평가는 정치적 반대세력도 인정하는 바였다. 해방 직후 박헌영은 우파가 국민대회준비와 한민당으로 정치세

---

21) 『문화민족주의자 김성수』, 135~138쪽.
22) 오천석의 회고, 『인촌 김성수』, 266쪽.

력화 하기 이전에 이미 우파를 친일파로 낙인하여 국가건설에서 배제시키려 하면서 독단적으로 인민공화국을 수립하였다. 그러나 인공수립 후 공산당 재건파가 중심하여 자의적으로 인선한 인공 중앙인민위원에 김성수를 선임할 만큼 교육자로서 인촌에 대한 평가는 좌우 모두가 인정하는 것이었다.[23]

교육활동에 이어 김성수는 일제시대 자산가로서는 보기 드물게 근대적 기업운영을 통한 산업활동을 펼치게 된다. 1920년 회사법의 폐지는 한국기업의 성장을 촉진시켜 그 숫자는 1920년 554개에서 1929년 1,763개로 성장하였다. 김성수는 1919년 경성방직을 창립하여 우리나라 최초로 공개 기업인 주식회사 형태의 기업운영을 시도하게 된다. 경성방직 창립 당시 발기인들의 인수주식은 3,790주였으며 일반 공모주는 16,200주였다. 인촌은 민족기업의 육성을 강조하였는데 당시 경방의 설립 취지문에 나타나 있는 "우리 민족에게 직업을 준다. 민족기술자를 양성, 축적한다. 우리 옷은 우리 손으로"의 대목에 나타나 있듯 경방은 단순히 기업적인 뿐만 아니라 민족의 사업이었다.[24] 경성방직은 조선인 고용원칙이라는 회사의 방침을 갖고 있었다. 기술적 문제로 일본인을 제한적으로 고용했고 전체 주식의 5.6%를 일본인 주주들이 갖고 있었지만 경성방직의 소유자 및 경영자들은 조선인 투자자들을 우선 배려했고 가능하면 조선인을 우선 고용하였다.[25] 비판적 입장에서 김성수의 경방 설립을 이윤 창출로 보고 있지만 경성방직은 1925년이 지나서야 이윤이 생기기 시작

---

23) 인민위원으로 김성수를 문교부장, 김병로(金炳魯)를 사법부장으로 추대한 것은 인공이 모든 정치세력이 참여하고 있는 정부적 대표체라는 점을 보여주기 위한 정치전술이라 할 수 있다. 그런 점에서 대표적인 우파 정치지도자 송진우(宋鎭禹)를 명목상이나마 인공에 추대치 않고 우파 내에서도 비교적 비정치적인 인사들로 이들을 추대하여 인공의 정부적 대표성을 고양시키려 하였다고 볼 수 있다.

24) 조기준의 평가, 『인촌 김성수』, 139쪽.

25) 『문화민족주의자 김성수』, 106~107쪽.

하였고 1935년 김연수가 사장이 되면서 번성하기 시작했고 이전까지는 돈을 쏟아 붓는 입장이었다.[26] 경성방직은 실제 김연수가 운영하면서 성장을 하게 된다. 김연수는 1923년부터 1935년까지 생산시설을 확충하고 고용을 확대했다. 여러 분야로 사업을 확장하고 투자를 하여 재벌기업으로 도약할 수 있게 되었는데 1938년에 경성방직의 수익률은 30%, 주식 수익배당은 12%에 이르렀다. 1939년에는 만주에 새 공장을 세움으로써 해외직접투자에도 나서게 되었다.

김성수가 경성방직을 설립한 이유는 민족의 경제적 자립을 달성하려는 것으로 민족경제가 자립하기 위해서는 민족 스스로의 힘으로 근대기업을 일으켜야 한다는 것인 인촌의 소신이었다. 김성수는 우리 민족이 스스로 경제생활을 개척하지 못하고 일본에 의존해서는 국권회복이 어렵다고 보았다.[27] 김성수의 한국기업사에서의 공헌을 간단하게 정리한 한 평가의 예를 보면 김성수는 첫째, 식민지하에서 토착 자본을 동원해 기업을 성공적으로 운영할 수 있다는 가능성을 보여준 한국 최초의 젊은 벤처 기업인이었다. 둘째, 일반에게 주식회사의 개념을 구체적으로 가르쳐 주고 실천한 최초의 기업인이었다. 셋째, 전문경영인을 활용한 첫 기업인으로 그 아우 김연수에게 경성방직을 전문 경영하도록 하면서 본인은 관여하지 않았다. 넷째, 인간자원의 중요성을 실천하였다. 김성수는 범기업가적인 면모를 보여 주는데 그가 기업을 설립한 목적도 그의 원대한 한국 근대화 프로그램의 일부였다. 그런 면에서 김성수는 '문화민족주의 기업인'으로 평가되기도 한다.[28]

---

26) 조기준,『한국 자본주의 성립사론』, 서울: 대왕사, 1977, 496쪽;『문화민족주의자 김성수』, 101~102쪽 재인용.

27) 조기준,「인촌 김성수선생의 근대기업활동」,『고대경제』5호, 1983, 27쪽.

28) 김중순,「근대화 열정 뜨거웠던 '문화민족주의 기업인'」, 인촌 김성수 서거 50주기 추모집 간행위원회,『인촌을 생각한다』, 서울: 비매품, 2005, 183~187쪽.

언론문화 활동의 대표는 동아일보의 탄생으로 동아일보는 표면적으로는 주식회사의 형태를 취했지만 회사의 재정은 김성수의 개인적 재력에 크게 의존하였다. 초기 동아일보의 재정적 위기는 일본으로부터의 광고주를 확보하기 시작하면서 부터 호전되기 시작하였다. 1923년 조선과 일본으로부터의 광고비율은 조선이 63.9%, 일본이 36.1%였던 것이 1931년에는 국내가 36.2%, 일본이 63.8%로 바뀌었다.[29] 동아일보는 창간 6개월 동안 삭제 4건, 발매반포금지 12건, 압수 및 발매금지 2건, 게재중지 1건 등 총 19건으로 평균 9일에 한 번씩 당해 일제하 문필을 통한 저항정신을 보여 주었다. 인촌은 한글사업과 역사활동에도 지원을 아끼지 않았다. 조선어학연구회에서 한글맞춤법 통일안을 만들자고 결의한 것이 1930년 12월 중순이었고 이후 3년 동안의 연구 끝에 1933년 10월 29일 최종안을 내놓았다. 그동안 연구가 중단되지 않고 지속될 수 있었던 것은 김성수의 관심과 재정적인 뒷받침 때문이었다고 이희승은 술회하고 있다.[30] 뿐만 아니라 인촌은 진단학회를 격려하고 언제나 찬조금을 내어 학술활동을 지원하였다.[31]

인촌의 정치활동은 본인의 의사와는 상관없이 해방의 혼돈한 정국이 그를 필요로 해서 타의에 의해 시작되었다. 김성수가 정치에 참여하게 된 계기는 해방 직후의 어지러운 정치상황 때문인데 그 계기는 인촌의 평생 친구로 해방 정국 민족주의계열의 중심 정치 지도자였던 고하 송진우의 죽음이었다. 1945년 12월 31일 한민당 대표 송진우가 총격에 사망한 이후 한민당에서는 1946년 1월 7일, 인촌을 본인 승낙도 없이 한민당 수석 총무로 선출했다. 인촌은 거절했으나 여러 사람의 설득으로 인촌은

---

29) 정진석, 『언론인 인촌 김성수』, 327~328쪽; 『문화민족주의자 김성수』, 132쪽 재인용.
30) 『인촌 김성수』, 215쪽.
31) 이병도의 회고, 『인촌 김성수』, 217쪽.

가족회의를 통해 수락하고 정치일선에 나서기로 했다.[32]

　신임 수석총무 김성수가 정계 활동에 띠어든 이후 직면한 문제가 신탁문제였다. 1946년 1월 14일 김성수는 기자회견을 통해 절대 반탁의 입장을 재확인하고 비상정치회의를 통한 완전독립을 촉구했다.[33] 김성수는 신탁정국 때 한편으로는 이승만에게 비상정치회의로의 동참을 촉구하면서 이승만과 김구의 합류를 적극적으로 종용하기 시작했다.[34] 그러나 한민당의 다수 인사들의 임정지지 정부수립론은 임정 자체를 실질적 정부로 인정한다는 것이 아니라 하나의 과도정권으로서 그 주도권만을 인정한다는 한시적 지지였다.[35] 이는 임정의 정통성을 이용하여 인공을 중심으로 한 좌파를 견제한 후 임정을 해체하고 새로이 정식정부를 수립하기 위한 한민당의 전략에서 나온 성격이 강했다. 한독당과의 합동을 주선한 이가 김성수, 김병로(金炳魯), 백남훈(白南薰), 김약수(金若水)였는데 김성수는 이승만 박사, 김구 주석, 김규식 박사 3영수를 민족적 지도자로 추대하고 결속치 않으면 안 된다고 주장하였다.[36] 김성수는 해방 이후 정치적인 이해를 달리하는 이승만과 김구를 화해시켜 하나로 만들기 위해 많은 뒷바라지를 해 주었다. 김성수는 임시정부가 유일한 합법정부라는 생각으로 김구를 진심으로 존경했고, 이승만에 대해서는 국부의 대접을 하면서 이화장에 거처를 마련해 주기도 하였다. 김성수는 민

32) 『인촌 김성수』, 276쪽.
33) 『중앙신문』(1946. 1. 16). 김성수는 첫째, 신탁통치문제로 한민당은 금후에도 철저히 반탁운동을 계속함. 둘째, 민족전선통일문제에 있어 한민당은 대한임정을 절대 지지하고 있음으로 대의명분에 비추어 대한임정을 무시하는 정당의 주장은 시인할 수 없음. 셋째, 미소 양국은 임시정부수립에 대하여 간섭하지 않는다고 하지중장이 언명하였으므로 자주적 임정 수립은 당연하다고 하였다.
34) 인촌기념회, 『인촌 김성수전』, 서울: 인촌기념회, 1976, 499~500쪽.
35) 심지연, 『한국민주당연구Ⅰ』, 서울: 풀빛, 1982, 62쪽.
36) 한성일보(1946. 5. 30), 함상훈, 『조선독립과 국제관계』, 생활사, 1948.

족 진영의 양대 정당인 한민당과 한독당, 이승만과 김구를 합치기 위해
수차의 노력을 하였다. 한독당의 고집과 한민당의 비협조로 김성수의 노
력은 결실을 거두지 못했지만 만약 김성수의 노력대로 이승만과 김구가
뭉쳤다면 분단이 아닌 통일 가능성 여지도 있었을 것이다.[37]

　분단정부지만 남한에 민주정부가 수립되는데는 이승만과 배후에서
이를 지원한 김성수의 노력이 있었기에 가능했다. 건국과정에서 이승만
과 김성수는 반탁, 자주정부 수립, 남북협상 반대로 공통적인 정치노선을
걷고 이를 바탕으로 대한민국을 건국하게 된다.[38] 김성수는 반공의 기치
를 높이 들고 한민당을 지도하는 한편 신탁통치, 미소공위, 남북협상등
공산주의자들과 중간파들의 정치행태에 반대하고 반공반소투쟁에 적극
나섰다. 김성수는 좌우합작을 꾀하는 군정의 하지장군에 대해서도 그 부
당성을 지적하면서 반대하였다.[39] 정부수립과정에서는 의원내각제를 주
장하는 헌법기초위원들과 대통령제를 원하는 이승만이 대립하자 김성수
는 헌법기초위원들을 무마해 정부수립을 우선 추진했다. 그러나 이승만
은 국무총리로 누구나 예상했던 김성수 대신에 이윤영을 임명하고 한민
당이 요구한 6석의 국무위원중 재무장관에 인촌을 권고했다. 김성수는
이를 받아들이지 않았고 대신에 김도연(金度演)이 입각하였다.[40] 초대
국회에서 국가보안법 제정을 둘러싼 논란이 발생하자 김성수는 국가보
안법에 대해 찬성의 입장이었다. 국가보안법에 대해 인촌은 "구체적으로
검토해 보지는 않았지만 국가를 파괴할 목적으로 집회결사를 하는 자에

---

37) 이완범, 「모스크바삼상회의와 반탁운동」, 인촌 김성수 서거 50주기 추모집 간행위
　　원회, 『인촌을 생각한다』, 서울: 비매품, 2005, 227~229쪽.
38) 심지연, 「한민당, 이승만, 그리고 김성수」, 인촌 김성수 서거 50주기 추모집 간행
　　위원회, 『인촌을 생각한다』, 233쪽.
39) 편집부, 「고 인촌선생의 경력과 업적」, 『신생공론』 제5권 제2권, 1955, 8쪽.
40) 『인촌 김성수』, 290~291쪽.

대해서는 엄벌에 처해야 한다. 그러므로 나는 이 법이 통과되는 것이 마땅하다고 본다"는 입장을 취했다.[41]

건국과정에서 이승만과 정치행보를 같이했던 김성수는 건국 이후에는 이승만의 독단적 국정운영을 비판하면서부터 대립적인 관계로 접어들게 된다. 초대 국회는 국회에서 의원들이 대통령과 부통령을 선출하는 제도였는데 공석중인 부통령에 출마하도록 민국당 간부들이 인촌을 설득하였다. 인촌은 대경실색하고 거절하였으나 나용균(羅容均), 신각휴(申珏休), 김준연(金俊淵)이 적극 설득하여 마침내 인촌은 1951년 5월 18일 국회 본회의에서 부통령 취임 인사를 하게 되었다.[42] 인촌은 부통령 취임 후 자신에 대한 각하 용어를 폐지시켰다. 이후 이승만의 발췌개헌안을 보고 김성수는 부통령을 사임하기로 하였다. 김성수는 사임 이유서에서 전제군주적 독재정치의 위험을 경고하고 진정한 자유민주주의를 위한 결사분투를 맹세하였다.[43] 이승만의 독재는 김성수의 건강을 악화시키는 요인이 되었다. 고혈압 증세가 있던 인촌은 이승만의 독단적 국정운영에 충격을 받고 한 쪽 몸을 쓰지 못하는 환자가 되어 투병생활을 하게 되었다.[44] 1954년 11월 29일 사사오입 개헌을 전해들은 김성수는 종일 눈물만 흘렸다고 한다. 그가 마지막으로 할 수 있는 일이란 야당인 민국당을 해체하고 자유당의 독재를 막기 위해 모든 세력을 규합하여 강력한 새 정당을 만드는 것이었다. 민주당으로 그 정당은 모습을 드러냈지만 인촌은 출범을 보지 못하고 눈을 감았다.[45]

---

41) 「국가보안법의 반향」, 『새한민보』 2권 20호, 1948년 12월 상중순, 8쪽; 김남식·이정식·한홍구 편, 『한국현대사자료총서 7』, 서울: 돌베개, 1994, 637쪽.
42) 『인촌 김성수』, 310~311쪽.
43) 『인촌 김성수』, 320쪽.
44) 『인촌 김성수』, 314쪽.
45) 『인촌 김성수』, 332쪽.

IV. 김성수의 보수개혁적 민족주의

김성수의 모든 사상은 민족주의적 경제관, 교육관, 문화관이라고 이해할 수 있는 민족주의 사상에 귀결된다.[46] 김성수의 민족주의는 크게 세가지 분야에서 전개되었는데 첫째는 근대교육 보급활동이며, 둘째는 민족의 경제적 자립을 달성하는 것이고, 셋째는 민권회복을 목표한 것이었다.[47] 김성수의 민족운동 전략은 애국계몽운동을 중심으로 민족자강을 실현하는 것이었다. 이 민족자강은 서구의 근대화를 수용해 국민국가로 발전시키는 것이었다. 그러한 인식은 '서구근대성의 제도적 수용－국민적 자각에 의한 제도의 수립－근대적 제도에 의한 민력의 함양－근대 국민국가로의 발전'이 그것이다. 무장투쟁과 해외에서의 외교활동의 공백을 메우는 작업이 바로 민력의 함양으로 인촌은 국내에서 다른 형태의 민족운동을 전개하면서도 다른 방식의 민족운동에 대해서도 배타적이라기보다는 연대적인 모습을 보여 주었다.[48] 김성수의 실천운동노선은 구한말 실학의 전통을 잇는 개화사상, 1884년의 갑신정변과 갑오경장, 1896년의 독립협회의 결성과 1920년대 전개된 교육언론을 통한 애국계몽운동 전개와 패를 같이하는 위로부터의 민족운동이었다. 여기에는 반식민지 저항운동의 성격도 내재되어 있지만 근본적으로는 봉건적인 유교질서와 그에 입각한 사회구조의 타파를 위한 것이었다. 이를 통해 김성수가 지향하고자 한 사회의 모습은 서구의 자유주의와 민족국가의 건설을 통한 근대화된 국가발전이었다.

---

46) 김성식, 「인촌의 인격과 사상」, 『인촌 김성수』, 394쪽.
47) 조기준, 「인촌 김성수선생의 근대기업활동」, 26~27쪽.
48) 진덕규, 「한국 민족운동사와 인촌 김성수의 위상」, 인촌 김성수 서거 50주기 추모집 간행위원회, 『인촌을 생각한다』, 162~163쪽.

앞서 머리말에서 언급한 것처럼 김성수의 활동에 나타난 민족주의의
성격에 관해서는 온건 민족주의자, 순수 민족주의자, 문화민족주의자로
규정하는 견해가 있는데 이런 그의 인식과 활동에 영향을 미친 요인으로
는 유교사상, 삼민주의, 삼전사상, 자유주의 등이 거론되고 있다. 이를 구
체적으로 살펴보면 다음과 같다.

1. 온건민족주의노선과 문화민족주의론

온건민족주의로서 인촌에 대한 평가는 그의 교육활동에 나타난 민족
주의의 성격을 말하고 있는데 일제시대 조선의 문화운동은 세 갈래로 나
눌 수 있는데 교육을 통한 민족운동, 언론을 통한 민족운동, 문학활동을
통한 민족운동이었다. 인촌의 교육적 민족주의는 혁명적 또는 외교적 민
족주의와 같이 화려하지도 않고 눈에 띄지도 않는 아주 토착적인 형태로
진행된 자각적 민족주의자의 모습을 보여 준다는 것이다.[49] 일제시대 조
선인 교육자는 대개 5개의 유형으로 나눌 수 있는데 그것은 ① 강렬한
민족양심에 따라 교육계를 더나버린 소수인 ② 민족적 양심을 갖고 기회
있을 때마다 교단에서 민족의식을 표명하여 관헌으로부터 곤욕을 당하
거나 체포되는 사람 ③ 민족사상을 가르치면서도 법만을 용케 피하면서
교원생활을 계속한 상당수 ④ 타협적으로 복종하면서 교육이념을 포기
했던 대부분 ⑤ 소수지만 총독부에 영합해서 친일교육을 한 사람 등이
다. 일본의 이나바(稻葉繼雄)는 인촌을 ②와 ③의 중간형으로 말하면서
김성수를 '온건한 민족주의자'로 규정하였다.[50] 인촌의 도움으로 공부를
한 학생은 일제시대까지 김승문(金勝文)의 회고에 나타나 있듯이 전문학

---

49) 김성식, 「인촌의 인격과 사상」, 『인촌 김성수』, 398~399쪽.
50) 김성식, 「인촌의 인격과 사상」, 『인촌 김성수』, 401쪽.

교, 대학(국내와 일본) 약 680명, 미국이나 영국 유학생 50명 등 약 730명
에게 장학금을 지급한 것으로 집계되고 있다.[51]

　그렇다고 김성수가 일제에 아주 소극적으로 일제에 저항한 것만은 아
니다. 인촌이 운영한 중앙학교 숙직실은 3·1독립운동의 발상지요 배후
거점지였다. 인촌은 고하, 기당과 함께 일을 도모하면서 3·1운동이 민족
대운동으로 연속성을 갖도록 하기 위하여 1차로 각계 대표 33인을 서명
케 하고 연소한 자신들은 뒤를 이어 연속적으로 운동을 전개하기 위한
실무자들로 남았다. 그러나 고하와 기당은 인촌을 의도적으로 표면에서
배제시키면서 중앙학교를 계속 유지토록 조처하여 할 수 없이 인촌은
1919년 2월 27일 고향인 줄포로 일시 내려갔다.[52] 엔도오 총감이 귀족의
원을 강권하자 김성수는 자신이 평생 교육자로 결심했으므로 정치와 관
련을 가지면 안 된다는 이유로 분명한 거절을 하여 엔도오도 설득을 포
기했다.[53] 조선인 교원 모집을 조건삼아 문제를 제기하자 김성수는 세끼
아 학무국장을 명월관에 초대해 술대접을 하는 수모를 자청하면서 중앙
학교를 시작하였다. 채문식은 중앙학교의 생활을 회고하며 다음과 같이
말하고 있다. "인촌을 보고더러 총을 들고 독립운동을 안 했고 외국에
가서 항일운동도 안 하지 않았으냐 하는 사람도 있지만, 그 시대의 한국
땅에서 인촌 아니고 누가 그같이 민족의식이 맥박 치는 그런 학교를 경
영했던가를 생각한다면 그런 말은 못할 것이다." 중앙학교는 일본말 대
신에 우리말을 가르쳤고 매년 정초에는 총독부에서 찬황 하사품으로 학
교에 나눠 주는 모지 대신에 인절미를 나누어 주면서 민족의식을 고취시
켰다.[54] 일제는 1944년 2월부터는 예외없는 전면징집을 단행하였다. 이

---

51) 『인촌 김성수』, 356쪽.
52) 『인촌 김성수』, 131~134쪽.
53) 『인촌 김성수』, 226쪽.
54) 『인촌 김성수』, 113쪽, 118쪽.

때 징집동원에 필요한 저명 인사들의 동원을 피하기 위해 김성수는 전곡의 농장에 병을 핑계로 은신하기도 하였다. 논란이 되는 1943년 11월 6일자 매일신보의 학도병 참전을 독려하는 김성수 명의의 글은 실제 김성수가 쓰지 않고 당시 매일신보 기자였던 김병규가 유진오와 협의하여 김성수에게 수치스럽지 않은 정도로 해서 작성한 글이라는 것을 유진오에게 밝힌 적이 있다.[55]

그런 점에서 김성수를 조선의 독립을 위하여 생을 바친 순수민족주의자로 평가하는 입장도 있다. 해방 직후 김성수에 대한 한 인물평을 보면 "김성수가 왜놈을 미워하기에 남에게 지지 않을 것이다. 전통과 민족을 사랑하고 왜놈을 누구보다도 미워하면서도 감옥에 가지 않으려는 냉철, 이것이 근대 자본가계급의 진보적 분자의 타입이며 김성수가 그 대표라 할 수 있다. 김성수는 일제에 동생보다 덜 이용당하면서 이권을 탐하지 않은 덕으로 해방 후 인공에서 문교부장으로 한목보는 당당한 애국자가 되었다. 김씨는 타인이 말하는 그의 지위, 재산, 또는 민족반역자 같은 낙인을 무서워하지 않는 부류의 인간"[56]으로 평가하고 있다. 채문식은 "해외에서 독립운동을 하고 국내에서 감옥살이를 한 사람도 애국자이지만 인촌같이 묵묵히 민족의 실력을 양성하는데 일생을 바친 사람도 애국자다. 아니 그런 사람이야말로 애국자"라고 평가하였다.[57]

급진적 입장에서 보수민족주의를 비판하는 이들도 김성수에 대해서는 그 비판의 정도가 약하게 나타나거나 민족주의자로 김성수를 인정하는 데 인색하지 않다. 진보적 입장에서도 김성수가 그의 배후적 환경과 처지에 있지 않았더라면 벌써 진보적 민주주의자가 되었을 것으로 평가

---

55) 『문화민족주의자 김성수』, 189~191쪽. 이철승의 회고에도 김성수가 징집을 피하도록 권유했다는 내용이 나온다.

56) 박학보, 「김성수론」, 「신세대」, 1946년 7월, 45~46쪽.

57) 유진오, 『養虎記』, 서울: 고대출판부, 1977, 6쪽.

하고 있는 것이다. 즉, 김성수는 "첫째의 요소는 누대 실권한 낙향의 양반이나 하서 김인후공이란 명조를 계통으로 하고 있어서 위약하고 무세력한 양반층을 대표하도록, 둘째 재벌적인 배경과 셋째, 갈 곳 없는 친일파, 민족반역자들이 관후한 김씨를 위요하고 서식하는 것"[58]으로 보았다. 진보적 민족주의자인 신호(申皓)는 김성수가 스스로 독립이 되면 자신의 토지를 국가에 내어놓을 용의를 밝히는 그리 강한 적대 지주세력이 아니었다고 평가하고 있다.[59] 실제 김성수는 토지개혁을 의회 민주적으로 완성하는 데 큰 공헌을 하였다. 김성수가 대지주들이 많이 있는 한민당을 다독거려 토지개혁에 반대하지 않고 호응 협력하는 체제로 전환했기 때문이다. 김성수는 소작제의 폐단을 지적하고 새로운 삶의 패러다임을 짜는 계기로 농지개혁을 소작인에게 유리한 방향으로 책정하자는 의견을 제시하고[60] 유도하여 민주주의적 방법으로 토지개혁을 성공하도록 이끌었던 것이다.

이상의 인촌의 사상적 배경에 대한 논의가 인촌의 민족주의에 대한 뚜렷한 규정에는 일정한 한계를 보이고 있는 데 반해 문화민족주의는 인촌의 사상에 대한 독립적인 논의로 개념화 되어 있다. 일제 치하에서 조선의 민족주의자들은 일제에 맞서 사회혁명과 저항을 주장했던 급진파 민족주의와 독립문제에 대해 점진적인 해결을 주장했던 온건파 민족주의로 양분되었다. 여기서는 이러한 점진적이고 온건한 민족주의 노선을 '문화민족주의'라고 부르는데[61] 문화민족주의는 정치적인 독립이 당장은 불가능하더라도, 사회와 문화, 경제적인 자강운동이 분명한 차선의 방

---

58) 박학보, 「김성수론」, 45쪽.
59) 신호, 『헌정치로선비판과 그 신방향』, 서울: 연건출판부, 1949, 27~29쪽.
60) 이동욱, 「토지개혁과 김성수―한민당 지주당원 설득에 앞장서」, 『인촌을 생각한다』, 서울: 비매품, 2005, 55~56쪽.
61) Robinson, *Cultural Nationalism in Korea*, p.15; 『문화민족주의자』, 26쪽 재인용.

책이라고 생각했다. 따라서 문화민족주의자들의 독립에 관한 해결책은
온건하며 점진적인 성격을 띠었다. 김성수와 그의 동료들은 일제를 당장
격퇴시키자는 목표만을 추구하는 행동은 근시안적인 안목으로 문제해결
에 아무런 도움이 되지 않으며 서구의 형태에 기초한 국가의 기본 기강
을 강화하는 것이 중요하다고 보았다.[62)]

　　로빈슨은 문화민족주의와 대비되는 급진적 민족주의의 입장을 다음
과 같이 요약하고 있다.

　　　"… 그들은 국가의 정치적인 독립없이 국가발전을 논의하는 것이
　　무의미하다고 하면서 식민지 제도 안에서 국가 개혁의 필요성에 의문
　　을 제기했다. 그들은 문화민족주의의 지도부가 문화와 경제발전을 주장
　　하는 근본적인 의도에 의문을 제기했다. 일본 식민지 법령하에서 그런
　　운동은 한국의 중산층과 상류계층의 이익에만 부응하는 것이 아닌가?
　　결국 민족주의 지도자들을 계급 대 국가이익의 두 구호 아래 양분시켰
　　다."[63)]

　　그러나 문화민족주의노선과 급진적 민족주의노선의 대립은 바로 일
본이 노리고 있던 바로서 '분할지배'라는 계략에 말려드는 결과를 가져
왔다. 결과적으로, 민족주의자들은 그들의 노력을 일제에 반대하는 쪽으
로 결집시키지 못한 채 내부투쟁 속에서 분열되고 말았다.[64)] 이 노선은
우파 민족주의로 독립은 잠시 유보하고 일제 통치밑의 자치를 추구하는
노선으로 비쳐졌다.

　　문화민족주의의 기본적 이념은 대한협회의 이념과 유사한 것이었다.
1923년 12월 김성수의 집에서 결성된 연정회(研政會)는 인도 간디의 국
민회의를 본든 것이었고 여기서 논란의 쟁점이 되었던 이광수의 '민족개

---

62) 『문화민족주의자』, 27~28쪽.
63) Robinson, *Cultural Nationalism in Korea*, p.100; 『문화민족주의자』, 29쪽 재인용.
64) 『문화민족주의자』, 28~29쪽.

조론(民族改造論)'이 '민족적 경륜'의 사설로 동아일보에 5회에 걸쳐 연재되었다. 이 글은 문화민족주의의 전망을 기술한 내용으로 급진적 좌파 민족주의자들로부터 일제와의 타협주의자와 공모자라는 공격을 당하게 되어 연정회운동은 위협에 처했고 이광수는 동아일보에 사직서를 제출하였다.[65] 급진 민족주의자들의 도전은 비록 김성수가 전면에 나서지는 않았지만 김성수에게도 비판의 화살이 겨누어 지는 것이었다. 그러나 좌파와 급진적 민족주의자들이 일제와의 타협이라 비판한 이 운동에 관한 일제의 인식은 연정회 운동이 비타협적 민족독립운동으로 발전하려던 단계에 있었던 것으로 분류하였다.[66] 연정회를 둘러싸고 국내 민족운동 세력 사이에 논란이 벌어지자 김성수는 연정회에 대한 국내외의 비판을 즉각 수용하고 연정회를 해산했다. 김성수는 이 문제로 민족진영이 분열과 대립을 빚어서는 안 된다고 판단했기 때문이다.[67]

2. 실천운동과 사상형성에 미친 배경 요소: 유교, 삼전론, 삼민주의, 오오구마의 영향

김성수의 교육사상은 독립정신에서 나온 것으로 민족정신을 깨우쳐주고 민족의 얼을 가슴속에 심어주어 민족을 지키고 국토를 지키자는 것이었다. 김성수의 삼전사상은 첫째, 교육구국으로 왜적과 투쟁한다. 둘째, 민족산업을 일으켜 민력을 기른다. 셋째, 언론을 일으켜 민력을 기른다였다. 손병희도 도전(道戰), 재전(財戰), 언전(言戰)의 삼전론(三戰論)을

---

65) 『문화민족주의자 김성수』, 142~144쪽.
66) 경상북도 경찰부, 『고등경찰요사: 폭도사편집자료』, 『문화민족주의자 김성수』, 1934, 144쪽 재인용.
67) 진덕규, 「한국 민족운동사와 인촌 김성수의 위상」, 『인촌을 생각한다』, 167쪽.

폈고 안창호도 교육, 산업, 출판의 삼전을 통해서 항일운동을 하자고 했는데 이는 김성수와 통하는 것이었다. 이같은 삼전주의 독립노선을 위해 인촌은 다음과 같은 주장을 견지했다. ① 민족을 떠날 수 없다. ② 국토를 떠날 수 없다. ③ 민족과 동고동락하면서 싸운다.[68]

이처럼 김성수가 교육과 인재개발에 뜻을 둔 것은 개인적으로는 특히 와세다 대학의 창립자 오오구마(大隈重臣)의 대학정신에 적지 않은 영향을 받은 것으로 보인다. 근대 일본을 일으키는 데 큰 힘이 된 오오꾸마의 자유민권운동과 재야의 정신에 바탕을 둔 사학의 "학문의 독립"의 정신은 젊은 김성수에게 자기 조국을 위해 무슨 일을 해야 할 것인가의 계시가 되었던 것이다.[69] 김성수는 후일 오오구마에 대해 이렇게 회상했다.

> "… 나는 그에게서 사상이나 학식을 본받기보다 먼저 세상을 위하여 권권(眷眷) 일념을 잃지 않는 그 우국경세가로의 지조에 많은 존경과 앙모를 가졌었다. … 처음에는 대학을 운영하기 위하여 오오꾸마 총장이 매년 2천 5백 원을 보조했다 하는데 이 돈을 가지고 학교를 유지해 나가던 당시 당사자의 고심은 내가 지금 교육사업에 손을 대어보면서부터 더욱 절실히 느끼는 바이다. … 오오구마의 모든 정치적 공로가 매몰되는 날이 온다 할지라도 와세다 대학을 통한 교육사업가로서의 공적은 만고불후하리라."[70]

오오구마는 규슈에서 하급무사 출신으로 태어나 명치유신에 참여, 자유민권 운동가로 정계에 투신, 헌정당(憲政黨)의 당수로 두 번에 걸쳐 수상을 지낸 입지전적인 거물이었다. 그는 '학문의 독립'을 부르짖고 진리탐구를 위한 학자의 자유와 정부 권력으로부터 학문 독립이란 기치 아래 와세다 대학을 창설하여 일본 사학의 대표적인 위치로 키웠다. 김성수는

---

68) 강주진, 「인촌의 독립사상과 노선」, 『인촌 김성수의 애족사상과 그 실천』, 41~43쪽.
69) 『평전 인촌 김성수』, 7쪽.
70) 김성수, 「대학시대의 학우들」, 『삼천리』, 경성: 한빛, 1935.

정치가로서 보다는 교육가로서의 오오꾸마에 감명을 받았고 젊은 김성
수는 바로 그와 같은 교육가가 돼 보고 싶다는 웅지를 품게 되었다.[71]
이같은 김성수의 교육관은 그의 실천적 교육관에도 잘 나타나 있다.

> "저는 말의 사람보다 행위의 사람을 기다리고, 또한 그러한 사람을
> 배양하고자 합니다. 말보다 행위의 사람을 기르고, 그러한 인물의 출현
> 을 위하여 교육을 필요로 합니다. 지금의 내 희망이요 이상이외다."[72]

한편으로 김성수의 사상적 배경을 전통적인 유교사상에서 찾는 입장
도 있다. 김성수는 하서 김인후의 13대손으로 선생의 도학사상과 절의정
신이 뿌리가 되어 일제시대를 버티어 온 것으로 보는 것이다. 인촌은 어
려서부터 한학과 유학을 익히고 13세까지 서당을 차려놓고 한학을 배웠
다. 인촌의 재산관에도 유교적인 덕목이 잘 나타나 있다.

> "나는 내가 가진 돈을 내 것이라고 생각하지 않는다. 다만 내 수중에
> 보관되어 있는 여러분의 돈이라 생각한다. 돈은 소중하지만 인정과 의
> 리보다는 덜 소중하다. 나는 일찍이 돈이 제일이라고 생각해 본 적이 없
> 다."

이는 그가 얼마나 철저한 유교주의철학에 젖어 있는가를 잘 말해주고
있는데 김성수는 "동아일보가 영리사업체입니까. 동아일보는 독립운동
을 하는 하나의 기관입니다."라고 주장하였다. 김성수의 정치사상을 인
본주의에 입각한 민주주의자로 민족주의자이면서도 자유주의사상을 가
졌다고 보는데 이같은 인본주의 사상이 그의 유교적 소양에서 기인하는
것이라는 평가다. 『동아일보』 사시에 뚜렷이 명기된 "(1) 조선민족의 표

---

71) 『인촌 김성수』, 83쪽.
72) 교장 김성수씨담, 『삼천리』 12권 4집, 경성: 한빛, 1940, 38쪽.

현기관으로 자임하노라. (2) 민주주의를 지지하노라. (3) 문화주의를 제창하노라"의 3대 주지는 민족주의, 민주주의, 문화주의를 요약한 것으로 이것이 곧 김성수 정치사상의 표현으로 보는 것이다. 김성수의 생각은 한민당 강령에도 잘 나타나 있는 것으로 평가하는데 한민당 강령은 "(1) 한국민족의 자주독립 국가완성을 기함. (2) 민주주의의 정부수립을 기함. (3) 근로대중의 복리증진을 기함. (4) 민족문화를 앙양하여 세계문화에 공헌함. (5) 국제헌장을 준수하여 세계평화의 확립을 기함"인데 이것은 민족주의 사상, 자유민주정치사상, 복리국가사상, 문화주의사상, 평화주의 사상의 표현인 것이다.[73]

김성수의 사상에 삼민주의의 영향이 있을 것으로 보는 평가도 있다. 삼민주의는 민족주의(民族主義), 민권주의(民權主義), 민생주의(民生主義)의 3자를 가르침이니 민족주의의 목적을 달성하기 위하여 만주 조정의 전제와 불평등조약의 철폐를 구하며 민권주의의 목적을 달성하기 위하여 봉건군벌의 타파를 행하고 민생주의의 목적을 달성하기 위하여 지권평등과 자본절제를 행하려고 하는 것이다.[74] 김성수에게는 중국의 손중산의 삼민주의와 같은 신념이 있으며 그의 이론은 우선 교육에 있고 계몽에 있고 생산에 있는데 이것은 장개석의 신생활운동과 비슷한 새로운 양반이 존재해 있는 것으로 그것을 김성수가 실천한다는 것이다. 김성수는 부르주아 출신이면서도 부르주아의 위세는 없으며 새로운 양반운동에 속해 있는데, 교육적인 것과 교양적인 것으로 된 명사의 산출, 그것이 그의 목적이라는 것이다.[75]

---

73) 강주진, 47~56쪽.
74) 편집부, 「삼민주의란 무엇인가」, 『동광』 22호, 경성: 동광사, 1931, 79쪽.
75) 박학보, 「김성수론」, 47쪽.

3. 반공 자유민주주의와
반독재 의회민주주의에 대한 신념

　　김성수는 자립자강할 수 있는 생활력이 소실한 데에서 초래된 불행한 결과를 일제 식민지 지배로 보았다. 해방 이후 신탁통치에 대해서도 조선독립의 결정력이 순전히 국제정세의 여하에 매어있는 듯이 선동하여 신탁을 감수해야 한다는 주장은 곡설로 비판하면서 개탄할 오류라고 비판하였다. 김성수는 우리의 자주독립이 국제정세의 영향을 받는다 할지라도 우리에게는 자기보존의 지상명령이 무엇보다도 앞서는 것을 망각해서는 안 된다는 입장에서 반탁 입장을 굽히지 않았다. 그러면서 국제정세를 우리의 자기보전의 지상명령과 배치되지 않도록 유도함에 절대의 노력을 하지 않으면 아니될 것을 강조하였다.[76]

　　김성수는 해방이 국제적 협력으로 이루어진 만큼 정부를 세우는 데에는 국제적 협조가 불가피 하다는 것을 인식하면서 국제협조를 얻는 방법으로 전 세계 각국의 연합협력체인 유엔에 대해서, 우리 스스로가 협조함으로써 그들로부터 우리에게 대한 협조를 얻을 수 있을 것으로 생각했다. 김성수는 따라서 5·10 총선을 거부하는 것은 동기가 어떠하든 그 결과는 유엔의 결의를 보이코트하는 소련의 주장을 지지해서, 독립을 지연시키고 군정을 영구히 존속시키는 것이라고 주장했다. 김성수는 소련을 불신하였는데 그 이유로는 "첫째, 소련은 우리나라의 독립에 조금의 성의도 없고, 믿을 수 없는 나라임을 양차 미소공위에서의 태도와 유엔총회의 결의를 보이코트하는 것으로 잘 알 수 있다. 둘째, 소련은 세계여론을 무시하고 다수에 복종하는 민주주의원칙도 무시하고 자기 나라의 야

---

76) 김성수, 「조선의 장래」, 『인촌 김성수의 애족사상과 그 실천』 부록 자료, 1946. 8. 15, 346~350쪽.

망만 달성하려는 고립된 나라로 국제적 협조를 얻을 수 없다. 셋째, 소련은 독재주의 나라이기 때문이다. 넷째, 소련을 경계하지 않을 수 없는 것은 세계평화수립의 절대조건인 민족자결을 무시하고 무력으로 남의 영토를 탈취하고 이민족을 정복하는 것"이라고 하였다.[77]

건국 이후 김성수는 의회민주주의정치를 신봉했으며 이를 조선 시대의 사색당파와 동일시하는 견해에 대해 비판하였다. 김성수는 민주주의의 묘미가 권력분립에 있다고 보았으며 그 연장에서 남북통일의 방안은 민주국가의 단결이 유일한 방법이라며 냉전에서 승리하려면 세계의 민주국가가 단결하지 않으면 불가하다고 주장하였다. 김성수는 세계의 강대국인 미, 영, 불도 자력만으로 독립이 불가능한 현실에서 대한민국이 참된 민주국가가 되어 세계적으로 민주국가와 연결하는 방법이 참된 통일방도라 주장하였고 우리만의 단독 북진통일을 반대했다.[78]

따라서 김성수는 반민주주의적 행태에 대해서는 단호하고도 결연한 입장과 함께 국민적 투쟁의 선봉에 나섰다. 김성수는 부통령직을 사임하면서 이승만정권이 국가수립 이후 건설적인 정책을 한 일이 없이 민생을 도탄에 몰아넣었고 인권유린을 자행했으며 무능과 부패로 썩어가고 있다며 강력한 대국민 투쟁을 호소하였다. 김성수는 정부형태로는 대통령제보다는 의원내각제인 국무원책임제를 선호했다. 김성수는 이승만의 대통령 직선제 및 양원제 개헌안에 대한 국회의 부결을 지지하면서 본인은 평소부터 국무원책임제만이 국정에 적합한 제도라는 입장을 확실히 하였다. 김성수는 우리 국민이 급속히 민주화하기 위하여서는 한 사람이 거의 황제에 가까운 강대한 권한을 쥐고 있는 현행 대통령제를 고치지

---

77) 김성수, 「선거와 국민의 자각」, 『인촌 김성수의 애족사상과 그 실천』 부록자료, 1948. 4. 6, 351~352쪽.
78) 김성수, 「총선거와 국민의 각오」, 『인촌 김성수의 애족사상과 그 실천』 부록자료, 1950. 5. 26, 355~359쪽.

않으면 안 된다고 주장했다. 김성수는 이승만의 독재를 국헌을 전복하고 주권을 찬탈하는 반란적 쿠데타로 규정하면서 자신이 부통령으로 설사 현정부의 악정에 가담한 일이 없다고 하더라도 정부에 연하는 것만으로도 내 이름을 더럽히는 것이고 민족만대에 죄를 짓는 것이라면서 부통령직을 사임하였다. 그러면서 전제군주적 독재정치화의 위험을 제거하고 항구적 자유와 평화와 복락을 위해 국민대중과 함께 결사분투할 것을 맹서하는 비장한 사임서를 국민에게 밝혔던 것이다.[79]

이러한 비장한 결의는 아래와 같이 이승만 독재에 저항하는 호헌을 위한 구국대회 성명에 선명하게 나타나 있다.

"대한민국은 한 사람의 횡폭하고 파렴치한 전제군주적 독재자에 농단되어 모든 기대를 무참히 짓밟고 말았습니다. 그 독재자에게 있어 국가는 자신의 사유물이고 정부는 자신의 이득과 권세를 위한 도구에 지나지 않습니다. 이 상태가 지속된다면 우리 국가는 외부의 침공이 아니라 내부로 스스로 붕괴할 것입니다. 한국의 주권은 찬탈당했습니다. 우리의 혈루와 혈투의 대가가 다만 이기적인 독재자의 망국정권을 강화하고 공산노예제국이나 다름없는 전제적 경찰국가를 출현시킨 것뿐이라면 이 무슨 모순입니까. 이는 유엔의 이상에도 배치되고 유엔의 노력도 헛되게 하는 것입니다. 우리를 위해 희생한 유엔 각국의 결과가 부패한 독재를 구제해 준 것뿐이었다면 그 얼마나 의외이겠습니까. 이박사의 배은망덕한 태도는 유엔과 민주우방의 대한원조를 철회케 할 것입니다. 이를 내정간섭이라고 부르는 이박사의 언사 자체가 이미 공산도당의 상투적인 용어에 지나지 않는 것입니다. 이에 자유와 평화를 애호하는 우리 한국국민들은 분연히 궐기하지 않을 수 없습니다. 우리들 한국국민들은 일치단결하여 이 독재와 싸우기로 결심하였습니다."[80]

---

79) 김성수, 「호헌구국대회선언서」, 『인촌 김성수의 애족사상과 그 실천』 부록자료, 1952. 6. 20, 368~371쪽.
80) 김성수, 「부통령 사임서」, 『인촌 김성수의 애족사상과 그 실천』 부록자료, 1952. 5. 29.

김성수는 독립된 민주국가를 건설하는 데 결정적으로 공헌했으며 야당이 뿌리 내리는 데 결정적으로 기여했으며 이승만의 독재와 권위주의에 맞서면서도 판을 깨지 않아 민주 국가 건설의 초석을 마련하였다. 김성수는 이승만과 달리 좌파 인사와도 서로 교통했으며 타협적이고 통합적인 민주적 포용력을 지닌 정치가였다. 김성수는 한민당을 주도했으나 송진우와 장덕수에게 운영을 맡겼고 최초의 야당인 민국당을 주도했으나 신익희에게 운영을 맡기는 무욕의 정치인이었다.[81]

V. 시대적 함의 : 한국의 '노블레스 오블리제'
(Noblesse Oblige)

이상에서 살펴본 김성수의 모습을 전체적으로 보면 서구의 견실한 '젠트리'(gentry)의 한국적 전형으로 평가할 수 있는 부분이 많다고 본다. 원래 젠트리는 15세기 이후 상품경제를 배경으로 성장한 신흥 부르주아가 왕권과 결부하여 구귀족을 몰락시키고 그들로부터 몰수한 영토를 신귀족화한 부르주아와 부유한 상인들에게 배부하여 형성된 사회계층, 시민계급을 일컫는다. 김성수를 이러한 서구의 젠트리로 비유한 것은 근대 시민혁명 이후 부르주아적 시민계급이 지녔던 계급적 위치와 혁명성 보다는 근대성의 내용들을 자본주의적 모랄과 결합하여 물질과 그에 대한 건강한 정신적 통제력 및 사회 공익의 영역을 확보해 나가는 계몽성의 의미로 받아들인 측면에서의 평가이다. 즉, 시민문화적 요소로서 젠트리들이 가지는 '변화를 일상화시키는 건강한 보수성'으로 받아들인다는 의

---

81) 이완범, 「모스크바삼상회의와 반탁운동」, 인촌 김성수 서거 50주기 추모집 간행위원회, 『인촌을 생각한다』, 서울: 비매품, 2005, 223쪽.

미로 보는 측면에서 김성수를 그렇게 평가할 수 있지 않나 하는 것이다.

김성수를 유교적 선비, 근대 기업가, 근대 교육가, 자유민주주의 지도자 등 여러 측면에서 평가하더라고 그가 각각의 위치에서 도덕적으로나 실천적 운동의 측면에서든 사회적 공익, 민족과 국가의 올바른 발전을 위해 사익을 버리고 최선을 다했다는 점은 추호의 이견도 없다. 따라서 김성수를 우리 사회에서는 찾기 힘든 한국의 '노블레스 오블리주'의 전형으로 삼는 데는 이견의 여지가 없을 것이다. 김성수를 지금의 시점에 필요한 한국 보수주의의 정립의 정통적 기반으로 삼을 수 있는 근거가 여기에 있는 것이다. 한국 민족주의가 발전하지 못한 가장 큰 이유 중의 하나가 민족주의를 견인할 시민계급이 형성되지 못한 점에 있기 때문에[82] 시민계급적 공적 모랄의 전범으로 김성수를 삼을 수 있지 않나 하는 점이다.

결론적으로 김성수의 민족주의는 민족주의의 세 가지 유형인 영국, 프랑스와 같이 부르주아 계급의 성장과 시민혁명을 통해 국민국가를 형성하고 대의제를 바탕으로 의회민주주의로 발전된 국가민족의 흐름, 독일과 같이 민족통일을 위해 문화의 동질성을 바탕한 관념적 민족정신에 호소하는 민족주의의 흐름, 이민족 억압에 대한 피식민 제3세계의 저항 민족주의의 모두에 해당되는 모습을 보여 주고 있다. 그 가운데도 인촌의 구체적인 민족운동에서 나타난 실천적 성격은 서구에서 근대 이후 전개된 민족주의의 발전과정과 유사한 형태로 전개되었다고 평가할 수 있다.

---

82) 황병덕, 『통일한국의 정치이념』, 민족통일연구원 연구보고서 94-23, 민족통일연구원, 1994, 16쪽.

참고문헌

강주진, 「인촌의 독립사상과 노선」, 『인촌 김성수의 애족사상과 그 실천』, 서울: 동아일보사, 1982.

김남식·이정식·한홍구 편, 『한국현대사자료총서 7』, 서울: 돌베개, 1994.

김성식, 「인촌의 인격과 사상」, 『인촌 김성수』, 서울: 동아일보사, 1985.

김성수, 「대학시대의 학우들」, 「삼천리」, 경성, 1935.

김성수, 「조선의 장래」, 『인촌 김성수의 애족사상과 그 실천』 부록 자료, 1946. 8. 15.

김성수, 「선거와 국민의 자각」, 『인촌 김성수의 애족사상과 그 실천』 부록 자료, 1948. 4. 6.

김성수, 「총선거와 국민의 각오」, 『인촌 김성수의 애족사상과 그 실천』, 부록 자료, 1950. 5. 26.

김성수, 「부통령 사임서」, 『인촌 김성수의 애족사상과 그 실천』, 부록 자료, 1952. 5. 29.

김성수, 「호헌구국대회선언서」, 『인촌 김성수의 애족사상과 그 실천』, 부록 자료, 1952. 6. 20.

김중순 저·유석춘 역, 『문화민족주의자 김성수』, 서울 : 일조각, 1998.

김중순, 「근대화 열정 뜨거웠던 '문화민족주의 기업인'」, 인촌 김성수 서거 50주기 추모집 간행위원회, 『인촌을 생각한다』, 서울: 비매품, 2005.

권오기 편, 『인촌 김성수의 애족사상과 그 실천』, 서울: 동아일보사, 1982.

교장 김성수씨담, 「삼천리」, 12권 4집, 경성: 한빛, 1940.

동아일보사, 『인촌 김성수』, 서울: 동아일보사, 1985.

동아일보사, 『평전 인촌 김성수』, 서울: 동아일보사, 1991.

박학보, 「김성수론」, 「신세대」, 1946년 7월.

망운산인(望雲山人), 「3대명류인사인물론」, 「신문학」 2권 3호, 경성: 청조사, 1935.

신일철, 「한국근대와의 선각자 인촌 김성수의 생애」, 『평전 인촌 김성수』, 서울: 동아일보사, 1991.

신호, 『헌정치로선비판과 그 신방향』, 서울: 연건출판부, 1949.

심지연, 『한국민주당연구 I』, 서울: 풀빛, 1982.

심지연, 「한민당, 이승만, 그리고 김성수」, 인촌 김성수 서거 50주기 추모집 간행위원회, 『인촌을 생각한다』, 서울: 비매품, 2005.

이동욱, 「토지개혁과 김성수−한민당 지주당원 설득에 앞장서」, 인촌 김성수 서거 50주기 추모집 간행위원회, 『인촌을 생각한다』, 서울: 비매품, 2005.

이완범, 「모스크바삼상회의와 반탁운동」, 인촌 김성수 서거 50주기 추모집 간행위원회, 『인촌을 생각한다』, 서울: 비매품, 2005.

인촌기념회, 『인촌 김성수전』, 서울: 인촌기념회, 1976.

인촌 김성수 서거 50주기 추모집 간행위원회, 『인촌을 생각한다』, 서울: 비매품, 2005.

유진오, 『양호기』, 서울: 고대출판부, 1977.

진덕규, 「한국 민족운동사와 인촌 김성수의 위상」, 인촌 김성수 서거 50주기 추모집 간행위원회, 『인촌을 생각한다』, 서울: 비매품, 2005.

조기준, 「인촌 김성수선생의 근대기업활동」, 「고대경제」 5호, 서울: 고려대학교, 1983.

조지훈, 『한국문화사대계』, 서울: 고대 민족문화연구소, 1970.

차기벽, 「민족주의와 민주주의−한국의 경우를 중심으로」, 『대한민국 학술원 논문집』(인문사회과학편) 제3집, 서울: 대한민국 학술원, 1992.

최시중, 『인촌 김성수: 겨레의 길잡이 시대의 선각자』, 서울: 동아일보사, 1987.

초뇌(初雷), 「재벌전선의 보고−민영회 대 김성수」, 「혜성」 1권 2호, 경성: 개벽사, 1931.

편집부, 「삼민주의란 무엇인가」, 「동광」 22호, 경성: 동광사, 1931.

편집부, 「국가보안법의 반향」, 『새한민보』 2권 20호, 서울: 새한민보사, 1948년 12월.

편집부, 「고 인촌선생의 국민장 광경」, 「신생공론」 5권 2호, 서울: 신생공론사, 1955.

편집부, 「고 인촌선생의 경력과 업적」, 「신생공론」, 제5권 제2호, 서울: 신생공론사, 1955.

함상훈, 『조선독립과 국제관계』, 서울: 생활사, 1948.

황병덕, 『통일한국의 정치이념』, 민족통일연구원 연구보고서 94-23, 서울: 민족
    통일연구원, 1994.

『중앙신문』 1946. 1. 16.
『한성일보』 1946. 5. 30.

Anthony D. Smith, *Myths and memories of the nation*:, New York: Oxford
    University Press, 1999.
Kohn Hans, *The Idea of Nationalism*, New York: The Macmillian Co., 1956.

찾아보기

필자약력

유병용 ‖ 한국학중앙연구원 교수

▪ 서울대 문리대, 서울대 대학원, London School of Economics, Diplomatic Academy of Ministry of Foreign Affairs of Russia 정치학박사(국제정치사 전공). 미국 버클리대학 초빙교수, 영국 옥스퍼드대학 초빙교수, 한국근현대사학회 회장, 한국정치학회 부회장, 한국국제정치학회 외교사분과위원장, 대통령자문정책기획위원회 자문위원, 대통령직인수위원회 자문위원, 국무총리실 민관공동위원, 교육인적자원부 한일역사공동연구위원, 외교통상부 한일역사공동연구지원위원.

▪ 주요논저:『Britain's Foreign Policy and Korean Issue』(1999, Moscow State University) ; 『Korea in International Politics; 1945-1954』(2003, Jimoondang) ;『한국현대정치사의 재조명』(2005, 집문당, 편저) ;『한국근대사와 민족주의』(1997, 집문당, 공저) ;『한국현대사와 민족주의』(1996, 집문당, 공저) 외 저서 논문 역서 보고서 등 100여 편

정영순 ‖ 한국학중앙연구원 부교수

▪ 성균관대, 성균관대 대학원, 베를린홈볼트대학 철학박사(북한사 전공). 한국사회과교육연구학회 회장, 교육과학기술부 교육과정심의회 심의위원, 민주평화통일자문회의 상임위원, 통일부 정책자문위원.

▪ 주요논저:『Chuch'e-Ideen und (Neo-) Konfuzianismus in Nordkorea』(1996, Lit Verlag) ;『세계의 교육혁명』(1999, 문음사, 공저) ;『韓國の歷史』(2008, 日本 明石書店, 공저)『근현대 민족주의 정치사상』(2009, 경인문화사, 공저) 외 다수

오영섭 ‖ 연세대학교 연구교수

▪ 서강대, 한림대 대학원, 한림대 문학박사. 우남이승만연구회 총무간사, 연세대 현대한국학연구소 전문연구원, 한국민족운동사학회 편집위원, 연세대 현대한국학연구소 연구교수 겸 간사, 태평양전쟁 전후 강제동원희생자 지원위원회 심사위원.

▪ 주요논저:『한국 근현대사를 수놓은 인물들(1)』(2007, 문화관광부 우수학술도서) ;『고종황제와 한말의병』(2007, 학술원 우수학술도서) ;『유림의병의 선도자 유인석』(2008) ;『한말 순국 의열투쟁』(2009) ;『화서학파의 사상과 민족운동』(1999) ;『우남이승만문서:東文篇』(편)(전18권) ; 우남이승만문서:電文篇』(편)(전4권) ;『이승만동문서한집』(편)(전3권) 외 다수

남광규 ‖ 고려대학교 연구교수

▪ 고려대학교 정치학 박사. 매봉통일연구소 소장, (도서출판) 매봉 대표, 고려대학교 아세아문제연구소 연구교수.

▪ 저서 :『한국적 국제정치이론의 모색』(화평사, 2005, 공저) ;『북한 핵문제의 실체적 해부』(2005, 이경, 공저) ;『탈냉전기 한반도와 주변 4강』(2004, 도서출판 매봉, 공저) ; 「미소공위와 미소의 조선임시정부 수립대책」(『국제정치학논총』) ; 「건국준비위원회 중앙조직 약화과정과 원인」(『한국정치외교사논총』) ; 「신탁정국기 정당협력의 실패와 임정의 약화」(『한국정치학회보』) 외 다수

근현대 민족주의 민족운동

인쇄일 : 2010년 4월 10일
발행일 : 2010년 4월 20일

집필자 : 유병용·정영순·오영섭·남광규
발행처 : 경인문화사
발행인 : 한정희
주   소 : 서울시 마포구 마포동 324-3
전   화 : 02-718-4831
팩   스 : 02-703-9711
홈페이지 : www.kyunginp.co.kr | 한국학서적.kr
이메일 : kyunginp@chol.com
등록번호 : 제10-18호(1973.11.8)
값 15,000원

ISBN : 978-89-499-0721-5   93910
ⓒ한국학중앙연구원, 2010
※ 파본 및 훼손된 책은 교환해 드립니다.